实务精要与疑难解析系列

知识产权

实务精要与疑难解析

北京恒都律师事务所 | 编

中国法制出版社
CHINA LEGAL PUBLISHING HOUSE

序　言

知识不在于独占而在于分享，眼界在一次次探索中无限扩展。恒都律师事务所是一家以资本市场、知识产权、商业诉讼为核心业务的顶尖的综合性律师事务所，本着“创新、探索、沟通”的精神，在2016年5月开通了“恒都法律研究院”微信公众号，通过该公众号平台发布恒都的最新研究成果、重大业绩新闻等文章，每篇文章均由恒都专业律师团队结合实践经验、经过深入研究撰写而成。恒都开通“恒都法律研究院”旨在为业内外人士传递最新司法观点、典型案例，并就感兴趣的问题进行交流沟通。

“恒都法律研究院”上所发布文章的特点主要表现在以下几个方面：

第一，体系完整、研究深入。所有文章围绕“资本市场”“知识产权”“商业诉讼及综合法律业务”三个恒都核心业务领域，同时恒都律师分为数十个研究课题组，各律师在其所属课题组内进一步细化选择研究方向，进行深入化、精细化的研究分析，从而保证了研究院文章整体的完整性和在具体问题上的研究深度。

第二，选题新颖、见解独到。针对各专业领域的前沿研究方向或者实务焦点，恒都律师习惯并善于提出新思路、新见解，力求通过不断探索，将司法理论和实践中的模糊地带逐渐明晰化，且恒都律师提出的很多新观点已经得到了业内专业人士的认同和司法、行政机关在审理审查中的认可。

第三，内容精准、价值性高。“恒都法律研究院”中所发布的文章，无论是法律研究、案例分享还是时事评述、新法解读等，均经过律师团队的审慎考虑和反复推敲，同时与实践紧密结合，信息精准、启发性强，对于理论研究和实践指导均具有较高的参考价值。

正因为“恒都法律研究院”所发布文章的一系列特点和优势，其自开办以来，获得了行业内专业人士、大众读者的普遍好评。为了便于读者学习和研究历史文章，我们特将“恒都法律研究院”中近几年发布的文章分门别类进行整理，并根据最新法律规定、实务规范，重新筛选、审阅修订，汇编为本丛书予以出版，以飨读者。

本丛书按照“资本市场”“知识产权”“商业诉讼及综合法律业务”3大板块，共分为3册分别为《资本市场实务精要与疑难解析》《知识产权实务精要与疑难解析》《民商事实务精要与疑难解析》。

本册为《知识产权实务精要与疑难解析》，收录专业文章80篇，分为商标、专利、著作权、不正当竞争、其他知识产权5大类12小类。商标部分从获取商标权至保护商标权的整个过程出发，分为“域外商标注册”“商标授权确权焦点问题”“商标评审程序性问题”“商标民事侵权”；专利部分同样从专利权的获取到专利权的使用与保护，分为“专利申请与审查”“专利无效宣告”“专利保护与侵权”“专利权属及合同纠纷”；不正当竞争部分根据企业常见问题，着重介绍商业秘密纠纷；将域名纠纷、电子商务知识产权等问题归入其他知识产权领域。

本丛书可谓集众智、汇众力。恒都和“恒都法律研究院”每一个阶段的发展与成就，都离不开各位恒都奋斗者的不懈努力，离不开各界朋友和广大客户的支持与厚爱。谨以本丛书的出版，向恒都的各位奋斗者们致敬，向恒都的各界朋友和客户致谢！

编　者

2018年8月

目　录
CONTENTS

一、商标领域

（一）域外商标注册

（二）商标授权确权焦点问题

（三）商标评审程序性问题

（四）商标民事侵权

二、专利领域

（一）专利申请与审查

（二）专利无效宣告

(三) 专利保护与侵权

(四) 专利权属及合同纠纷

三、著作权领域

四、不正当竞争领域

（一）商业秘密保护

（二）其他不正当竞争

五、其他知识产权领域

一

商标领域

（一）域外商标注册

美国商标注册提供使用证据的注意事项

国际商标专业组　吴沛律师

美国作为世界最大的发达国家，一直是中国最大的出口市场国之一。近年来，随着国内出口商知识产权意识的增强，出口美国前先寻求商标权保护已经成为共识。然而，由于美国商标申请遵循“使用在先”原则，新的商标申请需提供实际使用证据（Statement of Use），否则即使通过审查员的初步审查，也会造成商标注册申请失败。国内很多申请人往往因使用证据不符合美国要求，或者根本提不出使用证据而导致商标注册申请失败。

首先，需要明确提交使用证据的情形：

1. 基于意向使用（Intent to Use）申请。意向使用，即提交申请时没有实际使用证据，一般申请人需在收到授权通知（Notice of Allowance）后6个月内提交使用声明及使用证据。或者，也可以要求延期，在原来期限基础上申请延期6个月，准备并提交商标使用证据。如果申请人在6个月内不能提供前述文件，可向官方申请延期，可申请延期为6个月，若在该6个月内申请人仍不能提交使用证据，还可以申请6个月的延期，但这种延期最多可申请5次，即每次为6个月。（如果不申请延期又不能提交使用证据，申请商标即会被视为放弃）。

2. 基于已经在美国实际使用的商标的申请，美国专利商标局（USPTO）要求在申请时一并提交使用证据，并且在注册之日起第5～6年、第9～10年分别提交使用宣誓及使用证据。

3. 基于马德里注册指定美国的申请，申请人需在注册之日起第5～6年、第9～10年分别提交使用宣誓及使用证据。

4. 基于已经在国外注册过的商标的申请，申请人需在注册之日起第5～6年、第9～10年分别提交使用宣誓及使用证据。

值得注意的是：如果在“通知”发出后6个月，申请人没有及时提交商标使用证据或要求延期提交，可以在过期后2个月内提交请愿书，呈请复活商标申请（file a petition to revive the application）。

一般来说，美国专利商标局（USPTO）可接受的商品证据具体类型有：

1. 贴有商标的产品照片。

2. 贴有商标的外包装。

3. 产品标签或铭牌。

4. 带有该商品照片或文章描述该商品的网页，商品应附有该申请商标与销售该产品的信息（类似于亚马逊的网页）。

5. 商场销售申请商标指定商品的柜台或者销售指定商品店铺的照片。

6. 对于指定商品为可下载的计算机软件，带有申请商标的使用手册，或者符合以下条件的屏幕截图：

（1）含有可购买或者下载该软件的屏幕截图，该截图需带有申请商标标样；

（2）打开该软件时，导言页面显示申请商标的屏幕截图；

（3）该软件在运行时显示申请商标标样的截图。

同时，申请商标时指定的服务项目证据通常包括以下类型：

1. 纸质或者网络广告。

2. 宣传手册。

3. 餐馆的菜单。

4. 营销推广材料。

5. 名片、公函抬头。

6. 商业标识与广告牌照片。

7. 乐队表演时带有乐队名称的照片。

合规的证据总是相似的，不合规的证据则各有不同，美国专利商标局往往基于以下原因，驳回商标申请人提交的证据：

1. 所提交的证据没有显示申请商标。

2. 所提交的证据没有体现申请商标所指定任何产品或服务。

3. 没有实际使用的证据。

4. 所提交的证据证明申请商标所指定产品尚未上市，如：预售订单，是不能被视为合规的使用证明的。

5. 伪造或修改的商品照片。

6. 不能证明申请商标与所指定的服务项目的直接联系。

综上所言，美国商标申请不仅需要在申请时提供使用证据，而且需在商标核准注册之后，自注册之日起第 5 ~6 年与第 9 ~10 年提供相应的使用证据。同时，使用证据的类型多样，商标申请人需要在日常的商业活动中注意收集、保存各种类型的使用证据，以免商标权利出现瑕疵。

美国商标申请的审查流程

国际商标专业组 吴沛律师

目前国内企业、个人到美国申请商标注册已经非常普遍，对美国商标申请的一般流程也都比较了解，但申请提交给美国专利商标局（USPTO）之后的具体审查流程，很多人就不是那么清楚了。鉴于此，本文以基于已实际使用提交商标申请注册为例，参照美国专利商标局官网的申请审查流程图，详细地剖析一遍申请提交之后的流程，以便申请时能够胸有成竹，游刃有余。

步骤 1：提交申请。分配申请号、申请日期，约需三个月时间进入步骤 2 。

步骤 2：商标审查。如符合最低申请要求，商标申请被分配到审查员进行审查，确定是否符合联邦法律规定。值得注意的是，即使申请后来被驳回，申请费也不会退回。约一个月后进入步骤 3a 或者步骤 3b。

步骤 3a：商标公告。若申请商标未遭驳回，或者虽遭驳回但补正已经完成，审查员会批准申请商标公告，异议期为三十天。异议期间，任何人认为因申请商标而自身利益受到损害都可以对该申请提出异议。异议结束后约三个月后进入步骤 8。

步骤 3b：审查意见官函。如仍需答辩或者补正，审查员会签发审查意见官函（Office Action），注明驳回原因或补正要求，申请人须在官函签发之日起六个月内答复。六个月后进入步骤 4a 或者 4b。

步骤 4a：答复审查意见。申请人须及时、全面答复审查员签发的审查意见官函，否则商标申请将被撤销。约一到两个月进入步骤 5a 或者 5b。

步骤 4b：未答复，商标申请被撤销。申请人未及时答复，商标申请被撤销。

如果申请人未能在六个月内答复审查意见，商标申请商标将被撤销。申请人需在撤销通知书签发之日起两个月内申请复活商标申请。逾期申请将被最终撤销，不可复活。申请人只能重新提交商标申请。

步骤5a：商标公告。程序同步骤3a，约三个月进入步骤8。

步骤5b：最终审查意见书。如申请人答复未能满足官函要求或未能证明申请符合要求，审查员发送最终审查意见书。申请人有两种救济途径：a）继续补正或答复，满足审查意见要求或证明申请符合要求；b）向商标裁决与复审委员会申请复审。约六个月进入步骤6a或6b。

步骤6a：答复或复审。对于审查员签发的最终审查意见书，申请人除了答复之外，也可以向商标裁决与复审委员会提起复审申请。约需一至两个月进入步骤7a或步骤7b。

步骤6b：未答复，商标申请被撤销。申请人未能在六个月内答复最终审查意见书，也未向商标裁决与复审委员会提出复审申请，商标申请被撤销。申请人须在撤销通知书签发之日起两个月内申请复活商标申请，逾期申请将被最终撤销，不可复活。申请人只能重新提交商标申请。

步骤7a：商标公告。程序同步骤3a，约三个月进入步骤8。

步骤7b：如申请人答复未能满足官函要求或未能证明申请符合要求，而且申请人向商标裁决与复审委员会提交了复审申请，该复审案将被转入商标审判与上诉委员会（TTAB）。

步骤8：核准注册。异议期结束后如没有异议，美国专利商标局核准注册；如已被异议，但对方异议失败，由商标裁决与复审委员会核准注册。自注册日起第五年到第六年后进入步骤9，并每十年进入步骤10。

步骤9：注册商标使用宣誓。从注册日期起第五年到第六年或第六年到期后前六个月的宽展期内，商标权利人须提交使用宣誓，或者商标未使用合理理由，否则注册商标将被撤销。

步骤10：续展与宣誓。商标权利人须在自注册日期起十年内的最后一年或者第十年之后的六个月宽展期内提交使用宣誓或者商标未使用合理理由，并续展注册商标。否则，商标注册期届满，商标权无效。

基于意向使用申请美国商标注册的审查流程与基于已实际使用申请注册的审查流程差别主要在于，自申请商标公告之日起两个月内，美国专利商标局会签发核准通知（Notice of Allowance，NOA），但核准通知并非注册成功，申请人须在收到通知提交使用宣誓（SOU）及使用证据。如从收到核准通知日起六个月内未能提交使用申明，申请将被撤销。当然可以在期限届满前申请宽展，宽展期为六个月，申请人须每六个月提交一次，一共可申请宽展五次，第一次宽展申请须在收到核准通知日起六个月内提交，之后的每次宽展需在期满届前提交。审查员将对所提交的使用证据进行实质性审查，如符合联邦法律规定，则核准注册，否则将签发审查意见书，要求重新提交，其程序与上文提到的驳回复审程序一致。

基于外国已注册商标申请注册美国商标的，其审查流程也与基于实际使用提交申请的程序一致，不同之处在于要在申请时提交外国商标注册证及英译本。在未收到申请人提交的外国商标注册证及英译本之前，对商标的审查将会一直处于被搁置状态。

对于中国申请人来说，申请美国商标注册，通常选择基于在美国实际使用或基于意向使用，如能在申请之前详细了解官方的审查流程，就可以针对每一步做到有的放矢，真正做到游刃有余，避免在申请过程中出现各种意料之外的问题。

（二）商标授权确权焦点问题

当注册商标遇上撤三制度

——被审查的不仅仅是“用与不用”

商业侵权专业组　王华律师

一、撤三申请的目的究竟为何

虽然《商标法》设置撤三申请的目的在于激活商标使用，但是实践中申请人提出“撤三申请”的答案却形形色色。

在我们近期代理的内蒙古伊利实业集团股份有限公司（简称伊利集团）“TOFER 托菲尔”“TOFER”商标撤三行政确权系列案件中，拓浦有限公司提出撤三的原因，系伊利集团的“TOFER 托菲尔”“TOFER”商标阻碍其商标注册，而伊利集团的商标最早于 2001 年获得注册，已超过除主张驰名之外的无效宣告期限，因而撤三作为清除拓浦公司商标注册障碍的方式显然值得一试。虽然最终一、二审法院支持了我们的主张，维持了“TOFER 托菲尔”“TOFER”商标的注册①，但“撤三”仍然是拓浦公司以及其他众多意欲清除商标注册障碍的不二选择。

上述案件中提起撤三的原因，应属撤三起因的多数派。除此之外，提起撤三的原因可谓五花八门、形形色色。例如：

---

① （2016）京行终 665、666、667 号《行政判决书》。

（一）“卡斯特”商标之争中的“原罪说”

法国卡斯特兄弟股份有限公司认为“商标本属于我，却被你抢注了”，无论通过何种方式，只要撤销即可①。

（二）“恒大”商标撤三案件中的“抗辩说”

“恒大冰泉”的使用被江西恒大高新技术股份有限公司起诉侵权，恒大地产集团有限公司于是对恒大高新公司在“纯净水”等商品上的注册商标提出撤三，顺带对恒大高新从20世纪90年代开始注册的所有30多枚“恒大”注册商标全部提起撤三。

（三）“妙妙”商标撤三案件中的“一定要撤掉你”

保定妙士乳业有限公司的“妙妙”商标于1999年申请注册，内蒙古蒙牛乳业（集团）股份有限公司2007年前后推出“妙妙”产品。因未获得同类商品上的“妙妙”商标，2010年对“妙妙”商标提出第一次撤三，经过再审仍未能撤销，于是2014年再次提起撤三②。

（四）“太阳神”商标撤三案件中的“驰名商标衍生价值”

“太阳神APOLLO及图”商标在保健品上于2004年被确认达到驰名程度，其在“纱、线”等商品上注册的“太阳神APOLLO及图”被他人提起撤三③。

撤三制度的启动显然并不完全出于“激活商标资源”的目的，所以我们更为关注的是商标撤三制度规定于《商标法》“商标使用的管理”的篇章，在司法案例所体现的撤三案件的审理规则中，也反映出对撤三制度中要求不仅仅是“使用”，更要精准理解如何“使用”才符合法律要求的规范性使用。故在此，笔者仅探讨撤三制度中使用“标识”与“商品/服务”的规范性问题。

---

① （2010）知行字第55号《行政裁定书》。
② （2015）高行（知）监字第2373号《行政裁定书》。
③ （2009）一中行初字第1014号《行政判决书》。

二、使用“标识”与“商品/服务”的规范性分析

（一）使用标识的规范性要求：未改变显著特征，且无其他相同商标注册

认定为“未改变显著特征”的使用范围，应当涵盖字形的变化、构成要素的位置变化、未指定颜色使用彩色图样、商标省略或添加描述性非显著部分等①，对于未改变显著特征的使用予以认定，已有诸多案例予以确定。个别案件中实际使用的标识与注册标识相差较大，亦因为公众认知与注册商标相对而应得到保护。

但值得注意的是，最高人民法院在“厨寶 CHUBAO 及图”商标撤三案件中，认为商标权人使用的标识为“Chubao 厨宝”，且实际使用的商标已独立注册，故对于“Chubao 厨宝”的使用并不等同于“厨寶 CHUBAO 及图”商标的使用，因而“厨寶 CHUBAO 及图”商标终被撤销②。在“BUCCELLATI”商标撤销复审案件，法院同样认为注册人使用“FEDERICO BUCCELLATI”商标，是注册人的另一枚注册商标，故不能认定为“BUCCELLATI”商标的使用③。

那么问题来了，对于虽未改变显著特征的商标使用，司法实践中给出了宽严相济的两种做法。从裁判文书上看，“厨寶 CHUBAO 及图”商标案件及“BUCCELLATI”商标案件使用商标显著部分却未被认可的主要原因在于不同的标识均有注册。但笔者认为，举重以明轻、裁判规则的一致性均系法律的内涵要求，既然在通常情况下均可认为未改变显著特征的使用可视为注册商标的使用，那么在类似于“厨寶 CHUBAO 及图”“BUCCELLATI”的案件中，亦应一致对待。

（二）使用商品的规范性要求：类似商品上的使用一般不视为核定商品上的使用

北京市高级人民法院在《当前知识产权审判中需要注意的若干法律问题》

---

① 臧宝清：《我用故我在——撤销三年不使用商标条款适用现状评析》，载知产力，网址：http：//zhichanli. com/artic/e/782，最后访问时间：2018 年 8 月。

② （2013）知行字第 111 号《行政裁定书》。

③ （2013）一中知行初字第 2390 号、（2014）高行（知）终字 1366 号行政书。

中指出：只有在核定商品上的使用，才是对注册商标的使用，而在与核定使用商品类似的商品上的使用，并非对注册商标的使用，不能据此维持注册商标有效。该原则在第514091号“萬寶WANBAO图形”商标①等多个案件中已有体现。

但此类情形亦有例外。如实际使用的商品与核准注册的商品为同一商品的不同名称；实际使用商品在《类似商品和服务区分表》中并不存在，且核定使用的商品存在上下位关系、可替代关系；从商品或服务的发展趋势考虑，实际使用的商品或服务与核准注册的商标或服务存在趋同性或交叉关系的，均可视为对核准注册的商品或服务上的使用。

对于证明部分商品有效使用后的撤销范围，笔者认为值得探讨的是，提供部分商品或服务的使用证据，是否可以使不相类似的商品或服务得到整体维持。在2002年《商标法实施条例》之前，对于商标撤三案件，注册商标在指定使用的一种商品或服务上使用，即可维持该商标在全部商品或服务上的注册。笔者认为其依据除了打破“无使用”的状态之外，还可以从商标局、商评委的审理范围理解。即全部撤销的请求特定为撤销商标而非商标中的部分商品，商标注册人仅提供某一项商品上的有效使用证据即无法达到整体撤销该商标的目的，进而对全部商品予以维持。

按照目前通行的做法是商标注册人或者被许可使用人在指定使用的一种或几种商品上使用注册商标的，在与该商品相类似的商品上的注册可予以维持。该规则虽已保障商标禁用权范围，但对于撤销的部分，仍不一定能达到激活资源的目的。因撤三案件中并不考虑商标注册人在其使用商品上的知名度，故类似保护范围多以《区分表》为依据，被撤销的类似群与维持注册的类似群商品仍存在关联可能，一旦他人申请注册，商标权人只能通过异议、无效来阻止。成功阻止则撤三案件中追求的“激活商标资源”目的未能达到；阻止不成则会造成相关商品或服务上存在相同或近似商标，对于各方商标发展的空间

① （2010）知行字第44号《行政裁定书》。

都存在限制。从操作实践及后续程序来看，笔者认为通行做法中对于商品的保护范围仍值得商榷。

三、结语

将何种标识使用于何种商品/服务，应是商标“使用”的基本问题，笔者提出上述看法以期完善对于有效使用的判断。除以上所述外，商标撤三案件中，并不常见的非典型性注册及使用，如驰名商标的全类注册，知名标识的近似性注册，非以直接商业性为目的的赠品、企业内部使用等，往往更受关注。其原因在于撤三制度虽系商标使用与否的管理手段，但其被启动的原因常常跟“用与不用”无关，因而衍生了更多问题，故撤三制度中所要审查往往不限于也不应仅限于商标的“用与不用”。

撤三案件中不符合交易习惯的使用证据不予采信

——以“丽友 LY 及图”商标撤三案件为例

著作权专业组　何月红律师

一、案情简介

2014 年 9 月 11 日，李某对南通海尔斯医药有限公司（以下简称海尔斯公司）在“健肤霜，润肤液，治冻灵，痱子粉，痱子水”商品上注册的第 210850 号“丽友 LY 及图”商标（以下简称“复审商标”）提出撤销三年不使用申请，商标局维持商标注册。而后李某提出复审申请，商评委认为海尔斯公司提交的使用证据无法形成完整的证据链证明复审商标在核定商品上在指定期间内的公开实际使用，复审商标予以撤销。

2015 年 7 月 16 日，海尔斯公司向北京知识产权法院提起诉讼，一审法院认为，海尔斯公司提交的购销合同、发票、出具的《证明》等证据不符合交易习惯，不能相互印证形成完整的证据链，驳回了海尔斯公司的诉讼请求。海尔斯公司不服，提起上诉，北京高院近日作出二审判决，维持原判。恒都作为案件第三人李晔的代理人提出的海尔斯公司提交的证据不符合交易习惯的观点得到一、二审法院的认可。

二、对于不符合交易习惯的证据法院的认定及分析

海尔斯公司主要提交了 7 套销售合同、发票及证明，第三人认为不符合交易

习惯，得到法院支持：

第一，海尔斯公司与济南鲁康化学工业有限公司签订的《购销合同》上，“签订时间”一栏和“交货期限”一栏的时间均已提前打印完成，约定的结算方式是“汇款”，而合同签订的时间、交货期限与发票开具时间均为同一天，上述交易不符合交易习惯；

第二，海尔斯公司与如东县靖海医院签订的《购销合同》，订购“丽友牌”护手霜仅为 10 支，交易金额为 350 元，合同的结算方式是“汇款”，上述交易购货数量较少，采用汇款的结算方式亦不符合交易习惯；

第三，海尔斯公司与另外的三家公司签订的《购销合同》、发票以及上述三家单位公司出具的《证明》，上述《证明》书写方式和证明内容基本相同，落款时间均为同一天，三份合同各自显示的签订时间、交货时间以及发票的开具时间均为同一天，上述交易过程显然不符合交易习惯；

第四，海尔斯公司与济南鲁康化学工业有限公司、苏州海基飞跃特种装备工程有限公司、江苏牡丹离心机制造有限公司签订的《购销合同》、发票以及上述三家公司出具的《证明》，合同上显示的运输方式为“货物自提”，这意味着买方带着公章去海尔斯公司处购买产品，两地相距近千公里，买方自提货物后，合同签订、汇款、开发票，当天完成交易，交易金额仅为 2160 元，不符合交易习惯。

综上所述，海尔斯公司提交的证据不符合交易习惯，不能形成完整有效的证据链，因此，不能证明复审商标在指定期间进行了真实、合法、有效的使用，一、二审法院都认定复审商标的使用证据无效。

由于证据不符合交易习惯而被判撤销商标，本案不是第一例，实践中不少案件因为证据不符合交易习惯，不能形成完整的证据链而被法院判决撤销商标

（2016）京行终 5208 号判决，北京金色太阳暖通设备有限公司与国家工商行政管理总局商标评审委员会、张某亮因第 4195396 号“米兰春天”商标撤销复审行政纠纷案件，法院认为张某亮提交了其与温州帝威斯公司等签订的商标许可使

用合同，但在许可合同中，均未约定商标使用授权使用费，未约定商标许可使用费用的无偿使用商标许可合同，不符合常理和商业惯例，不应被认定为商标使用行为，复审商标予以撤销。

（2016）京73行初4699号判决，江西恒大高新技术股份有限公司与国家工商行政管理总局商标评审委员会、广州红骏贸易有限公司（第三人）因第3309523号“恒大HengDa及图”商标撤销复审行政纠纷案件，第三人提交的购买公证书，是个人在购买一件衬衣时为维权而采用公证购买的方式明显不符合常理，也不符合普通公众对于交易习惯的认知，因此，第三人的上述使用证据法院未予以采纳，复审商标予以撤销。

“交易习惯”是指在交易行为当地或者某一领域、某一行业通常采用并为交易对方订立合同时所知道或者应当知道的做法或者指当事人双方经常使用的习惯做法。在认定当事人双方的交易是否符合交易习惯时，需要综合考虑时间、空间、相关行业、合理性等多种因素。合理性是考察证据真实性的重要方面，本案中海尔斯公司提交的使用证据不具有合理性，不符合交易习惯，其真实性存疑，因而，法官认定其提交的使用证据不具有合理性，不符合交易习惯，不予采信。

“湾仔码头”的“沉”与“浮”

——浅析商标“撤三”案件中“象征性使用”的证据排除

商标诉讼专业组　樊慧东律师

【引言】

提起速冻水饺，大家一定会想到“湾仔码头”吧？据说“湾仔码头”是因为创始人藏健和最初在香港湾仔码头边摆地摊卖水饺起家而得名。但是，你知道“湾仔码头”注册商标背后的故事吗？或许很多人不知道这个驰名商标曾经还经历过一段商标撤销三年不使用的漫长诉讼。

一、“湾仔码头”商标撤销三年不使用诉讼案件

“湾仔码头”是香港的一个地名，同时也是一个速冻食品的品牌，属于通用磨坊食品亚洲有限公司（以下简称通用磨坊公司）。我们熟知的“湾仔码头”的水饺、馄饨和汤圆就是出自这家公司，然而在这个品牌推出之后，以“湾仔码头”为名的商标注册一哄而起，通用磨坊公司由此走上了漫长的商标维权之路。而在维权的过程中，他们发现成超受让的第1591629号“湾仔码头”商标，在过去三年内并未实际使用，遂提起撤销三年不使用诉讼，撤销了涉案商标，进一步推动了“湾仔码头”品牌的市场化与国际化。

1. 案件基本事实

时间	事件
2000 年 3 月 31 日	中山市南区百鸟归巢火锅美食店在第 43 类餐馆等服务上申请注册“湾仔码头”的商标。
2001 年 6 月 21 日	商标局核准百鸟归巢火锅美食店在第 43 类咖啡馆、自助食堂、餐厅、饭店、餐馆、自助餐馆、快餐馆、酒吧、流动饮食供应、茶馆服务上申请注册的“湾仔码头”的商标，注册号为第 1591629 号。
2008 年 6 月 4 日	百鸟归巢火锅美食店与成超签订商标转让合同，经商标局核准，该商标 2009 年 8 月 13 日转让给成超。
2009 年 8 月 21 日	通用磨坊公司对该注册商标以三年不使用为由，申请撤销涉案商标。

2. 案件诉讼情况

诉讼阶段	案件进展情况
诉前阶段	2009 年，商标局支持了通用磨坊公司的撤销申请；之后，商评委维持了商标局的决定。
一审阶段	一审推翻了商标局及商评委的认定，认为成超对商标进行了真实的商业使用。
二审阶段	二审北京高院作出（2014）高行终字第 1934 号判决，认为成超在指定期间未进行真实的商业使用，遂撤销一审法院的判决。
再审阶段	最高院作出（2015）知行字第 181 号行政裁定书，认定成超提交的证据不能佐证复审商标在指定期间进行了实际使用，最终驳回其再审请求。

3. 案件争议问题

本案争议问题是，复审商标在 2006 年 8 月 21 日至 2009 年 8 月 20 日的指定期间是否进行了实际使用？“象征性使用”能否成为“撤三”案件的理由及其认定标准？

二、“撤三”案件中“象征性使用”的证据排除

在“湾仔码头”撤三案件中，法院围绕商标的“实际使用”和“象征性使用”展开，排除了象征性使用的相关证据，认定其不能构成商标的实际使用，在

"沉"与"浮"之间完成了这场商标反击战。

"商标使用"是整个商标法适用中的核心概念，尤其在商标的"撤三"案件中，"使用"的认定更是成为商标生死存亡的关键环节。根据商标法第四十四条的规定，注册商标没有正当理由连续三年不使用的，任何单位或者个人都可以向商标局申请撤销该注册商标。这种制度的设计，在一定程度上促使商标的实际使用，发挥商标的实际效用，防止浪费商标资源。但是，我国商标法尚未明确界定"商标使用"的概念，仅是在第四十八条类型化地规定："本法所称的商标的使用，是指将商标用于商品、商品包装或者容器以及商品交易文书上，或者将商标用于广告宣传、展览以及其他商业活动中，用于识别商品来源的行为。"

从上述规定来看，商标的象征性使用是符合"商标使用"范畴的。但是鉴于商标标识的价值在于引导相关公众识别商品或者服务的来源，因此，商标法关于"使用"的定义，实质上隐含了商标"商业性"的前提性条件。相反，商标的象征性使用则是指未将商标适用于商品或服务上，未能区分商品或服务来源的商业使用，包括公布商标注册信息或者声明对其注册商标享有专有权等注册商标宣称行为，以及为保留商标权利所作的商标转让或许可行为等。

那么，在司法实践中，哪些证据属于象征性使用，应当予以排除呢?

首先，商标的象征性使用一般不具有真实使用的意图。商标的象征性使用以维持注册为主要或者唯一目的，不足以产生维持注册的效力，排除真实使用的意图。在商标诉讼中，抢注商标或者单纯的以注册商标为目的的逐利行为，通常会成为法院认定商标真实使用商标意图的重要依据。例如在"湾仔码头"撤三案件的再审中，被申请人通用磨坊公司主张成超作为专业的商标抢注者，曾试图向通用磨坊公司高价出售复审商标，足见其并无真实的使用意图。法院也将成超申请注册50余件与他人知名商标相同或近似商标的情况，作为其是否具有真实使用意图的重要参考。

但需要注意的是，如果商标权人因不可抗力、政策性限制、破产清算等客观事由，未能实际使用注册商标或停止使用，或者商标权人有真实使用商标的意图，并且有实际使用的必要准备，但因其他客观事由尚未实际使用注册商标的，均可成为商标象征性使用的抗辩理由。

其次，商标的象征性使用未能进入商品流通领域，属非商业性使用。一般来讲，商标的使用须与特定的商品或服务相结合，以便相关公众通过该商标标识识别或区分商品。商标的使用通常需要证据来证明，若无直接证据显示商标于指定期间内已经实际进入了商品流通领域，从而发挥了区分商品或服务来源的作用，则不宜认定该商标实际进行了使用。由此可知，单纯的广告宣传、许可行为、订立合同的行为以及内部使用的行为，均为未能表明商品实际进入流通领域，属典型的象征性使用行为，未能实现识别商品或服务的价值要求。

在上述案件中，成超主张以广告宣传和许可他人使用的方式进行了真实的商业使用，以及其提供的《广告代理合同》、《广告协议》、招商广告和商标合作协议，但皆因其未能提供相关的证据证明商标确已实际使用，而最终承担了象征性使用的不利后果。

商标是一种符号，一种本质在于被相关公众识别的符号，因此当商品或服务仅是内部使用并没有实质性地进入市场，消费者没有接触到商标的机会，这种商标的使用不能构成实际使用。例如，单纯地在商品上附带贴标的行为，生产部门为方便生产在单据上的印标行为等，均不属于实际使用的范畴。单纯的许可行为也不构成“实际使用”，是象征性使用的典型代表。

但需要强调的是，许可行为并不必然导致象征性使用，被许可人一旦使用该注册商标即可构成商标的使用，其被视为商标权人的使用行为。倘若剥离被许可人的使用行为，仅是单纯的许可行为不构成对商标的实际使用。

综上所述，审理涉及撤销连续三年停止使用的注册商标的行政案件，应当根据商标法有关规定的立法精神，正确判断所涉行为是否构成实际使用，排除象征性使用的证据形式。对于企业来说，商标的象征性使用不利于企业整体商标战略的规划和实施。企业应当制定合法、长远的商标战略，对已确定使用的商标，要及早注册，防止他人恶意抢注谋取不当利益；对已经注册的商标要在有所侧重的同时，关注边缘商标的使用情况，防止因三年不使用而被人提起撤销。

保护未注册商标前应作“合法性审查”

——以“凯撒”“赖茅”“荣华”商标等案件为例

商标诉讼专业组　文其律师

一、恒都代理“凯撒”商标无效宣告行政纠纷二审案件分析

1. 案情简介

案号	（2016）京行终字第3119号
案由	商标无效宣告请求行政纠纷
诉争商标	第32类第8352612号“凯撒”商标
上诉人（一审原告）	凯撒名尊国际酒业（北京）有限公司（简称凯撒公司）
被上诉人（一审被告）	国家工商行政管理总局商标评审委员会
第三人	凯赛多—私人酿酒厂本贝格沃尔纳有限及两合公司（简称凯赛多公司）
涉案法条	2001年《商标法》第三十一条后半段

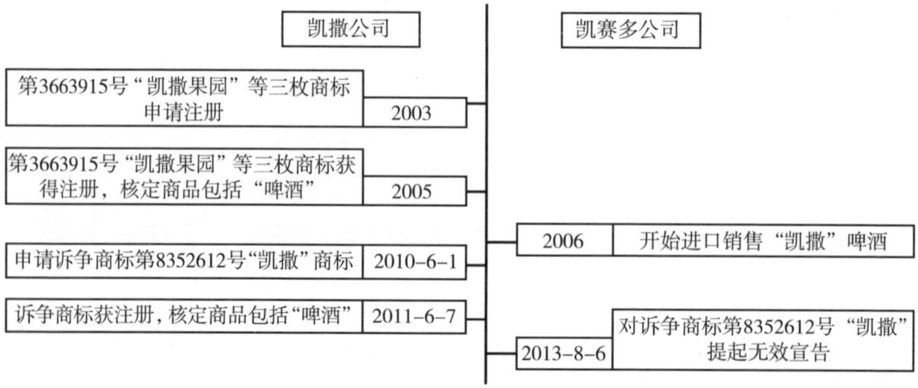

2. 案件审理经过

（1）评审阶段，商评委认定诉争商标指定使用在“啤酒”商品上构成对他人在先使用并产生一定影响商标的抢注，违反2001年《商标法》第三十一条，裁定诉争商标在“啤酒”商品上予以无效宣告。

（2）北京知识产权法院一审判决维持被诉裁定。

一审凯撒公司委托恒都代理，通过向法院提交的40多份证据，证明及主张：第一，凯撒公司拥有的在先“凯撒”系列商标早在2003年申请，2005年获得注册，核定使用在第32类“啤酒，果汁”等商品上，诉争商标是在先“凯撒”系列商标基础上的合理延伸，因此，凯撒公司不具有“以不正当手段抢先注册”的恶意；第二，凯赛多公司主张的“在先使用”虽然早于本案诉争商标申请日但却晚于凯撒公司在先其他“凯撒”商标申请注册日，实为侵权性质的使用，不具有合法性，不应当成为受法律保护的未注册商标权益；第三，凯赛多公司使用“凯撒”商标并未达到一定影响。

然而，北京知产法院认定凯赛多公司在先使用“凯撒”商标并具有一定影响，且凯赛多公司的使用行为是构成对凯撒公司在先注册商标专用权的侵犯不属于本案审理范围，一审判决依然认定诉争商标属于2001年《商标法》第三十一条规定的“以不正当手段抢先注册他人已经使用并有一定影响的商标”，维持被诉裁定。

（3）北京高院二审撤销被诉裁定及一审判决

凯撒公司不服一审判决提起上诉，并在二审中坚持一审主张并提交凯撒公司在先“凯撒”商标实际使用证据及“荣华月饼”“采蝶轩”商标侵权案最高院判决予以证明。

北京高院最终撤销一审判决及被诉裁定，并认定：依据现有事实，不足以认定凯赛多公司主张权利的“凯撒”商标在诉争商标申请日之前，在啤酒商品上已经具有一定影响，亦不足以认定凯撒公司存在抢先注册凯赛多公司所称“凯撒”商标之恶意。至此，凯撒公司最终胜诉，诉争商标效力已然确定。

值得关注的是，本案凯撒公司始终没有放弃主张凯赛多公司商标使用行为属于侵权性使用，不应成为对抗注册商标的权益。对此一审法院认为超出本案审理范围，二审法院则未予评述，究竟为何？留给我们一个在此探讨的空间。

二、从在先判例来看“未注册商标权益的合法性审查”的必要性

从理论上讲，任何一种权利或利益受到法律保护的前提当然是具有合法性，未注册商标也不例外，但司法实践中不同案件中针对类似问题作出的判决并不相同，下面从三个案例角度进行简要分析：

1. “赖茅”商标异议复审案件，最高人民法院再审审查《行政裁定书》

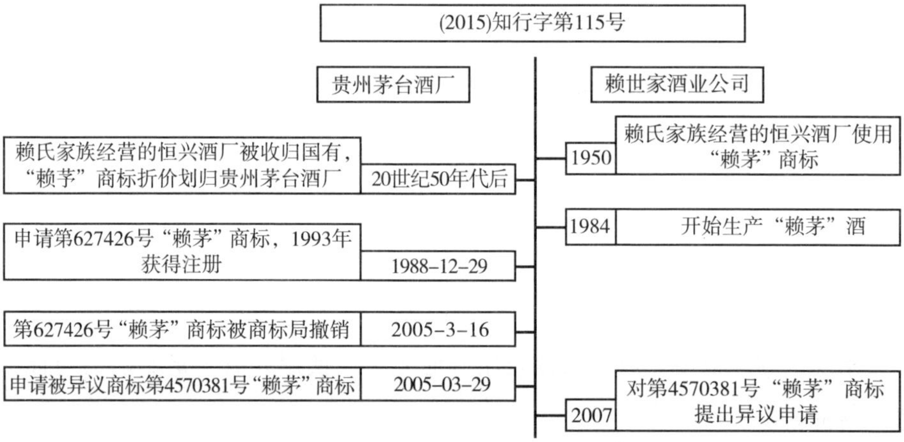

赖世家酒业公司对贵州茅台酒厂第4570381号“赖茅”商标提起异议的理由即该商标系对其在先使用并具有一定影响商标的抢注，违反2001年《商标法》第三十一条后半段的规定。最高院审查认定赖世家酒业公司20世纪80年代的使用行为实为侵犯“赖茅”商标专用权的行为，并不能因违法行为而产生商标权益，最终被异议商标予以核准注册。

2. “荣华”商标侵权及不正当竞争案件，最高院再审《民事判决书》

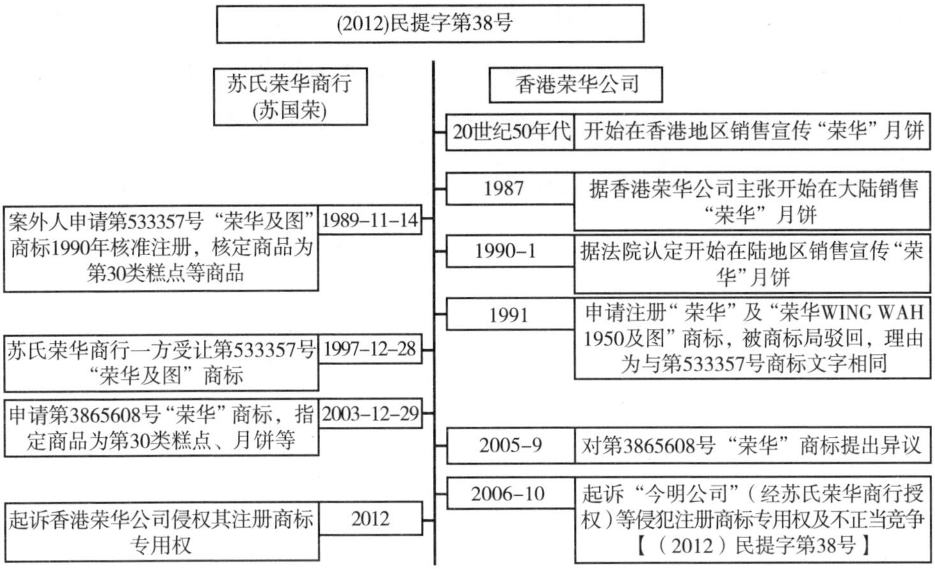

1997 年香港荣华公司诉苏氏荣华商行侵犯其知名商品特有包装、装潢，并得到法院支持，此后香港荣华公司与苏氏荣华商行双方关于“荣华”月饼商标民事侵权及确权行政纠纷历时十几年，从东莞中院、广东高院到最高院均对不同案件作出审理判决，其中关于香港荣华公司在中国大陆销售“荣华”月饼是否拥有“知名商品特有名称权”、“未注册驰名商标权”或构成“在先使用并具有一定影响的商标”，各法院甚至有相反认定，其中就涉及本文讨论的未注册商标合法性审查问题，特选（2012）民提字第 38 号最高院再审民事判决作说明：

2006 年香港荣华公司诉“今明公司”（经苏氏荣华商行授权使用“荣华”商标）等商标侵权及构成不正当竞争，东莞中院一审认定香港荣华公司在大陆使用“荣华”形成了未注册的驰名商标，二审法院纠正认定“荣华月饼”为“知名商品特有名称”，“今明公司”等构成《反不正当竞争法》第五条第（二）项规定的不正当竞争。

然而，最高院 2012 年再审作出（2012）民提字第 38 号判决，认定“今明公司”在第533357号“荣华及图”商标范围内使用商标，并不侵权。最高院虽未在该案判决中对香港荣华公司对“荣华”的使用是否为侵权性使用明确评述，但在向国家商标局出具的《关于“荣华月饼”是否为知名商品特有名称等有关问题的复函》中认为并无证据证明在第533357号“荣华及图”商标申请注册前香港荣华公司的“荣华月饼”已在内地具有一定知名度，不存在通过善意在先使用行为而获得知名商品特有名称权的情况，并答复：

“根据我国的商标注册制度，商标一旦获准注册即具有专用权，排斥他人在相同类似商品上使用相同近似商标。反不正当竞争法对于知名商品特有名称的保护本质上是对未注册商标的保护，相对于商标法对注册商标的保护而言具有补充性。商标核准注册后，在其核定使用的商品范围内，与其相同或者近似的标识，不能再通过实际使用行为而产生未注册商标权或者知名商品特有名称权，否则将损害商标注册制度的基本价值。”

3. “卡尺牌”商标侵权案件，朝阳区法院《民事判决书》

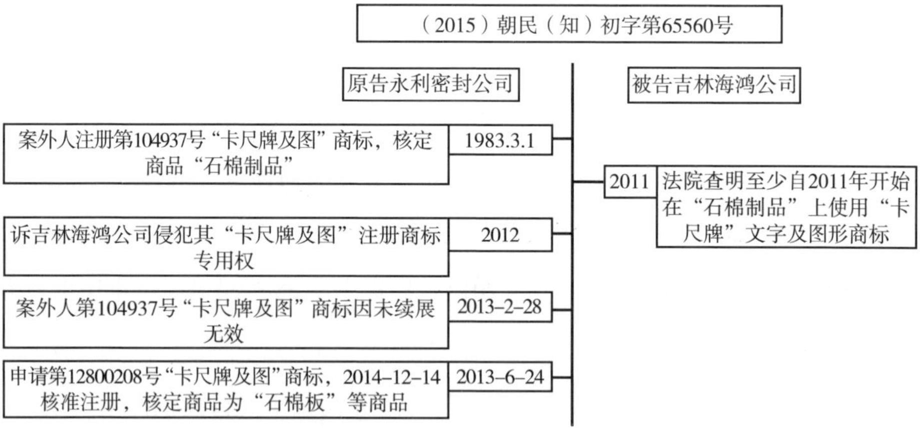

在永利密封公司诉吉林海鸿公司侵犯注册商标专用权案件中，吉林海鸿公司以《商标法》第五十九条第三款规定的“在先使用并具有一定影响”提出不侵权抗辩，永利密封公司主张在案外人注册的第104937号“卡尺牌及图”商标有效期间，吉林海鸿公司的商标使用实为侵权，违法性使用不能形成受法律保护的“在先使用商标”权益。但一审法院对此并未评述，并认定吉林海鸿公司不侵权

抗辩成立。目前该案处于二审程序中。

上述三个案件法院对“未注册商标”使用合法性审查所持不同态度直接决定了案件结果，在“赖茅”案件中法院进行了审查，并认定“在先使用”实为侵权性使用，不受保护；“荣华”案件虽有复杂背景，但最高院仍在答复体现了同样的观点；“卡尺牌”案件中，一审法院回避该问题并给予其保护。我们认为无论是在行政案件还是在民事案件，法院在一方当事人提出“合法性审查”主张的基础上，应当对当事人这一主张进行审查。那么在具体案件中应否审查、审查范围、举证责任的分配则需要更多探索……

三、未注册商标权益合法性的具体审查

对未注册商标权益的保护是对商标注册制度不足的弥补，现行《商标法》第十三条第三款、第十五条、第三十二条、第五十九条第三款，《反不正当竞争法》第五条第（二）项基本可以囊括未注册商标受保护的全部情形。结合这些法律法规，前述案件的在案证据均显示一方当事人所主张使用“未注册商标”的权益，系侵权性使用或者具有侵权的高度盖然性，在此前提下，能否保护此类“未注册商标”使用利益自然需要足够的谨慎。

分析“赖茅”和“荣华”案件，需要对“未注册商标”使用行为合法性进行审查的情况均是除却本案诉争商标（以行政案件为例），尚存在其他更早“在先注册商标”，具体时间关系如下：

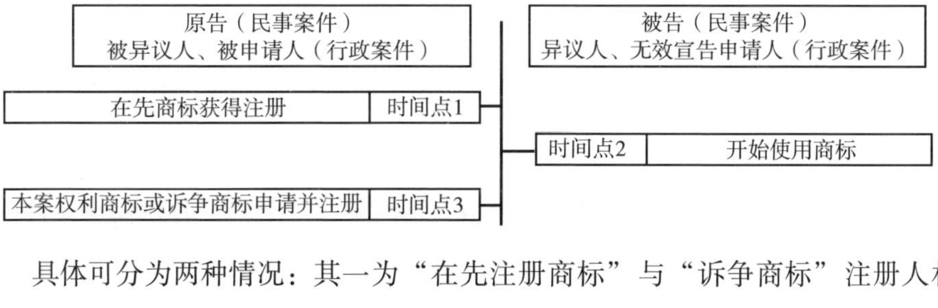

具体可分为两种情况：其一为“在先注册商标”与“诉争商标”注册人相同（或关联），如“赖茅”案；其二为“在先注册商标”与“诉争商标”注册人不同，但后来可能存在“在先注册商标”转让、被撤销、未续展、主体消亡

而导致权利消亡的情形（如“荣华”及“卡尺牌”案）。此两种情况下法院对合法性的审查面临的问题有较为明显的差别：

1. 情况一，“在先注册商标”与“诉争商标”注册人相同（或关联）

“赖茅”案件中，最高院的裁判逻辑相对简单明了，即贵州茅台酒厂“在先注册商标”权利产生在先，即使该商标后来因未续展而无效，但并不改变赖世家酒业公司在该在先商标有效时“侵权性使用”的事实，使用行为不具有“合法性”，无法形成对抗贵州茅台酒厂“在后”注册的诉争商标的在先权益。

2. 情况二，“在先注册商标”与“诉争商标”注册人不同

当“在先注册商标”与“诉争商标”注册人不同，“诉争商标”注册人主张对方对其商标提出无效、异议或诉其侵权，依据的“未注册商标”使用实为侵权性质的使用，不应受法律保护，此时待审查的是“未注册商标”使用是否侵犯案外人商标专用权，从常理来看，“诉争商标”注册人并无权提出此主张，因为权利人有权自由处分自己的权利，也不排除在个案中存在影响侵权认定的事实，除非已有生效判决或其他证据能够确认侵权事实成立，可是从大多数案件来看，这样的证据较难获得，大致会遭遇如下困难：

第一，案外人主体已经灭失，让其主张权利已无可能，也无法考究其是否曾有许可或“容忍”他人使用商标；第二，“在先注册商标”因被撤销或未续展而归于无效，或者商标发生转让，让原注册人此后再主张此前的权利已无依据；第三，诉讼时效所限；等等。

因此，在存在“在先注册商标”情况下，“未注册商标”使用行为是否合法看似“性质待定”，但当在案证据让侵权判定“显而易见”时，如果仅因被认定侵权就直接认可其合法性，并进而对抗诉争商标，对诉争商标注册人似乎极为不公平，也损害了商标注册制度的基本价值。最高院在“荣华”月饼民事案件中，抛却复杂背景所维护的注册商标权利，应当也包含了该制度考虑。

笔者认为诉争商标注册人在证明在先商标权利存在后已经尽到举证义务，后续应当由“未注册商标”使用人来举证证明其使用确实经过许可授权（或者存

在“更早的在先使用”等其他不侵权的抗辩），因此其行为合法，应当受到法律保护，否则不应当对“未注册商标”使用形成的利益进行保护。

四、再评“凯撒”案件

“凯撒”案件属于上述情况二，即“在先注册商标”原始权利人并非凯撒公司，但凯撒公司受让商标后，在先商标的注册人已经消亡，凯赛多公司并未证明其转让前的同意使用意愿，而且，凯赛多公司主张的最早时间晚于“在先注册商标”的申请日和注册日，不具有绝对的“合法性”，其进入中国市场并未尊重已有的注册商标权利，亦难言善意。因此，从这个角度来说，其主张的“未注册商标”权益即“在先使用并具有一定影响的商标”属于侵权获得，并不合法，当然不应受到保护。

综上，虽然注册商标效力并非绝对，但法律给予“未注册商标”使用利益保护的前提是其具有合法性，侵权性使用或具有侵权的高度盖然性的使用不具有“合法性”，自然不能成为对抗注册商标的权益，这在商标民事案件和行政案件中应该并无差别。因此，在案件出现不得不回答“未注册商标”使用行为侵权与否时，法院应该通过证据规则的适用，对“未注册商标使用”行为合法性进行基本审查，而不是以“超出本案审理范围”为由对“显而易见”的侵权行为“视而不见”。

声明：本文引用案例，均仅为说明本文“未注册商标使用合法性审查必要性”相关话题，对其中涉及的“未注册商标使用”情况及是否合法或侵权的表述均基于判决中法院查明的事实及评述，如有不当之处，欢迎指正。

“TKD KABEL”商标行政诉讼案件的多重典型意义[①]

商标诉讼专业组　张瑜律师

2017年1月10日，北京知识产权法院召开建院两周年新闻发布会，并发布了八类典型案例共62案，其中第59件案件——（2015）京知行初字第5005号原告TKD电缆有限公司（TKD KABEL GmbH）诉被告中华人民共和国国家工商行政管理总局商标评审委员会、第三人上海梯客迪电缆销售中心商标无效宣告请求行政纠纷案为维护诉讼秩序、保障诚信诉讼类典型案例，是行政诉讼中对虚假陈述处罚的第一起案件。恒都代理TKD电缆公司取得该案的全面胜利。

一、案情摘要

上海梯客迪电缆销售中心（简称梯客迪中心）于2010年9月27日在第9类电缆等商品上申请注册了第8703076号“TKD KABEL”商标（简称争议商标）。2013年12月26日，德国TKD电缆有限公司（简称TKD电缆公司）针对争议商标提出无效宣告请求，主要理由为梯客迪中心曾经是TKD电缆公司的代理商，长期在中国代理销售TKD电缆公司的产品。梯客迪中心在明知“TKD KABEL”为TKD电缆公司企业名称及商标的情况下申请注册争议商标，其行为构成了2001年《商标法》第十五条、第三十一条以及第四十一条第二款所指之情形。2015年4月24日商评委作出无效宣告裁定，裁定TKD电缆公司所提无效宣告理

① 本案为北京知识产权法院建院两周年维护诉讼秩序、保障诚信诉讼类典型案例（案号：（2015）京知行初字第5005号）。

由不成立，争议商标予以维持。TKD 电缆公司不服商评委裁定，遂起诉至北京知识产权法院。恒都代理 TKD 电缆公司不仅取得该案在实体上的全面胜诉，而且梯客迪中心还因虚假陈述被处以一万元罚款。该案是行政诉讼中对虚假陈述处罚的第一起案件，入选北京知识产权法院建院两周年维护诉讼秩序、保障诚信诉讼类典型案例。

二、恒都观点

本案实体上的焦点问题共涉及两个方面，即（一）争议商标是否构成 2001《商标法》第十五条所禁止的“代理人未经授权将被代理人的商标进行抢先注册”的情形；（二）争议商标的注册属于 2001《商标法》第三十一条规定的情形，即诉争商标的注册是否损害了 TKD 电缆公司的“TKD KABEL”字号权并构成“以不正当手段抢先注册他人已经在先使用并有一定影响的商标”的情形。

关于实体上的焦点问题，恒都的主要观点与主张如下：

（一）不论是基于 2005 年德国 TKD 集团与上海翠辉贸易有限公司（简称翠辉公司）的代理协议的合同主体变更，还是根据上海海关缉私局洋山分局与中国建设银行股份有限公司上海长宁支行出具的相关函件以及 TKD 电缆公司提交的 2008 年至 2014 年间与梯客迪中心之间的相关交易文件等证据，均可以直接证明梯客迪中心与 TKD 电缆公司之间构成事实上的直接代理关系；同时基于翠辉公司的法定代表人李永学与梯客迪中心的法定代表人李慎之间的姐弟亲属关系，梯客迪中心与翠辉公司存在恶意抢注 TKD 电缆公司商标的串通合谋行为，构成间接的代理人恶意抢注行为。

（二）梯客迪中心不仅一直以德国 TKD 电缆中国代表处的名义在宣传和从事经营活动，而且在梯客迪中心与国内其他不同公司所签订的销售合同中关于质量要求技术标准一项的规定均是：按德国 TKD KABEL 公司样本参数供货和验货。以上的特定交易行为均足以证明国内相关公众在向梯客迪中心公司购买电缆产品时不仅明确知晓电缆的来源和生产厂家是 TKD 电缆公司，而且相关公众认可德国TKD电缆公司的产品技术，这也更进一步说明了德国“TKD KABEL”商标及商号在中国相关行业及相关公众中的影响力和知名度。争议商标与TKD电缆公司的企业字号及商标完全相同，同时违反了2001年《商标法》第三十一条前半段及后半段的规定。

三、裁判要旨

在本案中，法院全面支持了恒都关于2001年《商标法》第十五条及第三十一条的实体主张，并针对梯客迪中心进行虚假陈述的行为进行了罚款。

（一）裁判要旨之于2001年《商标法》第十五条

2001年《商标法》第十五条的立法目的在于给予特殊商业关系的当事人以特殊的保护，即避免代理人或者代表人基于此种特殊的商业关系抢注被代理人或者被代表人的商标，为诚实信用原则在商标法中的具体体现。该条款项下的“代理或者代表关系”不应局限于民法一般意义上的代理或者代表关系，其不仅应包含因接受商标注册申请人或者商标注册人委托在委托权限范围内代理商标注册等事宜而形成的代理或者代表关系，亦应包含因经销、代理等特定销售代理关系而形成的代理或者代表关系，否则将不当地限缩2001年《商标法》第十五条的适用范围，从而与诚实信用原则的基本精神相违背。同时，对于与构成2001年《商标法》第十五条之代理人或者代表人有串通合谋抢注行为的商标注册申请人，可以视其为代理人或者代表人，而此处“串通合谋行为”则可根据商标注册申请人与上诉代理人或者代表人之间的特定身份关系等进行推定，如公司之间的母子公司、总分公司、特定控股或持股关系，自然人之间的特定亲属关系、抑或特定公司股东或法定代表人之间存在特定亲属关系等。另外，该条款项下的“被代理人或者被代表人的商标”并不要求为其已注册的商标或者经过其使用已具有一定知名度的商标，仅要求被代理人或者被代表人具有在相应的商品或服务上已经使用该特定商标或者具备使用特定商标的意图即可。

本案中，无论从因经销、代理等特定销售关系而形成的代理或代表关系，抑或从与代理人或者代表人存在串通合谋行为的角度出发，均可以认定梯客迪中心与 TKD 电缆公司之间存在代理关系。同时，综合考虑本案的在案证据，本院认定 TKD 电缆公司至迟于 2005 年 6 月已成为“电线、电缆”等商品上“TKD”商标的所有人。

（二）裁判要旨之于 2001 年《商标法》第三十一条

虽然法院已经认定梯客迪中心注册争议商标已构成 2001 年《商标法》第十五条之情形，但考虑到 2001 年《商标法》第三十一条中对“不得以不正当手段抢先注册他人已经使用并有一定影响的商标”的抢注人的主体资格未施加任何限制，故若被代理人或被代表人的商标经过使用已经具有一定知名度，代理人或代表人未经被代理人或被代表人的同意擅自以自己的名义申请注册该商标亦可能同时构成 2001 年《商标法》第三十一条所指的“不得以不正当手段抢先注册他人已经使用并有一定影响的商标”的情形。

本案中，首先，TKD 电缆公司评审阶段提交的证据 5、诉讼阶段提交的证据 7、23 -26 等可以证明在争议商标申请日前，梯客迪中心在中国大陆地区签订的相关销售合同中，已明确出现“按照德国 TKD KABEL 公司样本参数”的字样。如上所述，梯客迪中心与 TKD 电缆公司存在特定的代理关系，因此，上述使用应当视为 TKD 电缆公司的使用，在此基础上可以认定“TKD KABEL”字号和“TKD”商标在先已经具有一定的知名度，且该知名度已经及于梯客迪中心。其次，争议商标与 TKD 电缆公司的上述字号完全相同，且争议商标核定使用的商品与“电线、电缆”等商品亦属于同一种或类似商品。故争议商标的注册已经损害 TKD 电缆公司享有的“TKD KABEL”字号权，构成“以不正当手段抢先注册他人已经使用并有一定影响的商标”的情形。

（三）裁判要旨之于诚信诉讼

在诉讼程序中，当事人有权就案件所涉事实、证据、法律适用等实体问题以及其他与程序相关的问题，陈述自己的主张、意见并进行相互辩驳，且并不必然要求当事人放弃自身利益径直主动陈述对自己不利的事实。但是，遵循诚实信用原则为当事人参加诉讼活动的基本原则。当事人对其所知晓的与案件相关的事实进行真实、客观的陈述是诚实信用原则在诉讼程序中的直接体现。当事人虽不负有成就法官形成正确事实认知的积极义务，但其具备不得通过提供虚假陈述的方式妨碍法官形成正确事实认知的消极义务。即依据诚实信用原则，当事人在诉讼程序中不得主张明知不真实或者不确信真实的事实，亦不得在其明知真实或者确信真实的情况下否认对方当事人主张的事实。

而本案诉讼过程中，梯客迪中心对于其与翠辉公司以及 TKD 电缆公司之间存在特定关系、李慎与李永学为姐弟的事实多次予以明确否认。且在合议庭向梯客迪中心明确告知提供虚假证据或陈述将可能构成妨碍诉讼而须承担相应法律责任的情况下，梯客迪中心仍坚持相关虚假陈述。基于上述事实，本院依照《中华人民共和国行政诉讼法》第五十九条第一款第（二）项规定对梯客迪中心做出了罚款的决定。

四、典型意义

在程序方面，本案作为行政诉讼中对虚假陈述处罚的第一起案件，对于当事人依据诚实信用原则在诉讼过程中应承担的“真实义务”与当事人为维护自身利益的辩护权利进行了合理的界定，对规范当事人庭审活动进行了有益的探索。

在实体方面，本案中对于《商标法》第十五条所规定的代理人或代表人直接抢注以及串通合谋的代理人或代表人抢注的认定要件进行了明确阐述，尤其是明确了该条款项下的“被代理人或者被代表人的商标”并不要求为其已注册的商标或者经过其使用已具有一定知名度的商标，仅要求被代理人或者被代表人具有在相应的商品或服务上已经使用该特定商标或者具备使用特定商标的意图即可。而且，本案同时明确了可以同时适用 2001 年《商标法》第十五条以及第三十一条抢注行为，在存在特定代理关系的情况下，抢注人作为代理人对相关商标的使用证据可以直接视为被代理人对商标的使用证据予以认定。

从“牛图形”商标异议复审行政纠纷案看在先著作权权属的认定

特许经营专业组　张荣梅律师

申请注册商标不得损害他人在先著作权，在商标授权确权案件中，商标是否侵害他人在先著作权关键在于对作品、著作权权属、实质性相似加接触可能性的认定。其中，对著作权权属的证明成为众多案件的难点，本文试从恒都代理的“”商标异议复审行政纠纷案来谈一谈商标行政案中在先著作权权属的认定。

一、案件背景

捷高（私营）有限公司（下称捷高公司）成立于1972年，1981年开始经销“”品牌商品，在20世纪90年代该品牌进入中国香港。捷高公司于1997年在第18类“手提包、钱包、公文包”、第25类“鞋、服装带（衣服）”等商品上申请包含“”的商标，1999年获得注册，捷高公司牛图形商标在皮具、服装商品上具有较高知名度。

兴南国际有限公司（以下简称兴南公司）于2001年开始陆续在第18、25、8、9、11、26等类别商品上申请注册包含“”的商标。捷高公司以其在先商标对兴南公司系列商标提起异议或撤销申请，但因商品类别的差异，兴南公司牛图形商标在部分类别上得以注册。

针对上述纠纷，北京市第一中级人民法院作出四个异议复审一审判决①，首次

① 一中行（知）初字第7874号、第7875号、第7876号、第7877号。

确认捷高公司对牛图形享有在先著作权，兴南公司在第 8、9、11、26 类上申请的“ ”商标与捷高公司的“ ”构成实质性相似，侵犯捷高公司在先著作权。

二、案件经过及法院认定

在异议复审阶段，国家工商行政管理总局商标评审委员会（下称商评委）认为捷高公司所提交证据无其对引证商标所表述的图文组合享有在先著作权的相关内容，不能认定诉争商标损害了捷高公司的在先著作权，遂作出异议复审裁定，裁定诉争商标予以核准注册。

捷高公司不服商评委裁定，向法院提起行政诉讼，并在诉讼中提交了牛图形作品合作作者之一高尔·海恩·布朗出具的声明、布朗股份有限公司（下称布朗公司）与捷高公司签订的转让协议，证明捷高公司通过受让取得涉案图形作品的著作权。高尔·海恩·布朗声明牛图形是其与他人共同创作完成，该图形著作权法和商标法下的开发权和使用权归布朗公司所有，后布朗公司将该图形的使用权转让给捷高公司，授权其可以行使著作权的相关权利，转让过程如下：

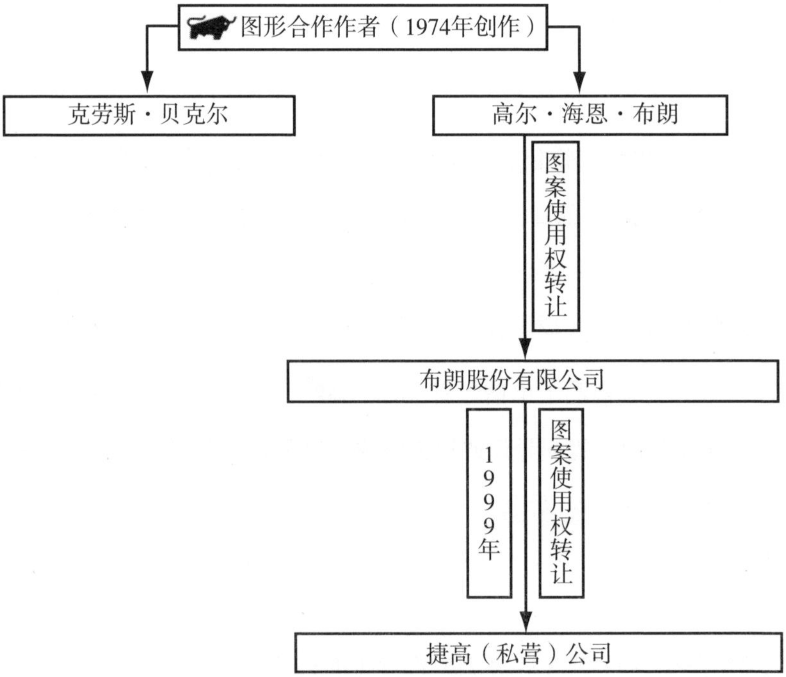

北京市第一中级人民法院经审理认为：捷高公司享有牛图形的使用权，而且依据2001年商标法第三十条，任何人均可以提出异议。故诉争商标的申请注册损害捷高公司的在先著作权。

三、恒都观点

该案难点在于高尔·海恩·布朗作为牛图形作品的合作作者之一，其单方是否有权声明转让作品的使用权，捷高公司能否根据合作作者之一的转让声明及后续的转让协议获得该作品的使用权。对此，捷高公司主要从如下几点来阐明其有权主张牛图形作品著作权：

首先，根据《著作权法实施条例》第九条规定，合作作品的著作权归合作作者共同享有，通过协商一致行使；不能协商一致，又无正当理由的，任何一方不得阻止他人行使除转让以外的其他权利。鉴于牛图形另一作者克劳斯·贝克尔已经死亡，高尔·海恩·布朗先生作为合作作者之一，转让作品使用权而非著作权，不违反我国著作权法。

其次，德国著作权法区别于其他国家，著作权整体——即涉及财产权，不得通过法律交易进行转让，只能授予使用权，但享有排他性使用权的当事人实际上享有相当于在其他法域著作权受让人才享有的权利。因此，即布朗先生有权将“牛图形”的使用权转让给布朗公司，布朗公司有权将“牛图形”的使用权转让给捷高公司，捷高公司继受取得该作品的使用权已形成完整链条。因此，即使捷高公司不属于著作权所有人，但其作为“牛图形”使用权人，有权对诉争商标提起异议，这也与第一点印证。

最后，根据2001年商标法第三十条，自公告之日起的三个月内，任何人均可对初步审定的商标提出异议，即非作品著作权人或利害关系人也可以对诉争商标提起异议。

因此，无论捷高公司作为著作权人、利害关系人还是两者皆不是，均有权对诉争商标提出异议申请。法院最终认可了捷高公司的主张，认定诉争商标侵犯在先著作权。

四、案件的著作权权属认定的典型意义

通常认为，适用商标法第三十二条（2001 年商标法第三十一条）保护在先著作权，首先需要证明当事人为涉案作品的著作权人或者利害关系人，即证明作品著作权归属，在当事人为作品著作权的受让人时，其既应对该作品的原始著作权归属进行举证，还应对其继受取得该作品著作权权利链条的完整性承担举证责任。当事人如不能对其继受取得该作品著作权的完整过程予以证明，则应承担不利后果。

该案，正是基于层层追溯的理念来证明继受取得牛图形作品使用权的权利来源，但追溯到原始著作权时发现转让人为合作作者之一，此时如果简单适用无权处分认定转让行为无效，受让人不享有牛图形作品的使用权看似符合民法一般原理。但是《著作权法实施条例》却对合作作者单方行使除转让以外的其他权利的行为做出了例外规定，意在鼓励作品的传播与使用，因此，布朗先生单方声明转让牛图形使用权符合法律规定，捷高公司取得牛图形的合法使用权。

此外，在适用 2001 年商标法第三十条、第三十一条时，因未对异议人主体资格进行限制，异议人可以引证任何他人注册商标对初审公告商标提异议，那是否意味着异议人也可以对任何他人的著作权提出异议？如果是，那就没有证明著作权经转让归属于异议人的必要了，在举证证明存在在先作品以及原始作者后即可，这个观点在本案判决中也有所体现。

“葵花宝典”，不是想“抢”就能“抢”

——简论商标领域的商品化权益

商标诉讼专业组　王宇律师

《葵花宝典》是金庸先生所著的武侠小说《笑傲江湖》中的武林秘籍，不仅在小说中名震江湖，在现实生活中也是妇孺皆知。江湖中，夺得《葵花宝典》代价不菲；商战中，欲获得“葵花宝典”的商标专用权，也殊非易事。

近日，上海游奇网络有限公司（以下简称游奇公司）不服商标评审委员会对其“葵花宝典”注册商标作出的无效宣告裁定，向北京知识产权法院提起诉讼。据悉，游奇公司于2012年申请“葵花宝典”商标，于2013年获准注册，核定使用在第41类“在计算机网络上提供在线游戏”等服务上。

而早在2008年，金庸就与北京完美时空软件有限公司签订协议，授权其在中国大陆发行、销售“笑傲江湖”游戏。2016年，金庸又授权完美世界（北京）软件科技发展有限公司在中国大陆利用《笑傲江湖》作品进行改编、开发、发行、运营软件游戏的独家权利。

完美世界（北京）软件科技发展有限公司的关联公司于2015年向商评委提出游奇公司“葵花宝典”商标的无效宣告申请，2017年年初，商评委作出无效宣告裁定。之后，才有了文章开头的诉讼。

争议焦点

本案的争议焦点：作品中的知名名称（作品本身的名称、作品中人物或物品的名称）是否属于商标法所称应予保护的“在先权利”？换言之，他人未经权利人许可，能否将权利人作品中的知名名称注册为商标？

“知名名称”属于什么权利？

类似的问题，现实生活中已经出现了不少，有些虽不属于商标法领域，但问题实质是同一的，都牵涉到“知名名称或形象”是否属于某种应予保护的权益，如“功夫熊猫案”“鬼吹灯同人作品案”等。在此类案件的处理中，衍生出了一个中国现行法律中并不存在的概念：商品化权益。虽然在成文法中，“商品化权益”尚无一席之地，但在司法实践中，实际上已经被承认了。

在上诉人商标评审委员会与被上诉人苹果有限公司关于“TEAM BEATLES 添·甲虫及图”商标异议复审行政纠纷一案中，北京市高级人民法院在终审判决中明确表示：“文学艺术作品、作品名称、角色名称、某种标识性的名称、姓名等确实会使上述作品或名称的拥有者通过上述作品、姓名等取得声誉、信誉、知名度等，拥有者通过将上述的声誉、信誉、知名度等与商品或服务的结合进行商业性的使用而实现经济利益，因此，上述作品或名称通过商业化使用，能够给拥有者带来相应的利益，可以作为在先权利获得保护。”

根据法院的观点，所谓“商品化权益”，指的是享有一定知名度或声誉的，其拥有者可以通过将其与商品或者服务结合进行商业性使用从而带来经济利益的名称、形象、标志等无形权益。

对“知名名称”及“商品化权益”予以保护的理论基础？

“商品化权益”虽尚未明确规定在中国现行法律中，但这一概念并非凭空捏造，而是有着清晰的历史源流。在 1953 年的美国“海兰”案中，弗兰克法官将“形象权”从“隐私权”中剥离出来，并将其定义为财产权。这是一个里程碑式的判决。1978 年，迪士尼公司商品化部销售带有迪士尼卡通人物形象、名称的商品，次年，又销售带有“星球大战”中人物形象的商品，获利数亿美元。知名形象、名称的商业价值可见一斑。很多商家也争相模仿，未经权利人许可就使用知名形象获利，引发了极大的争议。

由此，“形象权”的内涵进一步扩张，从真实人物的形象扩张至虚拟人物的形象。近年来，随着文化产业商业化的高速发展，“形象权”的内涵再次扩张，不仅包括形象本身，还延及形象的名称、作品名称、知名物品名称，甚至是具有显著特征的语句。法律界就将以上难以在现行法律中找到合适表述的“权益”统称为“商品化权益”。

关于某种利益是否应予保护，实质上是两种法律逻辑之争。一种法律逻辑认为，无形财产权带有垄断性，其权利应当源自法律授权，既然现行法中找不到“商品化权益”，对其保护就是于法无据。另一种法律逻辑认为，权利在自然法中一直存在，只是实在法的遗漏或缺失，既然发现了实在法的疏漏，就应当通过司法进行修正。

笔者以为，从解决实际问题的角度，应当是从生活到法律，而非相反。如果某种利益源自特定主体，具有一定专属性，如放任其成为公共资源，会对创造人明显不公，并且可能损害公众创造的积极性，对公共利益及长远利益也有消极影响，那么，这种权益就应当得到保护，至于在实体法中找到依据，只是技术性的问题。当然，此种权利确实具有垄断性，保护到何种程度，在没有法律依据的情况下，就需要法官“运用之妙，存乎一心”了。

回到本案

本案中，“葵花宝典”是著名武侠小说《笑傲江湖》中的物品名称，本身也具有极高的知名度。“葵花宝典”四个字所蕴含之商业价值当归属于“商品化权益”，应无太大争议。当然，本案的争议焦点并不只此一个。原告在质疑“商品化权益”的正当性的同时，也对商标无效申请人的主体资格提出了质疑，这也应当是法院审查的重点。

从“邦德007”到“功夫熊猫”：电影角色“商品化权”在《商标法》中的认定标准

商标诉讼专业组 樊慧东律师

【引言】

商品化权起源于美国1953年的“海兰”案，① 并逐渐被澳大利亚、加拿大、日本等国法院以判例形式所承认。我国在立法上也并未引入商品化权，《商标法》《民法通则》等均无“商品化权”的明确规定。然而，从“邦德007”到“功夫熊猫”，电影角色的“商品化权”逐步成为《商标法》第三十二条认可的“在先权利”。

商品化权，又称形象权，是指将知名形象、知名作品名称付诸商业性使用的权利。而角色商品化权是指为了满足特定顾客的需求，使顾客基于与角色的亲和力而购进这类商品或要求这类服务，通过虚构角色的创造者或者自然人以及一个或多个

① 一般认为，美国确立商品化权（形象权）制度的判例始于1953年的“海兰诉托普斯案”。一名棒球手同海兰公司签订了独占性许可协议，许可海兰公司在贸易卡片中使用他们的肖像，而随后托普斯公司也同这名棒球手签订了类似协议。于是，海兰诉诸法院称自己对上述肖像拥有独占性财产利益，托普斯辩称海兰所签的协议仅能视为棒球手对原告放弃隐私侵权的起诉，并不能授予反对第三方的权利。纽约州上诉法院的判决书中写道：“我们认为，除了独立的隐私权外（他是不可转让的，人格性的），一个人对他的肖像的经济价值还拥有一项权利……这项权利可以被称为形象权（the right of publicity）。因为众所周知的是，公众人物不会因其面容被暴露于大庭广众之下而感到情感的伤害，他们痛苦的是其面容被作为商业广告出现于报纸、杂志、公共汽车、火车和地铁上而自己未得到报酬。因此，形象权必须是一种可以对第三者主张的排他性权利，否则，其经济价值难以实现。”自此，法院逐渐接受了“形象权”这种新型权利，并最终得到了美国法学会的一致确认。

合法的第三人在不同的商品或服务上加工或次要利用该角色的实质人格特征。①

随着我国社会主义市场经济的进一步发展，电影角色的商品化现象日益突出，由此衍生的纠纷层出不穷。面对海外舶来的“商品化权”，司法机关往往因缺乏法律依据而无所适从。商品化现象在普通的商品贸易中早已司空见惯，商家为了获得消费者的青睐和关注，习惯于将当下消费者喜欢或追捧的形象外化于商品的包装上，以期获得更高的收益。而在物欲横流的商品化时代，影视作品站在娱乐与时尚的前沿，其角色背后无疑隐藏了巨大的商业利益。然而，我国的立法中并未对商品化权利进行明确规定，但从“邦德007”到“功夫熊猫”的案例中可以看出，司法实践已经逐步在判例中认定电影角色的“商品化权”构成《商标法》第三十二条规定的“在先权利”。

案例1：“JAMESBOND”案

案号：

(2010) 一中知行初字第2808号行政判决

(2011) 高行终字第374号

裁判要点：

丹乔公司对第三人谢花珍申请注册“邦德007 BOND”商标提出异议，请求不予核准被异议商标注册。丹乔公司认为“007”与“JAMES BOND”是丹乔公司发行的系列电影主角的代号和名字，具有独创性，丹乔公司对其享有版权、商标权及角色商品化权。

阶段	认定结果
商标局阶段	商标局于2007年10月8日作出（2007）商标异字第05075号《“邦德007 BOND”商标异议裁定书》，认定著作权保护作品的形式及内容，而非作品名称本身，丹乔公司并未在相关类别在先申请或注册被异议商标，丹乔公司称谢花珍恶意抄袭其商标及侵犯其著作权的异议理由不能成立。

① 参考1993年11月WIPO国际局公布的《角色商品化权研究报告》。

续表

阶段	认定结果
商评委阶段	2010年3月1日，商标评审委员会作出商评字〔2010〕第04817号《关于第3121466号“邦德007 BOND”商标异议复审裁定书》，认定丹乔公司所提异议复审理由均不成立，依据《商标法》第三十三条、第三十四条的规定，裁定被异议商标予以核准注册。
一审阶段	谢花珍申请注册被异议商标的行为违反了诚实信用的公序良俗，被异议商标属于《商标法》第十条第一款第（八）项所规定的“有其他不良影响的标志”。商标评审委员会对被异议商标申请注册是否违反《商标法》第十条第一款第（八）项规定的认定有误，应予纠正。判决：一、撤销商标评审委员会第04817号裁定；二、商标评审委员会就被异议商标异议复审申请重新作出裁定。
二审阶段	根据丹乔公司提交的证据可以认定在被异议商标申请注册之前，“007”“JAMES BOND”作为丹乔公司“007”系列电影人物的角色名称已经具有较高知名度，“007”“JAMES BOND”作为“007”系列电影中的角色名称已为相关公众所了解，其知名度的取得是丹乔公司创造性劳动的结晶，由此知名的角色名称所带来的商业价值和商业机会也是丹乔公司投入大量劳动和资本所获得。因此，作为在先知名的电影人物角色名称应当作为在先权利得到保护。二审法院最终维持原判。

案例2：“功夫熊猫”案

案号：

(2014）一中行（知）初字第4257号

(2015）高行（知）终字第1969号

裁判要点：

梦工厂动画影片公司对第三人胡晓中申请注册“KUNG FU PANDA”商标提出异议，请求不予核准被异议商标注册。梦工厂动画影片公司出异议，认为上述商标的注册损害了梦工场公司就“功夫熊猫”电影名称以及形象名称享有的“商品化权”。

阶段	认定结果
商评委阶段	2013 年 11 月 11 日，商标评审委员会作出商评字〔2013〕第 105133 号《关于第 6806482 号“KUNG FU PANDA”商标异议复审裁定书》，认定“商品化权”在我国并非法定权利或者法定权益类型，且梦工厂公司并未指出其请求保护的“商品化权”的权利内容和权利边界，亦不能意味着其对“KUNG FU PANDA”名称在商标领域享有绝对的、排他的权利空间。
一审阶段	鉴于现有的法律中并未将所谓“商品化权”设定为一种法定权利，故其并不属于 2001 年《商标法》第三十一条中所规定的在先权利中的法定权利。因此，被异议商标的申请注册并未违反 2001 年《商标法》第三十一条的规定。
二审阶段	梦工场公司主张的其对“功夫熊猫 KUNG FU PANDA”影片名称享有的“商品化权”确非我国现行法律所明确规定的民事权利或法定民事权益类型，但当电影名称或电影人物形象及其名称因具有一定知名度而不再单纯局限于电影作品本身，与特定商品或服务的商业主体或商业行为相结合，使权利人据此获得电影发行以外的商业价值与交易机会时，则该电影名称或电影人物形象及其名称可构成适用 2001 年《商标法》第三十一条“在先权利”予以保护的在先“商品化权”。

“邦德 007 BOND”商标异议纠纷案是我国司法机关第一次明确将角色商品化权在商标确权案件中作为在先权利给予保护。从“邦德 007”到“功夫熊猫”，电影角色的“商品化权”在商标司法实践中逐步被认可，为商品化权的救济提供了商标权保护的路径。

当电影名称或电影人物形象及其名称因具有一定知名度而不再单纯局限于电影作品本身，与特定商品或服务的商业主体或商业行为相结合，电影相关公众将其对于电影作品的认知与情感投射于电影名称或电影人物名称之上，并对与其结合的商品或服务产生移情作用，使权利人据此获得电影发行以外的商业价值与交易机会时，则该电影名称或电影人物形象及其名称可构成适用商标法第三十二条“在先权利”拘束力。但并非所有的电影角色或电影形象都可以纳入在先权利保护的范围，电影角色的“商品化权”需要在“有理、有据、有节”的探索中逐步规范、统一其认定标准。

正如钟鸣博士在“AIPPI 中国分会版权热点论坛”商品化问题研究中介绍的北京高院对“商品化权”的最新意见，即“坚持权利法定原则，只有对形象的商业化利益进行分析，确定其属于可受法律保护的利益时，才能纳入商标法第三十二条在先权利的保护范围。对形象的商业化利益的保护范围应当慎重研究、严格划定，除非必要，对该利益的保护不应超出未注册驰名商标的保护。”

在商标确权案件中，虽然应当对电影角色商品化权应当予以保护，但要在个案中明确保护的边界。从在先的判例中可知，在认定电影角色商品化权时，应当综合考虑以下因素：

第一，电影的知名度及影响力。商品化权的载体首先要求实现商品化，而知名度是角色商品化的重要考量。知名度越高、影响力越强，该商品化权的保护范围随之扩大，反之亦然。因此，只有具有较高知名度和影响力的电影角色才能成为商品化权益的保护对象，只有这样才能对相关公众形成吸引力和市场竞争力，才具有能被商业化运用的价值。

第二，商标混淆的可能性。商标是用来区别一个经营者的品牌或服务和其他经营者的商品或服务的标记。我国现行《商标法》的立法宗旨在于防止消费者对商品或服务来源产生混淆误认。

在商标确权案件中，系争商标只有注册在所涉及作品通常可能延伸到的相关商品上，容易导致相关公众误认为其经过原作品权利人的许可，或者与原作品权利人存在其他特定联系时，才有可能获得支持。①

由此可见，电影角色商品化的保护范围并不当然及于全部商品和服务类别，需要根据商标指定使用的商品或服务与电影角色的关联性进行判断，倘若系争商标的权利人是利用电影的知名度及影响力获取商业利益的，导致相关公众的混淆误认，即构成了对在先的“商品化权”的侵犯。

---

① 李钊：《007、哈利波特……知名作品形象如何进行商品化权保护?》，载《中国知识产权报》2015 年 11 月。

【结语】

商品化权是经济发展的产物，商品化权利保护的单独立法是一个长期的过程，需要立足国情，有序推进。但在没有立法之前，我们需要在个案中寻找司法认定的原则，在正当性指引下抵制恶意侵害在先“商品化权”的行为。

“東北老鄉長”商标注册在酒上易产生不良影响

——从“東北老鄉長”商标驳回复审案看《商标法》第十条第一款第（八）项“有其他不良影响”

商标诉讼专业组　王钰晴律师

《商标法》第十条第一款第（八）项规定，有害于社会主义道德风尚或者有其他不良影响的标志，不得作为商标使用。

这条规定属于禁止商标注册的绝对条款，核心在于对标志本身能否作为商标使用进行一种适格性评价。但在实践中，商标评审委会员、各级法院对该条的判断标准存在较大差别，本文即从恒都代理的“東北老鄉長”商标驳回复审案出发，浅析《商标法》中“有其他不良影响”的判断与适用。

一、案情简介

2015 年 2 月 25 日，双城市承旭酒业有限责任公司（下称承旭酒业）提出了第 16413387 号“東北老鄉長”商标（下称申请商标）在第 33 类“果酒（含酒精），开胃酒”等商品项目上的注册申请，后被国家工商行政管理总局商标局以“该商标与杜尔伯特蒙古族自治县蒙古酒厂的第 1575687 号‘东北老及图’商标（下称引证商标）构成使用在类似商品上的近似商标”为由，予以驳回。

承旭酒业不服该决定，向国家工商行政管理总局商标评审委员会（下称商标评审委员会）申请驳回复审。

商标评审委员会认为，申请商标与引证商标不构成近似商标，但是，“乡长”是地方乡政府的行政长官，申请商标中包含“鄉長”一词，该文字作为商标标识的组成部分注册使用在指定商品上，易产生不良影响，违反了《中华人民共和国商标法》第十条第一款第（八）项之规定，遂于2016年11月9日作出驳回申请商标的决定。

承旭酒业不服商标评审委员会决定，委托北京恒都律师事务所向北京知识产权法院提起诉讼。

2017年2月23日，北京知识产权法院作出（2016）京73行初6976号判决，认定“老乡长”一词为带有一定感情色彩的尊称，被告并无充分理由可以证明将“老乡长”指定使用在“白酒，烧酒”等商品上易产生损害政府行政官员形象的不良影响。申请商标加上“東北”，并未导致“老鄉長”一词发生含义变化，故申请商标未构成《商标法》第十条第一款第（八）项规定之情形。判决撤销商标评审委员会的驳回复审决定，并判令其重新作出复审决定。

二、“有其他不良影响”的判断因素

在目前的实务中，对《商标法》第十条第一款第（八）项“有其他不良影响”的判断，主要考虑以下因素：

（一）是否是对“公共利益、公共秩序”造成“不良影响”

由于“有其他不良影响”的条款位于《商标法》第十条第一款，与第（一）至（七）项属于并列关系，因此，该条款保护的法益应为“公共利益、公共秩序”。因此，对于给特定民事主体权益造成损害的情形，如申请注册“乔丹”等商标，并不应适用该条款的规定。

（二）标志的使用主体

在认定是否属于“有其他不良影响”时，需要考虑标志的使用主体。如在“水立方”案件中，“水立方”是2008年北京奥运会标志性场馆国家游泳中心的名称，其他主体将其注册在第3类肥皂、洗发液等商品上，极易误导公众认为该商品为奥运会指定商品或与奥运会有某种关联，从而产生不良影响。

（三）标志本身的含义

就“标志本身”而言，包括词性、含义等方面的内容，有些明显具有贬义、讽刺等色彩的词语，如“王八蛋”等词语，必然不可以作为商标注册。

（四）标志结合“商品、服务”后产生的效果

之所以需要结合“商品、服务”来判断标志是否“有其他不良影响”，一方面，这是由“商标”本身决定的，商标是一种用来区分商品或服务来源的标志，本身就包含“标志”“商品、服务”两方面的内容；另一方面，标志只有依托于“商品、服务”，才能确定相关公众、使用环境，也就才能更加客观地判断是否会造成不良影响。

如在“菩提”案中，将“菩提”使用在卫生香制品上不具有“其他不良影响”，但在“梵净山”案件中，法院则认为，将“梵净山”作为商标使用在按摩、夜总会等服务上，有害于宗教信仰、宗教感情，从而易造成不良社会影响。

此外，对于“有其他不良影响”的认定，还需要考虑对政治、经济、文化、宗教、民族等社会公共利益和公共秩序产生的影响，如“泰山大帝”就因宗教因素被最高院认定具有不良影响。

三、再评“東北老鄉長”一案

判断商标是否属于“有害于社会主义道德风尚或者有其他不良影响”的情形，不仅需要注意标志本身的含义，还需要关注标志使用在指定商品上是否可能具有负面意思，要在考量标志本身的词性、含义，指定使用商品等的基础上，结合一般公众的观念、习惯，审查标准的一致性等因素进行综合认定。

在“東北老鄉長”商标驳回复审案中，“老乡长”表示年龄较大并且即将或已经离开了乡长岗位的人。在众多文学和影视作品中，“老乡长”一般被塑造为忠厚、友善、恪尽职守、无私奉献的正面人物形象，通常被认为是带有一定感情色彩的尊称。申请商标的含义积极向上，整体上与地方政府的行政长官亦无密切联系，使用繁体字“鄉長”，在视觉上与“乡长”一词存在显著区别，更在很大程度上避免使消费者将该商标与地方政府的行政长官名称产生联想，杜绝了造成不良影响的可能。且申请商标注册在酒类产品上也不会产生不良影响。

因此，在商标评审委员会无证据证明“東北老鄉長”商标的注册会产生不良影响的情形下，不宜适用《商标法》第十条第一款第（八）项“有其他不良影响”的规定。

微信商标行政诉讼案简评

商标诉讼专业组　王宇律师

2017 年 4 月 21 日，北京市高级人民法院发布了北京市法院知识产权司法保护十大典型案例和十大创新型案例，“微信商标异议复审行政纠纷案”赫然在列。本案之所以入选，一则是由于“微信”在中国公众和市场上超高的知名度和超强的影响力，二则也在于本案一审、二审的争议焦点不同，而每个争议焦点都值得深入研究和探讨。在此，不妨先回顾一下本案的全过程。

案件回顾

2010 年 11 月 12 日，创博亚太（山东）科技有限公司（以下简称创博公司）向国家工商行政管理总局商标局申请注册“微信”商标，指定使用在信息传送、电话业务等服务上。该商标于 2011 年 8 月 27 日初步审定并公告。（注：腾讯公司迟至 2011 年 1 月 21 日才发布微信 1.0 测试版。）

在异议期内，自然人张某以创博公司申请注册的“微信”商标违反《商标法》第十条第一款第（八）项的规定为由提出异议，认为“微信”对社会生活的各个方面都有广泛、深远影响，核准注册该商标具有其他不良影响，应不予核准注册。

商标局于 2013 年 3 月 26 日以“微信”商标容易使消费者误认、产生不良社会影响为由裁定不予核准注册。创博公司不服，向商标评审委员会申请复审。商评委裁定不予核准注册。创博公司不服商评委裁定，诉至法院要求撤销该裁定。2015 年 3 月 11 日，北京知识产权法院判决创博公司败诉，维持商评委的裁定。

创博公司上诉，2016 年 4 月 20 日，北京高院作出终审判决，判决认为，被异议商标在指定使用服务上缺乏商标注册所必需的显著特征，其注册申请违反了《商标法》第十一条第一款第（二）项的规定，依法不应予以核准注册。商评委的裁定和原审判决认定虽有不当，但裁判结论正确，因此在纠正相关错误的基础上予以维持。

之后，创博公司又向最高人民法院提起再审，最高人民法院于2016年12月27日作出再审裁定，驳回创博公司的再审申请。

案件简评

本案经历的异议、异议复审、一审、二审、再审的每一个环节，有权机关都认为创博公司申请的“微信”商标不应当被核准注册，并作出了相应的决定或裁决，但是所秉持之理由与所适用之法律却不尽相同。尤其是在一审和二审中，出现了两个争议焦点，值得好好玩味与研究。

1. 一审判决的争议焦点、法院观点及简评

一审阶段的争议焦点：创博公司申请注册的“微信”商标是否属于《商标法》第十条第一款第（八）项“有害于社会主义道德风尚和其他不良影响”的情形。

一审法院认为：虽然“先申请原则”是我国商标注册制度的一项基本原则，但当商标在先申请人的利益与社会公共利益发生冲突时，应当结合具体情况进行利益平衡。本案中，一方面是作为“微信”商标的在先申请人基于在先申请行为产生的对特定符号的先占利益和将来使用特定符号的可得利益，另一方面是庞大的微信用户群体已经形成的稳定认知以及改变这种认知所需要付出的较大的社会成本。当个体利益和社会公共利益产生冲突时，保护社会公共利益是更合理的选择。因此，一审法院判决维持了商评委不予核准注册“微信”商标的裁定。

一审法院在商标注册制度的基本原则及公共利益之间作出了一个大胆且明确的价值衡量与判断。也就是说，当先申请原则与社会公共利益产生冲突时，应当优先保护社会公共利益。这个价值选择本身并没有问题，但问题在于，在任何一个个案中，“社会公共利益”的判断都是极为困难的。“社会公共利益”本身具

有复杂性、层次性、可变性，迄今为止，并没有一个被普遍认可的规则或者标准来判定某种利益是否构成“社会公共利益”。

在本案中，一审法院对于“社会公共利益”的论述语焉不详，似乎“微信软件已经拥有足够庞大的使用群体”就足以构成社会公共利益了。但是，细致分析就会产生疑问：如果“微信”软件不能再叫“微信”了，损害的究竟是腾讯公司的利益还是社会公共利益？社会公共利益可能遭受的损害究竟是什么，仅仅是称谓习惯的改变，还是会有其他成本？一审法院就“先申请原则”与社会公共利益所作的价值判断与选择确实是有益的，但关于“社会公共利益”的判断标准，仍需要在个案中摸索研究。

2. 二审判决的争议焦点、法院观点及简评

二审法院的争议焦点：“微信”作为商标使用在手机通讯等服务上，是否具有“显著性”。

二审法院首先否定了一审法院的判决理由。

二审法院认为：审查特定标志是否属于具有特定不良影响的情形时，应考虑该标志是否对我国的政治、经济、文化、宗教、民族等社会公共利益和公共秩序产生消极、负面影响。如果有关标志的注册仅损害了特定民事权益，由于商标法已经另行规定了救济方式和程序，不宜认定其属于具有其他不良影响的情形。且考虑到该情形属于绝对禁止事项，一旦作出此种认定，则意味着该标志在所有商品和服务类别上都不得作为商标使用和注册，而且任何主体也都不得将其作为商标使用和注册。因此，判断某一标志是否具有“其他不良影响”，必须持相当慎重的态度。因此，二审法院认为不能认定被异议商标具有“其他不良影响”。

二审法院在认定一审法院适用《商标法》第十条第一款第（八）项属于适用法律错误之后，另辟蹊径，适用《商标法》第十一条第一款的规定对被异议商标进行审查。该款规定，缺乏显著特征的标志，一般情况下不予核准注册。二审法院认为：“微”具有“小”“少”等含义，与“信”字组合使用在电话通讯等服务上，易使相关公众将其理解为比常见通信更为短小、便捷的信息沟通方

式，是对上述服务功能、用途或其他特点的直接描述，不易被相关公众作为区分服务来源的商标加以识别和对待，因此，被异议商标在上诉服务项目上缺乏显著特征，不应予以核准注册。

二审法院否定了一审法院关于“其他不良影响”和“社会公共利益”的认定，此点确实更为谨慎和妥当。但其认为“微信”使用在手机通信等服务上缺乏显著性，仍然引起了不小的争议。二审法院通过对“微信”二字拆分进行语义解释，从而得出结论：“微信”是对手机通信等服务的特点的简单描述，不具备显著性。但是，二审法院没有意识到，在争议商标申请注册之前，“微信”并非现存或已普遍使用的词汇，而是一个新创造出来的词汇。在腾讯公司“微信”服务被人们熟知之前，其也不会使相关公众立刻想到相关服务。因此，认为“微信”属于直接描述性词汇而缺乏显著性恐怕并不十分令人信服。

实际上，有一个同“微信”异曲同工的商标，就是“微软”。按照二审法院的解释，似乎“微软”在软件商品也也缺乏显著性，不能够被注册为商标。

在之后的再审程序中，最高院裁定驳回了再审申请。最高院在裁定中认可了二审法院关于“显著性”的判断，并对再审申请人提出的程序问题作出解释说明。关于此程序问题，因与本案实体法适用无关，本文暂不予评述。

本案经历了商标案件的几乎所有程序，现在已经尘埃落定。虽然法院判决的部分细节有争议之处，但其中体现的法院的价值判断与论证思路，值得好好研究。

从"拉链"到"优盘"，再到"谷歌"：商标通用化的悲与喜

商标诉讼专业组　樊慧东律师

近日，关于"Google"是否属于商标的话题甚嚣尘上。当人们戏称"Google一下"的时候，殊不知已经将"Google"推向了一个具有普遍意义的搜索深渊，或许不知从哪天起，人们就找不到一个词汇比"Google"更适合表达互联网的搜索行为了。从市场营销学的角度来看，似乎没有哪个企业不愿意使自己的商标名称成为普通大众的日常词汇。但当2006年7月《韦氏大学词典》将"Google"一词收录于词典时，谷歌公司开始担忧自身商标权益在不断驰名过程中会逐步退化，反而陷入了"商标通用化"的恐慌。

其实，在"Google"之前，已经出现很多著名商标通用化的例子，从"拉链"到"尼龙"，从"吉普"到"阿司匹林"，再从"木糖醇"到"优盘"，这些例子不断警示人们：商标名称在普遍性的推进过程中可能会面临商标通用化危机。

1. **拉链** zipper **案件**

"拉链"是1893年由美国芝加哥人Whitcomb Judson发明的，起初并不是以"zipper"命名，而是被称为"clasplocker"。1913年Gideon Sundback对拉链做了改进，并改称为"hookless slide fastener"。直到19世纪20年代，美国固特力公司研发出带有拉链的长筒靴，并在当时的广告语中使用"Ziper up"，"zipper"一词才正式诞生。①

① 参见《词根词源字典》关于"zipper"一词的解释。

1925年，固特力公司正式为其生产的长筒靴和套鞋注册了Zipper的商标，但是随着商品的广泛使用，"Zipper"就逐步取代了"slide fastener"，成为一个常用的英语词汇。当固特力公司意识到"Zipper"面临通用化趋势时，提出申诉要求挽回商标，然而相关部门认定"Zipper"为"通用名称"，不再是注册商标。至此，"Zipper"一词进入公共领域，成了拉链商品的正式名称。

2. 优盘案件[①]

阶段	结果
申请阶段	1999年8月23日，深圳市朗科科技股份有限公司（简称深圳朗科公司）注册了"优盘"商标，使用在移动存储产品上。
商评委阶段	1. 2002年10月18日，爱国者数码科技有限公司（原名为"北京华旗资讯数码科技有限公司"，以下简称爱国者公司）针对朗科公司注册在第9类计算机存储器等商品上的第1509704号"优盘"商标，向国家工商总局商标评审委员会提出撤销申请。 2. 2004年10月13日，商评委作出《关于撤销第1509704号"优盘"商标争议裁定书》，认定"优盘"是计算机存储器的通用名称，裁定撤销该商标。
一审阶段	1. 2004年11月16日，深圳朗科公司不服商评委裁定，向北京市第一中级人民法院提起行政诉讼，请求撤销商评委作出的裁定； 2. 2006年2月20日，北京市第一中级人民法院判决撤销商评委的裁定书，由商评委重新作出裁定。
二审阶段	1. 2006年3月6日，爱国者公司不服北京市第一中级人民法院的一审判决而提出上诉，在北京市高级人民法院的审理过程中，爱国者公司申请撤回上诉，北京市高级人民法院于2007年8月23日裁定准许撤回上诉。 2. 案件执行一审判决由商评委重审。
商评委重审阶段	2010年3月15日，商评委重审发出商评字［2004］第5569号重审第270号《关于第1509704号"优盘"商标争议裁定书》，裁定第1509704号"优盘"商标予以撤销。

① 参见：北京市第一中级人民法院第（2010）一中知行初字第2631号《行政裁定书》；《深圳市朗科科技股份有限公司关于"优盘"商标诉讼进展的公告》。

续表

阶段	结果
一审阶段	1. 2010 年 4 月 26 日，深圳朗科公司不服商评委的裁定向北京市第一中级人民法院提起行政诉讼。 2. 商评委鉴于爱国者公司于 2011 年 7 月 11 日撤回对本公司注册的第 1509704 号“优盘”商标的撤销申请，于 2010 年 3 月 15 日作出的撤销“优盘”商标的裁定作废。 3. 2011 年 7 月 13 日，深圳朗科公司提出书面申请，请求撤回对被告国家工商行政管理总局商标评审委员会的起诉。

从国外的“拉链（zipper）”到国内的“优盘”，再到当下的“谷歌（Google）”，这些国内外的知名品牌均在“商标通用化”中“乐极生悲”，在品牌大火之后却面临“引火焚身”的悲剧。那么，何为“商标通用化”呢？又该如何避免“商标通用化”呢？

一、何为“商标通用化”？

商标通用化是商标退化的一种形式，指某一商标标识的显著特征被减弱，逐渐演变为商品通用名称的现象。① “商标通用化”并不是一个法律术语，而是一种商标退化的法律事实。《最高人民法院关于审理商标授权确权行政案件若干问题的意见》第七条和第八条规定，对“商标通用化”现象进行了法律意义上的界定：

《最高人民法院关于审理商标授权确权行政案件若干问题的意见》

第七条规定，人民法院在判断诉争商标是否为通用名称时，应当审查其是否属于法定的或者约定俗成的商品名称。依据法律规定或者国家标准、行业标准属于商品通用名称的，应当认定为通用名称。相关公众普遍认为某一名称能够指代一类商品的，应当认定该名称为约定俗成的通用名称。被专业工具书、辞典列为商品名称的，可以作为认定约定俗成的通用名称的参考。

① 袁真富：《论商标退化及其法律规制》，载《西南大学学报》（社会科学版）2010 年 5 月。

约定俗成的通用名称一般以全国范围内相关公众的通常认识为判断标准。对于由于历史传统、风土人情、地理环境等原因形成的相关市场较为固定的商品，在该相关市场内通用的称谓，可以认定为通用名称。

申请人明知或者应知其申请注册的商标为部分区域内约定俗成的商品名称的，应视其申请注册的商标为通用名称。

第八条规定，人民法院审查判断诉争商标是否属于通用名称，一般以提出商标注册申请时的事实状态为准。如果申请时不属于通用名称，但在核准注册时诉争商标已经成为通用名称的，仍应认定其属于本商品的通用名称；虽在申请时属于本商品的通用名称，但在核准注册时已经不是通用名称的，则不妨碍其取得注册。

由此可见，相关公众的认知是认定"商标通用化"最关键的因素，"约定俗称"系消费者认知的一种普遍程度。

二、为何出现"商标通用化"？

"商标通用化"的原因比较复杂，但通常围绕"显著特征"和"通用名称"展开，呈现出商标"显著特征"减弱，"通用名称"增强的状态。如此，注册商标可能会因缺少显著性而被撤销，或者即使保留注册，也会在合理使用的保护上受到限制。

1. 商标本身的显著性较弱

"显著性"作为一个法律术语，是商标应当具备的足以使相关公众区分商品来源的特征。《商标法》第九条规定，申请注册的商标，应当有显著特征，便于识别，并不得与他人在先取得的合法权利相冲突。而在第十一条规定中也明确强调，缺乏显著性特征的标志，不得作为商标注册。但经过使用取得显著特征，并便于识别的，可以作为商标注册。商标的显著性是实现相关公众区别认知的关键因素，缺乏显著特征的商标很容易与指定商品或服务的名称、种类、功能等形成混同，从而导致"商标通用化"的后果。

2. 商标权利人怠于管理商标

“商标通用化”多半源自权利人对商标管理的懈怠，最终导致相关公众将注册商标认知为通用名称的结果。例如，商标权利人的不当使用，将商标名称等同于商品名称，甚至权利人自己将商标当通用名称使用；商标权利人缺乏长期的企业商标战略，商标对应的产品结构单一，缺乏多样性；商标权利人缺乏基本的维权意识，面对他人的错误使用及字典、媒体的不当描述，怠于维护自身权益。

三、如何避免“商标通用化”?

实质上，商标知名度和商标通用化是商业行为中的一对难以划分界限的矛盾体：如果商标没有知名度，产品市场必然萎靡；如果商标知名度过高，可能被划入通用名称，反而“引火自焚”。那么，如何避免“商标通用化”呢?

1. 注册：选择显著性较强的标识

注册时，要选择显著性较强的标识。“优盘”商标之所以会出现商标通用化现象，一部分原因来自其商标的显著性较弱，“盘”系计算机行业经常使用的字眼，“优”表现出商品的质量特点，整体组合的显著性较弱，与知名品牌的独创性要求不符。一旦出现傍名牌、搭便车的现象，商标的显著性弱很可能成为他人合理使用的抗辩理由。

2. 使用：正确使用商标，注重品牌多元化建设

首先，要正确区分商标和商品名称，杜绝将商标名称混同于商品名称的使用错误。在“拉链”案例中，“拉链”的原初发明时被称为“clasplocker”，后来改称“hookless slide fastener”，但当固特力公司在长筒靴上注册的“Zipper”商标逐步驰名后，将长筒靴改名为“Zipper 靴”，使“Zipper”商标与“拉链”商品在相关公众中形成交叉认知和混同，从而导致了“Zipper”商标被通用化的悲剧。其实，商标权利人可以通过广告媒体等多种形式对商标与通用名称进行区分，例如 Jeep 品牌的广告语“不是所有吉普都叫 Jeep”，很巧妙地将商标与通用名称分离，并提高了品牌的知名度。

其次，加强企业品牌建设，推进商标多元化发展。企业要树立商标战略意识，逐步推进商标多元化发展，重视商标延伸性发展。例如，在“优盘”案件中，如果商标注册人将商标名称“优盘”用于其他领域，而不是仅仅局限于电脑储存设备，可能也不会导致通用化的结果。其实，“Google”已经在加强商标的多元化发展，除了人们知晓的搜索引擎，它开始延伸至商品领域，例如“Google”眼镜。

3. 维权：积极制止商标的侵权行为

一旦出现将商标作为通用名称的公共侵权行为时，企业一定要高度重视、主动出击，敢于向公共资源行为说“不”，勇敢捍卫自己的商标权益。尤其是同业竞争者将自己的商标作为通用名称使用的侵权行为，一定要严厉制止，倘若怠于行使权利，必然自食其果。商标权利人要学会寻求多种方式实施维权行为，例如警告侵权人、向工商行政管理机关投诉、司法诉讼等，维权一定要及时，并要在维权中表现出不畏强权、据理力争的态度。

【结语】

在商标通用化的悲喜之间，有炙手可热的辉煌，也有过犹不及的悲惨。商标通用化的悲喜并不是不可掌握的命运，企业需要在商标注册、使用及维权时，保持理性，战略先行，追本溯源，对症下药。

服务商标保护中遇到的地域性问题

商标侵权专业组　文其律师

通常所说的商标地域性是指商标保护范围仅限于国内，国外商标要在国内获得保护的前提是在国内进行注册或使用。但在服务商标侵权案件中，常有人将地域性作为服务商标的一个特征，进行不侵权抗辩，也获得了不少法院的支持，如此是否合理？

一、何谓服务商标的地域性

与商品有形性及自由流动性相比，服务无形性特征明显，这也就决定了服务商标与特定地域密切相关，例如在餐饮、住宿、摄影、交通运输、房地产等领域商标的地域性较强，原因在于：

服务场所及载体的地域性。因服务的提供与消费一般在特定场所内同时完成，且服务是无形的，服务商标的使用一般体现在服务场所招牌、装潢、服务工具、用品等与服务相关物品上，这些服务所依附的载体又仅存在于特定服务场所内。因此服务场所及载体难以实现全国范围内的自由移动。

服务提供者及消费者的地域性。受限于对服务场所及服务工具的需求，一般情况下服务提供者不太可能随时移动提供服务，服务消费者也选择在当地接受服务，跨区域远距离消费情况较少。

服务广告宣传的地域性。虽然广告宣传可以一定程度上突破地域限制，但因服务消费者可能仅限于既有服务场所覆盖的地域，出于对广告成本及宣传效果的考虑，服务提供者不可能在其服务辐射范围外的地域进行大力宣传。

服务商标价值的地域性。商标覆盖地域面越广、覆盖人口数量越多，价值也就越大①。因服务消费者的地域限制，服务商标仅在一定的地域范围内对商标权人具有直接经济价值②，其知名度一般限于服务覆盖的地域。

二、从已有案例看地域性对服务商标保护的影响

服务商标地域性特征对司法审判的影响主要可分为两类，其一为对侵权与否的影响，其二为对赔偿金额的影响。此外，在先使用不侵权抗辩中对“原有范围”的认定也会涉及服务商标使用地域的问题。

1. 对侵权与否的影响

案例一，“星河湾”商标侵权系列案件③

广州星河湾公司拥有第36类不动产管理等服务、第37类建筑等服务上的“星河湾”注册商标，商标被认定为广东省著名商标，宏富公司获得使用前述商标的许可，先后在广州、北京、上海、太原开发了“星河湾”地产项目，均为高档商品房住宅。2011年广州星河湾公司分别在江苏、四川、天津等地提起商标侵权诉讼，控告当地房地产企业在楼盘上使用“星河湾”商标，侵犯其注册商标专用权。当地高院均认定不构成侵权，其主要原因即为房地产所具有的地域性。

江苏、四川、天津高院从房地产的地域性角度阐述被诉侵权行为不会造成混淆：“星河湾”商标、楼盘名称在广东省、北京市享有一定知名度，但由于房地产作为不动产，无论是房地产开发商对其开发楼盘的宣传，还是该楼盘的消费群体均局限于相对特定地域范围内，具有显著的地域性特点。原告未举证证明其在被告所在省市有提升涉案商标知名度的行为，未证明“星河湾”服务商标在被告所在省市的知名度。

---

① 郑成思：《知识产权现值评估中的法律问题》，法律出版社1990年版，第57页。

② 李双利、魏大海：《服务商标地域性的司法意义》，载《人民司法》2010年第23期。

③ （2013）民提字第2号、（2013）民提字第3号、（2013）民提字第102号。

但是，上述案件均经过最高人民法院再审，认为“现代社会信息流通丰富快捷，相关房地产开发商在全国各地陆续开发系列房地产楼盘亦非罕见”，被诉侵权标识容易误导公众，因此改判认定被告构成商标侵权。

案例二，“巴黎春天”商标侵权系列案件[①]

北京巴黎春天公司拥有第42类“婚纱摄影、摄影”上“巴黎春天 PARIS-SPRING 及图”注册商标，并许可义乌、上海当地摄影公司使用。2011年北京巴黎春天公司分别在江苏、山东提起商标侵权诉讼。关于地域性对侵权判定的影响，两地高院认定完全不同。

江苏高院认定被告商标侵权成立，理由在于“虽然有些服务类注册商标中提供的服务项目具有一定地域性特点，……但并不意味着该注册商标的保护范围仅能覆盖至商标权人所提供的服务项目所在区域。……服务商标知名度的覆盖区域，在商标侵权判定中不应作为混淆判断的重要依据，而应仅作为认定被控侵权人是否具有攀附他人商誉的故意以及确定损失赔偿额的考量因素。”

山东高院认定被告不构成商标侵权，理由在于：涉案注册商标是服务商标，核定商品种类为婚纱摄影，而该类服务具有较强地域性特点，原告商标在义乌、上海等地使用，被诉侵权商标仅在青岛境内使用，原告无法证实其涉案注册商标在青岛地区具有较高的知名度。北京巴黎春天与李村巴黎春天商标所对应的相关公众并不重合，因此不会造成混淆误认。

但是，最高院再审改判山东案件，认定被告构成商标侵权，理由与江苏高院一致。

2. 对赔偿金额的影响

上述“星河湾”及“巴黎春天”案件中，虽然原告服务商标目前使用地域尚未覆盖至被告所在地，并不影响法院的对被告侵权的定性，但法院在酌定被告

① （2014）民提字第29号。

赔偿金额时，却对原告商标的使用范围予以考虑。原告服务商标的使用范围决定了其知名程度及影响力的范围，也可据此判断被告是否具有主观恶意，被诉侵权行为对原告经营造成的损失，这些都是酌定赔偿金额时予以考虑的因素。因原告尚未进入被告所在地经营，所以判赔金额有所降低，这也符合一般裁判标准。

3. 对在先使用不侵权抗辩中“原有范围”认定的影响

在“小肥羊”商标侵权案件①中，内蒙古小肥羊公司起诉周一品公司在深圳经营的饭店中使用含“小肥羊”的标识侵权其“小肥羊”商标专用权。被告以早在原告商标申请前就在甘肃兰州在先使用“小肥羊”商标进行抗辩。二审广东高院认为根据2014年5月1日起施行的新商标法，对这种先用权的行使和容忍是有限度的：该标识只能由原使用人在原使用范围内继续使用，即只能由原使用人周易平在甘肃省兰州市经营的商业实体“周一品小肥羊店”上继续使用，而不得超出该使用范围许可或转让给他人使用。否则，将导致该先用权被滥用而加剧该在先使用的标识与注册商标之间的矛盾与冲突，进一步扩大相关公众的混淆和误认，不仅冲击我国遵循的商标注册基本制度，变相架空注册商标权人的权利，对注册商标权人不公平，更会助长市场竞争的无序发展。

在未注册服务商标在先使用抗辩案件中，将被诉侵权标识原使用范围限定在原使用地域范围内，得到实务界较大范围的认可。这与商品商标明显不同，因商品可自由流动，一般认为商品商标在先使用抗辩中“原有范围”仅限于商品类别，而不限制被告生产规模。

三、不应以“地域性”为由拒绝对服务商标的保护

虽然在2014年“巴黎春天”最高院再审案件中已体现了对服务商标与商品商标同等保护的原则。但司法实践中各省高院在这个问题上判决各异，仍然存在大量以地域性为由不给予服务商标保护的判决。这样对服务商标权利人来说不公

① （2014）粤高法民三终字第27号。

平，也不符合商标法律制度以及社会经济发展需要。

1. 服务的地域性并不代表服务商标专用权效力的地域性

服务商标一旦获得注册，其专用权及排斥效力及于全国。在对侵犯注册商标专用权的行为进行规制过程中，我国商标法并未区分服务商标与商品商标，二者应当拥有同等的法律地位。

实际上，不少商品也仅是在一定地域范围内交易，例如不少地方性啤酒品牌，但在商品商标侵权案件中，并未以商品目前所流动的地域范围限定商标的保护范围，同理，服务商标也不应如此。

2. 服务商标的覆盖地域与“混淆可能性”的关系

原告仅需证明被诉侵权标识可能造成相关公众混淆即可。不少法院以原被告双方商标服务地域不交叉，相关公众不重合，不可能造成混淆为由认定被告不侵权，是错误将“实际混淆”等同于“混淆可能性”。

商标法所称的相关公众是指与商标所标识的某类商品或者服务有关的消费者和有密切关系的其他经营者，并非限定在案件当事人所在地的特定区域。从服务商标目前所覆盖的地域及消费者可能得出并不会造成目前实际混淆，但因具体时空的变化“混淆可能性”却依然存在，认定侵权是避免这一混淆可能性的必然选择。

3. 全球化及互联网经济的发展将弱化地域对服务的限制，强调地域性将不利于商标权人扩大经营，阻碍经济发展

服务的地域性并不能绝对化。全球化及互联网技术发展的背景下，资本、物力、人力流动速度、频率、范围极度扩张，曾经区域经营的服务品牌借助互联网可以快速覆盖至更为广阔的地域范围。服务品牌连锁、许可、特许经营极为常见。若以服务商标目前所覆盖的区域限制其保护范围，极易造成“侵权割据”的局面，剥夺商标权人未来发展空间，商标权人后续在被告所在地进行品牌经营将受到极大阻碍，使注册商标专用权成为空谈。在上述“小肥羊”案件中，之所以限制在先使用服务商标的使用地域范围，也是为注册商标权利人预留发展空间。

从宏观层面来看，我国实行商标注册制，对注册商标的保护优于对未注册商标的保护。法律保护注册服务商标无非是鼓励服务商标权利人经营打造知名服务品牌，促进服务产业发展，优化产业结构。以现有经营地域确定保护范围，无疑重挫商标权利人扩张业务的积极性，鼓励地方保护主义，不利于长远经济发展。

“混淆”or“淡化”，法院如何划定驰名商标保护圈

商业侵权专业组　王华

“华润”是驰名商标吗？

2017年3月10日，北京市第一中级人民法院就华润（集团）有限公司（以下简称华润集团）诉国家工商行政管理总局商标评审委员会（以下简称商评委）关于第7456174号“华润HRZ”商标异议复审行政诉讼一案，送达一审判决。认定“华润”商标在“资本投资”等相关服务上被相关公众广为知晓，构成驰名商标[①]。

虽然，华润集团投资了房地产、零售、煤炭、水泥、燃气、化工、电力等多个与国计民生密切相关的领域，而且“华润”二字也是众所周知，但此次却是“华润”商标首次在商标行政诉讼案件中被确认驰名。之前虽然华润集团提出过“华润”商标认定驰名商标的主张，但因商品、服务相距甚远而未获支持。而此次，是基于避免驰名商标的“淡化”被保护。

最高人民法院在2009年《关于审理涉及驰名商标的民事纠纷案件应用法律若干问题的解释》第九条第二款中规定，对已注册驰名商标在不相同或者不相类似商品上基于“误导公众”等保护情形，引入了通常所称的“淡化”标准。但“淡化”保护在较长时期内未被普及，更多的是理论探讨。我国现行商标法增加了第十三条第一款，被认为是“淡化”保护在法条上的涵盖。

① （2014）一中行（知）初字第9633号《行政判决书》。

2017年3月1日生效的《最高人民法院关于审理商标授权确权行政案件若干问题的规定》第十三条，将驰名商标“淡化”的保护标准的具体判断因素予以列举，使得“淡化”的审查更具可操作性。北京恒都律师事务所在代理“华润”案件的过程中，对各级法院在案件中适用“混淆或淡化”标准的具体体现进行了对比分析发现，从认驰判决所体现的裁判规则看，各级法院对于“混淆或淡化”的适用场景不尽相同。虽然都是“驰名商标”，但保护原因及保护圈半径各有不同。

1. 北京知识产权法院在驰名保护的案件中，从“混淆”及“淡化”两方面论证分析

“汤臣倍健”的案件中，法院认为“误导公众，致使该驰名商标注册人的利益可能受到损害”主要从两个层面对驰名商标进行保护：第一个层面，是足以使相关公众对使用驰名商标和被诉商标的商品来源产生误认，或者足以使相关公众认为使用驰名商标和诉争商标的经营者之间具有许可使用、关联企业关系等特定联系，即是否存在跨类混淆的问题；第二个层面，是指足以使相关公众认为诉争商标与驰名商标具有相当程度的联系，而减弱驰名商标的显著性、贬损驰名商标的市场声誉，或者不正当利用驰名商标的市场声誉。这主要是从制止减弱驰名商标显著性的行为（即弱化行为）及贬损驰名商标的市场声誉的行为（即丑化行为），亦可统称为从制止淡化行为入手对驰名商标进行保护①。该案件中，法院认为诉争商标指定使用之“空气清新剂；杀虫剂”等商品与引证商标的“非医用营养液”等并不构成跨类混淆，但认为诉争商标的存在会使得驰名商标与其商标权人在“特定商品或者服务”上的“唯一对应关系”遭到破坏，会使得驰名商标原本在相关公众中清楚、集中的形象逐渐虚弱、分散、模糊，给商标权人带来真正的损害。因而以“淡化”为由对驰名商标进行了保护。

在“雷士”照明②、“玫琳凯”化妆品③、洋河酒厂的“海之蓝”④、“科龙”

---

① （2015）京知行初字第3422号《行政判决书》。
② （2015）京知行初字第803号《行政判决书》。
③ （2015）京知行初字第2700号《行政判决书》。
④ （2015）京知行初字第3697号《行政判决书》。

冰箱[①]的案件中，法院认为诉争商标既可能产生混淆，又涉及不正当利用驰名商标的声誉，会减弱驰名商标显著性，从“混淆”及“淡化”两个角度给予了驰名商标全面保护。

2. 北京市高级人民法院改判的案件中，侧重于“虽然不混淆但可能淡化”而撤销一审判决

北京市高级人民法院在审理“匡威”“Converse”商标的驰名保护案件中，指出被异议商标“匡威 KUANGWEI”指定使用的“人用药”商品与引证商标“匡威”核定使用的鞋类等商品虽功能、用途等存有一定区别，但考虑到“匡威”的显著性和知名度，被异议商标指定使用在上述商品上使相关公众在看到被异议商标时会联想到引证商标，并基于此联想而认识到相关商品可能由全星公司提供或与其有特定关联，从而破坏引证商标与鞋类等商品唯一、单一和固定的联系，减弱引证商标的显著性，损害全星公司的利益[②]。基于此，撤销了一审判决及被诉裁定。

北京市高级人民法院基于前述相同的理论，禁止了与“匡威”“Converse”近似的商标在第 3 类“洗发液”等商品、第 8 类“磨刀器”等商品、第 21 类“日用搪瓷塑料器皿”等商品、第 44 类“医药咨询”等服务上的注册[③]。

值得探讨的是，基于“淡化”而受保护的驰名商标，其保护边界如何界定。北京市高级人民法院基于“淡化”改判的案例中，我们看到了如下商品、服务的禁注。

认驰商标	认驰商品	溯及商品
第 573256 号“PHOTOSHOP”商标[④]	第 9 类“计算机程序”	第 3 类的口红、指甲油、化妆品、化妆笔、眉毛化妆品、香水、眉笔、胭脂、眼影膏、染睫毛油等商品

① （2015）京知行初字第 00193 号《行政判决书》。
② （2015）高行（知）终字第 2023 号《行政判决书》。
③ （2015）高行（知）终字第 2073、2164、2035、2040、2041 号《行政判决书》。
④ （2015）京行终 1377 号《行政判决书》。

续表

认驰商标	认驰商品	溯及商品
第632834号“欧珀莱”商标；第626373号“AUPRES”商标①	第3类的洗衣用漂白剂和洗衣剂、清洗、抛光、擦洗和研磨制剂、肥皂、香料、香精油、化妆品、洗发液、牙粉	第14类的项链（首饰）、戒指（首饰）、耳环、珍珠（珠宝）、翡翠、玛瑙、手表、铂（金属）、贵重金属合金、银饰品
第1130744号“康王”商标②	第5类中药、西药、中药制剂、西药制剂	第8类刮胡刀片、电动或非电动刮胡刀、剪刀、刀片（手工具）、动物剪毛刀（手工具）、电动修指甲工具、电力和非电力脱毛器、剃刀盒、剃须刀等
第154598号“医咸”商标；第853796号“Converse”商标	第25类鞋类产品	第5类人用药
		第3类洗发液、清洁制剂、鞋油、化妆品、肥皂、牙膏等。
		第44类医药咨询等服务上。
		第21类日用搪瓷塑料器皿（包括盆、碗、盘、壶、杯）、玻璃瓶（容器）等。
		第8类磨刀器等。
		第44类：医药咨询，芳香疗法，美容院，按摩，宠物饲养，园艺学，眼镜行，卫生设备出租，包含营养指导，桑拿浴服务。

3. 最高人民法院目前提审的“认驰”案件中，并未明确引述“淡化”标准

这些案件中，驰名商标所溯及的商品、服务项目，虽然与驰名商标所指定的商品相距甚远，但仍是相关公众日常接触的商品或服务类别。因而从这些案件中，我们看到了驰名商标基于淡化标准的保护个案，但其边界尚未被界定。或者说，这些司法判例可以带来的案件预见性，仍难以被提炼总结。

---

① （2015）高行（知）终字第2221号《行政判决书》。

② （2015）京行终632号《行政判决书》。

"YKK"案件中，最高人民法院给予"YKK"商标在"车辆内装饰品"商品上跨类保护。但前提是，该案件中YKK株式会社放弃了对"气泵（车辆附件）、车辆减震器、陆地车辆发动机"等"相距甚远"的商品寻求驰名商标保护的主张，并对"拉链"与"车辆内装饰品"二者的关联关系进行了举证。法院基于"拉链可以用于车辆内装饰品，两者属于上下游产品关系"等理由，认定"YKK"商标可以基于在"拉链"商品上驰名的事实获得在"车辆内装饰品"上的保护①。该案件改判一、二审判决的重要原因，是基于当事人"关联关系"的举证，并未体现"淡化"理论。

在最高人民法院提审的"圣象及图"商标案件②及"STARBUCKS"商标案件③中，给予权利商标驰名保护亦是基于"跨类混淆"。而在"玉兰"商标案件④、"绛州及图"商标案件⑤中，最高院的裁判重点在于是否达到驰名程度，对于"混淆"或"淡化"并未论述。因而从我国现行商标法后截至目前可查询的案件来看，最高人民法院并未在其提审的案件中明确适用"淡化"理论。

前述案例在具体案件中适用了驰名保护的不同标准，对于驰名商标"混淆"或"淡化"的标准已有所展示。2017年3月1日生效的《最高人民法院关于审理商标授权确权行政案件若干问题的规定》，在第十二条、第十三条分别规定了驰名商标"混淆标准"及"淡化标准"所需要考虑的五个方面，此后的判决，应能更多地看到不同应用场景中对于划定驰名商标保护圈的详细论证。在此之前，我们仍然欣慰于驰名商标去宣传化后，法院对于驰名商标的认定及保护给予了更大力度。

【注：本文中案例以裁判文书网、知产宝、威科先行收录的文书为依据；个别一审判决尚未生效。】

---

① （2016）最高法行再67号《行政判决书》。
② （2014）行提字第28号《行政判决书》。
③ （2016）最高法行再33号《行政判决书》。
④ （2016）最高法行再13号《行政判决书》。
⑤ （2014）行提字第6号《行政判决书》。

“今日头条”被索赔亿元，第 35 类防御性商标到底要不要注册

商标侵权专业组　周凡律师

“今日头条”因第 35 类广告服务被卷入索赔亿元的商标侵权纠纷。北京博天恒业广告有限公司起诉“今日头条”关联的北京字节跳动科技有限公司和北京字节跳动网络技术有限公司，称其 2011 年取得第 35 类“头条”商标专用权，被告自 2012 年 8 月起开发并运营“今日头条”App，将“头条”二字作为 App 图标使用，同时该 App 网页版也多次突出使用“今日头条”“头条”，“今日头条”App 及网页实际上是以推送广告为目的的盈利产品。

这个新闻再次让第 35 类商标的抢注问题成为关注热点。因为“今日头条”面临的问题并非个案，很多互联网企业都和“今日头条”一样面临类似的难题。企业是否要在第 35 类上进行防御性注册？企业防御性注册是否应与抢注商标采用相同的撤销标准？

一、企业是否要在第 35 类上进行防御性注册？

根据《类似商品和服务区分表》，第 35 类包括 9 个类似群组，其中包括广告（3501）、工商管理辅助业（3502）、替他人推销（3503）、人事管理辅助业（3504）、商业企业迁移（3505）、办公事务（3506）、财会（3507）等。

其中，广告（3501）、工商管理辅助业（3502）、替他人推销（3503）三个群组受到多数企业的关注和重视。甚至，有人说第 35 类是企业必须要进行商标

申请注册的类别。为什么第35类如此特殊？

首先，第35类广告、替他人推销服务是互联网企业发展到一定阶段之后的一种基本盈利方式。随着互联网行业的发展，网络逐渐成为人们生活的一种基础设施，也影响并塑造着企业的商业经营模式。大量互联网企业通过服务提升流量，依靠流量优势提供广告、推广服务。这已经成为一种常规的盈利模式。打开你的电脑和手机，百度、Google、Facebook、微信、微博、爱奇艺、喜马拉雅等，无一不是利用积累的庞大用户基础为企业提供广告、推广服务盈利。

正是因为这样，防御性注册才显得特别有必要。如果企业发展初期缺乏知识产权保护意识，或者由于资金限制没有进行充分的商标布局，而是当要发展新的业务领域时才发现在其他类别上已经被他人抢注。而此时，企业可能已经具有相当高的知名度，克服在先商标阻碍的成本往往高出防御性申请费用的千万倍。

其次，现实的商业经营活动比《类似商品和服务区分表》复杂得多，企业的某些经营行为可能涉及多个类别的商品或者服务。很多企业的附加服务往往会涉及第35类服务。例如，一个手机生产商，其销售的手机上安装了自身开发的软件商店、音乐商店、图书商店，向消费者提供自身和第三方的软件、音乐、图书，同时向第三方企业提供软件、音乐、图书的推广服务。原本销售手机只涉及第9类手机商品，但是有了这些附加和衍生的业务之后，还可能涉及第9类计算机程序、可下载的音乐文件等商品，第35类的广告、替他人推销服务等。

最后，防止他人抢注商标用于提供商品零售服务。在商品零售服务上的商标保护一直都存在争论。由于《类似商品和服务区分表》并没有固定该服务项目，很长一段时间企业都是按照第35类上的替他人推销进行商标注册。但司法实践上，对于零售服务所属类别一直存在争议。

一方面，国家商标局在《关于国际分类第35类是否包括商场、超市服务问题的批复》中明确将商场、超市服务排除在第35类之外。北京市高级人民法院知识产权审判参考问答（17）中，北京高院认为“替他人推销”服务是指：为他人销售商品（服务）提供建议、策划、宣传、咨询等服务，该类服务的对象应为商品（服务）的经销商（含提供者），不包括通过零售或批发直接向消费者出售商品（服务），以价格的差异获取商业利润的情形。

另一方面，第十一版《类似商品和服务区分表》对第 35 类的基本界定是"本类尤其包括为他人将各种商品（运输除外）归类，以便顾客看到和购买。这种服务可由零售商店、批发商店、自动售货机、邮购目录或借助电子媒体提供，例如通过网站或电视购物节目"。2014 年度广东省知识产权审判十大案例之一好又多管理咨询服务（上海）有限公司诉张家港市好又多连锁超市有限公司、刘念龙侵害商标权及不正当竞争纠纷案中，二审法院认定商场、超市与第 35 类中"替他人推销"服务类别属于同类服务。

实践中很多商标抢注人利用第 35 类上的注册商标，销售各种山寨商品。司法实践中，其销售行为可能被认定为第 35 类上的使用，损害了商标权人的商誉，也给商标权人的维权造成困难。商标一旦被抢注，商标维权的成本以及商誉上的损失远远大于商标申请的费用。

企业在进行商标布局时必须要确定与自身业务领域相关的商品和服务类别。在哪些商品和服务上注册商标取决于企业当前及未来的业务领域和商业模式。对于比较明确的业务领域，必须尽早进行商标布局。但实际上，对于当前大量创业企业，可能在发展过程中不断面临业务的拓展和转型，其业务发展方向具有相当的不确定性。即使在企业发展初期，未必预料到将广告和推广服务作为未来业务的发展方向，在进行商标注册时需要特别关注第 35 类服务上的商标申请注册，防止他人抢注，为业务拓展留下足够空间。

二、企业防御性注册是否应与抢注商标采用相同的撤销标准？

商标注册并非企业商标布局的终点。商标布局后还需要对商标进行维护，包括商标的使用，阻止其他相同或近似商标的注册，商标维权等。关于企业注册的防御性商标，最常见的问题一是连续三年未使用而被撤销，二是怠于维权导致商标丧失显著性。第二个问题可以通过提高知识产权保护意识而得到解决，而第一个问题企业却难以克服。

企业陷入注册防御性商标会被撤销和不注册防御性商标会被抢注的两难境地。企业没有能力，也不会违背自己的经营现状，去制造防御性商标使用的证据。但是面对依然严峻的商标抢注现状，企业为了提高保护自身知识产权的能力，必然需要进行防御性注册。

笔者认为对于防御性注册不应与抢注商标采用相同的撤销标准，而是应该采用相对宽松的审查标准。

从《商标法》第四十九条第二款规定来看，“注册商标成为其核定使用的商品的通用名称或者没有正当理由连续三年不使用的，任何单位或者个人可以向商标局申请撤销该注册商标”。

撤三制度在整个商标法体系中具有举足轻重的地位，其有利于“倒逼注册人真实使用商标”“督促商标符号资源重返公有”。撤三制度并非为了撤销注册商标，而是为了督促商标权人将商标投入使用，激活商标资源。正是因为如此，《商标法》规定了具有“正当理由”情况下的例外。

何为“正当理由”?《最高人民法院关于审理商标授权确权行政案件若干问题的规定》第二十六条规定：商标权人有实际使用商标的意图，并且有实际使用的必要准备，但因其他客观原因尚未实际使用注册商标的，人民法院可以认定其有正当理由。

司法裁判的尺度影响着产业的发展，也就有必要结合产业发展的现实需要谨慎并适当地调整裁判尺度。防御性注册的初衷，并非通过抢占商标资源获取不正当的利益，而是为企业悉心经营的品牌提供一个保护伞。在我国知识产权保护制度还不是很完善的情况下，企业品牌的保护面对着诸多的阻碍和困难。司法是社会公平的最后一道屏障，应当给予一个诚信经营品牌的企业的利益以合理的保护。

对于“实际使用商标的意图”“实际使用的必要准备”的证明标准，法院有着较大的裁量空间。对于诚信经营的企业的防御性商标，虽然不能直接将防御性注册认定为“正当理由”，但是可以给予适当宽松的证明标准。

此外，上文提到的第35类广告、推广服务的界定存在一定的争议。但对于第35类上注册的防御性商标，实际使用的服务认定时也可以采用较为宽松的标准。如果在商品零售服务上进行了使用，或者为使用做了必要准备，就可以认定其提供的服务属于第35类替他人推销。

综上，“今日头条”遇到的问题折射出大量中国企业在第35类防御性商标注册上的两难困境。由于第35类的特殊性，企业在商标布局时应予以重点考量。同时，对于诚信经营的企业的防御性商标，应当合理调整撤销的裁判标准，给予适当的保护。

当地理标志商标遭遇普通商标

商标侵权专业组　文其律师

自从2001年《商标法》规定地理标志可注册成证明商标或集体商标（合称“地理标志商标”）后，在商标授权确权程序中地理标志商标与普通商标是否进行近似性比对引起多方关注和争议。假如：某人申请将“西湖”二字注册在第30类“茶叶”上，是否应当将其与证明商标“西湖龙井”进行近似性比对？如果不进行比对是否就应当获得注册？首先可以从法院文件及司法实践寻找“答案”。

一、法院文件

2014年北京高院发布《关于商标授权确权行政案件的审理指南》（以下简称《指南》），其中第五条明确“当事人依据其在先注册的普通商标主张他人申请注册的地理标志证明商标或者集体商标违反商标法第十三条第三款或者第三十条的规定不应予以核准注册或者宣告无效的，不予支持。当事人依据其在先注册的地理标志证明商标或者集体商标主张他人申请注册的普通商标违反商标法第十三条第三款或者第三十条的规定不应予以核准注册或者宣告无效的，不予支持。”

《指南》明确在商标行政案件中，地理标志商标与普通商标发生冲突时均不得适用《商标法》第十三条第三款及第三十条进行相互“攻击”，即我们所说的不得进行近似性比对。然而，在此之前及之后实践中的操作并非完全如此……

二、代表性案例

1. “金华火腿”案，在后证明商标获得注册

在浙江省“金华火腿证明商标保护委员会办公室”2003 年 11 月 3 日申请将“金华市金华火腿”注册成“火腿”商品上的证明商标前，“金华火腿”作为普通商标早在 1979 年即获准注册在“火腿”商品上，1983 年转让给非金华本地的浙江省食品有限公司。“金华火腿”商标纠纷持续了二十年，虽然法院明确“金华火腿”作为原产地域产品名称可以由金华市当地生产企业正当使用，但金华市一直苦于无法注册属于自己的“金华火腿”商标。

2007 年后“金华市金华火腿”系列证明商标陆续获准注册，商标局并未以该证明商标与“金华火腿”普通商标近似为由驳回其注册，形成了在“火腿”上的“金华市金华火腿”证明商标与“金华火腿”普通商标共存的局面。

2. “恩施玉露”案，不进行近似性比对，在后证明商标获得注册

2013 年北京高院在“恩施玉露”商标异议复审行政纠纷二审案件中明确了证明商标与普通商标功能不同，因此不应进行近似性比对。案件基本信息如下：

	被异议商标（证明商标）	引证商标（普通商标）
商标号	6761802	1387674
标样		
申请日期	2008 年 6 月 3 日	1998 年 11 月 9 日
指定商品	第 30 类“茶”	第 30 类“茶叶”
争议法条	2001 年《商标法》第二十八条	

续表

	被异议商标（证明商标）	引证商标（普通商标）
北京高院二审判决	虽然被异议商标和引证商标的主要识别部分均包含“玉露”文字，但被异议商标与引证商标在商标标志的构成要素、读音、含义、整体外观等方面均存在较大差异。 地理标志的功能主要在于标示某商品来源于某地区，该商品的特定质量、信誉或者其他特征，主要由该地区的自然因素或者人文因素所决定。而商品商标或者服务商标的主要功能在于区分商品或者服务的来源，与使用该商标的商品是否来源于某地区以及该商品的特定质量、信誉或者其他特征是否主要由该地区的自然因素或者人文因素所决定并无直接关联。 因此，在适用《商标法》第二十八条对相关商标是否构成使用在相同或类似商品上的近似商标进行比较时，不应将具有不同功能的证明商标与商品商标、服务商标进行近似性的比对。 综合以上因素，被异议商标的申请注册并不会导致相关公众将其与引证商标相混淆。	

该案中法院实际上也在一定程度进行了近似性比对，但似乎以此得出不会混淆的结论并不充分，因此从商标功能不同的角度明确了二者不应当进行近似比对的规则。在后来的地理标志商标与普通商标 PK 战中本案成为最常被引用的判例，成为诸多商标的“挡箭牌”。

3. “螺旋卡帕 SCREWKAPPANAPA”案，进行近似性比对，在后普通商标不予注册

2016 年北京高院在“螺旋卡帕 SCREWKAPPANAPA”商标异议复审行政纠纷二审案件中，直接适用 2001 年《商标法》第二十九条认定普通商标与地理标志商标构成近似，案情简介如下：

	被异议商标（普通商标）	引证商标（证明商标）
商标号	4662547	4502959
标样	SCREW kappa napa 螺旋卡帕	100% NAPA VALLEY
申请日期	2005 年 5 月 18 日	2005 年 2 月 6 日

续表

	被异议商标（普通商标）	引证商标（证明商标）
指定商品	第33类“果酒（含酒精）、开胃酒、烧酒、葡萄酒”等商品	第33类“产自美国葡萄种植区纳帕河谷的葡萄酒、产自美国葡萄种植区纳帕河谷的起泡葡萄酒、产自美国葡萄种植区纳帕河谷的加气葡萄酒”
争议法条	2001年《商标法》第二十九条	
北京高院二审判决	认定商标是否近似，既要考虑商标标志构成要素及其整体的近似程度，也要考虑相关商标的显著性和知名度、所使用商品的关联程度等因素，以是否容易导致混淆作为判断标准。 本案中，被异议商标由中文“螺旋卡帕”和英文“SCREWKAPPANAPA”组合而成。引证商标由英文“NAPAVALLEY”、数学符号“100%”及图形组合而成，其中的“NAPAVALLEY”为其识别、呼叫和记忆对象，已构成引证商标的主要识别部分。虽然“NAPA”在被异议商标标志中所占比例较小，仅是被异议商标英文部分的构成要素之一，但是，由于“纳帕河谷（NapaValley）”在相关公众中具有一定的知名度，已在中国作为葡萄酒商品上的地理标志予以保护，相关公众容易将使用被异议商标的葡萄酒商品误认为来源于“纳帕河谷（NapaValley）”地理标志标示地区的商品，从而产生混淆误认的后果，因此，被异议商标与引证商标已构成使用在同一种或者类似商品上的近似商标。被异议商标的申请注册违反了商标法第二十九条的规定。	

该案中，北京高院不仅将普通商标与地理标志商标进行近似对比，而且还全面考虑了商标显著性和知名度、所使用商品的关联程度，以避免混淆为目标，适用第二十九条认定商标近似，彻底抛弃了“恩施玉露”案的思路。

此外，还存在不少法院适用现行《商标法》第三十条认定在先普通商标与在后地理标志商标不近似的案例，例如：“他留乌骨鸡 TaLiuWuGuJi”证明商标争议案件。

上述案件对于地理标志商标与普通商标是否进行近似性比对所持观点和思路并不统一，既有认定近似，也有认定不近似，还有不进行近似性对比的案例。尤其是“螺旋卡帕 SCREWKAPPANAPA”案与《指南》的规定相去甚远。缘何出现如此反差？

三、合理性解释——保护地理标志

1. 地理标志商标与普通商标发生冲突的背景

我国《商标法》2001 年才将地理标志纳入保护范围，而在此之前必然已经存在大量已经获得注册的包含地理标志的商品或者服务商标（统称“普通商标”）。2001 年《商标法》修法后，有关组织开始申请注册地理标志证明商标或集体商标，如果按照现行《商标法》第三十条、第十三条第三款将地理标志商标与普通商标进行近似性比对，大量地理标志商标就会存在注册障碍，地理标志就无法通过《商标法》实现保护。

较为流行的观点是，因地理标志产品质量、信誉或其他特征由该地域自然因素或人文因素决定，涉及某一地理区域内众多生产者，代表着一定范围的公共利益，不应被“私人”独占，因此地理标志商标与“私人”注册的普通商标相比应当受到优先保护。

2.《指南》“留有余地”

《指南》虽然“禁用”第三十条、第十三条第三款，表面上看可能造成实际近似的地理标志商标与普通商标共存。但地理标志商标及普通商标权利人尚有其他法条可以用来“维权”，例如：第十条第一款第（七）项规定“带有欺骗性，容易使公众对商品的质量等特点或者产地产生误认的”；第十条第一款第（八）项规定的“不良影响”；第十条第二款规定的“县级以上行政区划的地名或者公众知晓的外国地名”禁止注册并使用；第十一条规定的缺乏显著性的标志不得作为商标注册；第十六条规定的“商标中有商品的地理标志，而该商品并非来源于该标志所标示的地区，误导公众的，不予注册并禁止使用”；等等。

实际上，因为《商标法》对地理标志商标与普通商标显著性要求并不相同，为了实现普通商标的功能而要求商标所具有的显著特征并不适用于地理标志商标。上述法条主要是对包含地名或者商品名称的普通商标申请注册设置多道障碍，实践中地理标志商标注册人多依据上述法条对普通商标提起异议或无效宣告，例如：

在上述“恩施玉露”关联案件中，2010 年恩施玉露茶产业协会以“玉露”为湖北省恩施市五峰山一带所产绿茶商品的通用名称，对引证商标提起争议，引证商标因违反《商标法》第十一条第一款最终被撤销。

在“西山焦 xishanjiao”商标争议案件中，因该商标注册在“干枣”上，而“西山焦枣”属于地理标志，而争议商标注册人未能举证证明使用争议商标的干枣商品来源于该地理标志所标示的地区，且争议商标的使用不会误导公众，因此争议商标违反《商标法》第十六条第一款被撤销。

由此可见，一般情况不会出现近似的地理标志商标与普通商标共存的局面。然而，即便如此，尚有部分包含地名或商品名称的商标无法依据上述法条被撤销。例如，第 130131 号“金华火腿”1979 年获得注册时，《商标法》尚未出台，而当时实行的《商标注册管理条例》尚无“县级以上地名不得作商标注册”的规定。因此，对该商标无法通过法律途径予以撤销。

因此，根据《指南》的精神，不近似比对的规定至少可以让在后的地理标志商标与在先的普通商标共存。《指南》一方面使地理标志商标绕过普通商标这一拦路虎，同时还为其预留了“秘密武器”，让普通商标依然面临被不予核准注册或被无效的风险。

3. 司法案例——保护地理标志商标

在上述案例中，凡是持“商标不近似”或者“不进行近似性比对”观点的案例中（“金华火腿”“恩施玉露”“他留乌骨鸡 TaLiuWuGuJi”），争议商标均为地理标志证明商标，而引证商标为在先的普通商标，认定“商标不近似”或者“不进行近似性比对”的目的是让地理标志商标获得或维持注册。而在认定“商标近似”的案例中（“螺旋卡帕 SCREWKAPPANAPA”），争议商标为在后申请的普通商标，引证商标为在先的地理标志证明商标，法院认定商标近似的目的是保护地理标志商标，避免在后普通商标引起混淆误认。因此，看似个案标准不一，但价值取向均为保护地理标志商标。

四、是否应当将“不近似比对”进行到底?

不近似比对最为直接的后果是实际近似的普通商标与地理标志商标共存，然后导致混淆误认，这与《商标法》“禁止混淆”的基本原则不符。

回到本文开始举的例子中，在已有“西湖龙井”地理标志商标注册的情况下，其后某人申请将“西湖”注册在第30类“茶叶”上，如果不进行近似性比对，因“西湖”不属于县级以上地名，而且某人提供的“茶叶”恰好来源于“西湖”，就很有可能获得注册。就如法院在“东陂腊味”商标（普通商标）争议案件中认定，虽然该普通商标包含地理标志，但因申请人经营地位于“东陂腊味”的产地广东省连州市东陂镇，该商标就可以获得注册，如此一来，当普通商标与地理标志商标共存于市场，必然导致消费者混淆误认。

在“螺旋卡帕SCREWKAPPANAPA”商标案中北京高院正是基于争议商标导致混淆误认的可能认定商标近似，已经“偏离”《指南》的规定，却又符合“禁止混淆”的基本原理。

因此，随着地理标志逐渐注册为商标之后，再坚持“不近似比对”原则已无必要，从长远来看，并不一定有利于地理标志证明商标的保护。所以，在未来将地理标志证明商标、集体商标与普通商标进行近似比对的判例也会更加多见。

参考文献:

①《最高人民法院公报》2007年第11期：浙江省食品有限公司诉上海市泰康食品有限公司、浙江永康四路火腿一厂商标侵权纠纷案。

②案号：(2013) 高行终字第1201号。

③案号：(2016) 京行终2295号。

④案号：(2014) 高行（知）终字第2078号。

⑤案号：(2016) 京行终2159号。

⑥案号：(2015) 高行（知）终字第1568号。

⑦案号：(2010) 一中知行初字第3531号。

（三）商标评审程序性问题

《商标评审案件口头审理办法》解读

国际贸易与仲裁专业组　梁靓婷律师

2017 年 5 月 4 日，国家工商行政管理总局商标评审委员会（以下简称商评委）发布了《商标评审案件口头审理办法》（以下简称《办法》），商评委的主要负责人也对《办法》的相关问题回答了记者提问。

《办法》首次将口审程序明确引入商标评审案件，并对口审启动方式、口审审理程序、口审注意事项进行了规定，可以说是对商标评审案件的重大改变，本文将就其中的一些重点问题及口头审理程序对商标评审案件的影响进行解读，供大家参考。

一、商标评审案件口头审理的法律依据

根据 2002 年《商标法实施条例》的规定，我国的商标评审方式包括书面审理和公开审理，其中以书面审理为原则，商评委可以依职权或根据当事人的请求进行公开评审。2014 年新修订的《商标法实施条例》第六十条第一款则直接明确规定商评委根据当事人的请求或实际需要，可以决定对评审申请进行口头审理。

2014 年 6 月 1 日起开始施行的《商标评审规则》第四条也相应增加规定，并明确口头审理的具体办法由商标评审委员会另行制定。

二、何种商标评审案件将会进行口头审理?

依《办法》第二条的规定，商评委可以依职权主动启动口头审理，也可以

根据当事人的请求决定进行口头审理。《办法》第三条对当事人申请口头审理的理由作出了规定，即只有对案件的有关证据存在疑问，认为有进行当场质证必要的才有获得商评委认可的可能。商评委的主要负责人在答记者问中也重点强调了“考虑到当前评审案件审理任务仍然很重，商标法亦对案件审理期限作出了规定，因此，对于根据书面材料足以查明事实的案件，商评委将不再进行口头审理”。

基于此种考虑，虽然《办法》没有对什么情况属于商评委可以“依职权”启动口头审理作出明确规定，但笔者认为该范围亦应当限定在与“依当事人申请”启动的理由范围内，即针对的是“存在当场质证的必要性且当事人未申请口头审理”的案件。

三、商标代理机构/律师、评审案件当事人应该重点注意哪些事项?

根据《办法》第四条的规定，无论是评审案件的申请人一方还是被申请人，均可以请求进行口头审理：

申请方式：向商标评审委员会书面申请并说明理由。

申请时间：申请人请求的，应在提出评审申请时或最晚收到被申请人答辩书副本之日起三十日内提出；被申请人请求的，应当在提交答辩书或补充有关证据材料时一并提出。

决定口头审理的通知方式：书面通知。当事人在收到口头审理通知之日起10日内向商评委提交口头审理回执。

未提交回执的后果：期满未提交回执的，视为不参加口头审理；商评委可以决定缺席审理或取消口头审理。

证据：当事人应将其在评审程序中提交的全部证据在口头审理时出示；区别于书面审理，当事人需要提交证据原件证明证据的真实性。

口头审理终止的情况：其一，各方当事人均退出口头审理；其二，双方当事人达成和解协议或有和解意愿的。

四、经商评委口头审理的案件，法院在诉讼中的审理思路和方式是否会有变化？

笔者认为，在以往的商标评审审理中，受书面审理形式的限制，当事人相对难以直接、清晰、完整地阐述事实和发表意见，也很难对证据进行有效的质证。通常情况下，需要进入诉讼阶段后才能够对商评委据以作出裁定/决定的证据的真实性进行核实，在一定程度上影响了商标评审的公正性，也使得大量案件进入诉讼程序。因此，如果在评审程序中就能够对争议事实进行全面的审理，对证据进行深入的质证，那么无疑会提高评审案件的公信力，抑制一部分无需进入诉讼的案件，同时降低诉讼中双方质证的压力，法院会更侧重于对相关法律问题的审理。

基于专利无效宣告审查实务中，已经形成以口头审理为主要审理方式的情况，这种审理模式对于保护当事人权益和解决争议的积极意义已经得到充分证明，并对商标评审案件的审理有重大的借鉴意义。此次《办法》的发布，是将商标评审案件中的口头审理从纸面落实到实践的重要一步，虽然短期之内当事人仅能依据特定的理由申请口头审理，但随着相关配套措施的制定和实施，口头审理模式在评审案件中发挥的积极作用一定会日渐凸显。

“不告不理”及“一事不再理”的适用

——“凯撒王”商标行政诉讼纠纷案

商标侵权专业组　文其律师

凯撒名尊国际酒业（北京）有限公司（以下简称凯撒公司）是第9433459号“凯撒王 KAISARKING”商标（以下简称诉争商标）的注册人，2013年北京嘉思特商贸有限责任公司（以下简称嘉思特公司）对诉争商标提起无效宣告，本案经过商评委两次裁定，法院两轮诉讼，目前尚未终结，这一次是否又会落入“循环诉讼”的怪圈？

案情简介

本案第一、二轮程序及双方主张的《商标法》依据如下：

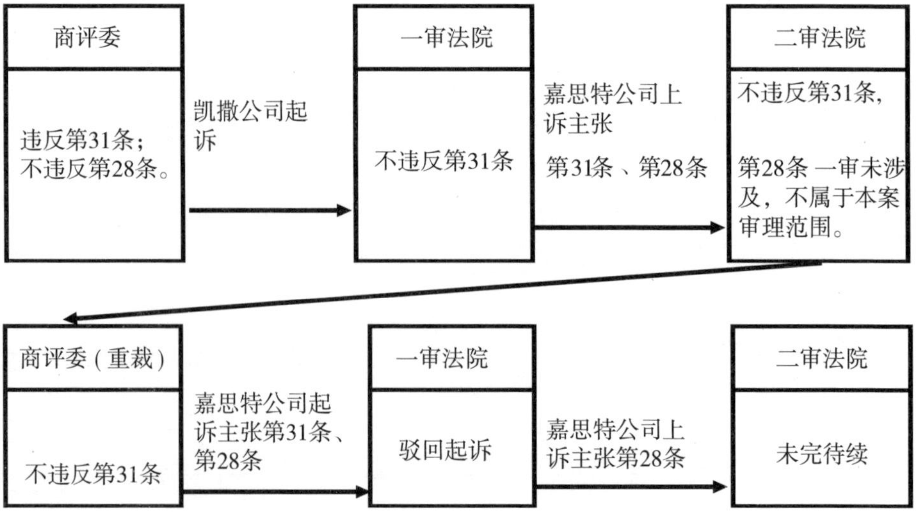

商评委裁定诉争商标在“啤酒、麦芽酒”商品上予以无效宣告，凯撒公司不服提起诉讼，本案经过第一轮二审终审判决后，商评委根据生效判决重审并裁定诉争商标予以维持，嘉思特公司不服，提起第二轮诉讼，日前北京知识产权法院一审并裁定驳回嘉思特公司的起诉。

判决解析

一、诉讼标的已为生效裁判所羁束的法院应当裁定驳回起诉

一事不再理原则，又称禁止重复起诉原则，通常认为是民事诉讼基本原则，但其实早在2000年《最高人民法院关于执行〈中华人民共和国行政诉讼法〉若干问题的解释》（以下简称2000年《行政诉讼法解释》）第四十四条第一款已经规定对“诉讼标的为生效判决的效力所羁束的”应当不予受理或驳回起诉；2015年《最高人民法院关于适用〈中华人民共和国行政诉讼法〉若干问题的解释》第三条第一款第（九）项对此再度予以明确。这正是行政诉讼法律体系中禁止重复起诉原则的具体体现。

2017年《最高人民法院关于审理商标授权确权行政案件若干问题的规定》（以下简称《商标行政案件规定》）第三十条：“人民法院生效裁判对于相关事实和法律适用已作出明确认定，相对人或者利害关系人对于商标评审委员会依据该生效裁判重新作出的裁决提起诉讼的，人民法院依法裁定不予受理；已经受理的，裁定驳回起诉。”为商标行政诉讼案件中“一事不再理”的适用提供了更为具体的法律依据。

本案中，北京知产法院在判断是否为重复起诉时，将起诉区分为两种情况，第一种：行政机关以新的理由或与人民法院判理部分不完全相同的理由作出的新的行政行为，行政相对人或者利害关系人有权提起诉讼；第二种：行政机关完全按照生效判决作出的新的行政行为，系行政机关作为当事人履行判决义务的行为，对该行为，行政相对人或利害关系人不得提起诉讼。

商评委关于《商标法》第三十一条的重裁，是完全按照第一轮生效判决而作出的行政行为，系履行生效判决义务而作出，已被生效判决的效力所羁束，不具有可诉性，嘉思特公司第二轮主张第三十一条属于重复诉讼。

至于嘉思特公司第二轮起诉时主张的第二十八条，因不在一、二审法院审理范围，是否就构成新的事实和理由了？这涉及本文讨论的“不告不理”原则。

二、“不告不理”原则在商标行政案件中的适用空间

北京知产法院认为“虽然商标评审委员会最终适用2001年《商标法》第三十一条支持了嘉思特公司的无效宣告主张，但嘉思特公司仍拥有基于不服商标评审委员会关于诉讼商标并未违反2001年《商标法》第二十八条的事实认定和法律适用而向人民法院起诉的权利，而嘉思特公司在法律规定时间内未向人民法院起诉。因此，嘉思特公司无权对超出法定期限未起诉的商标评审委员会作出的事实认定和法律适用部分向本院起诉”。

虽然北京知产法院从起诉期限的角度驳回了嘉思特公司的起诉。但背后也隐藏着“不告不理”的一般性原则。

“不告不理”是典型的民事诉讼原则，即案件审理范围以原告的诉讼请求为准，与其对应的是“全面审查”原则。虽然在《行政诉讼法》第八十七条及2000年《行政诉讼法解释》第六十七条中有关于人民法院在行政诉讼中应进行全面审查的表述，但，2017年《商标行政案件规定》第二条规定：“人民法院对商标授权确权行政行为进行审查的范围，一般应根据原告的诉讼请求及理由确定。原告在诉讼中未提出主张，但商标评审委员会相关认定存在明显不当的，人民法院在各方当事人陈述意见后，可以对相关事由进行审查并做出裁判。”

根据上述《商标行政案件规定》第二条的规定，只有在商评委认定存在明显不当，且各方当事人对此陈述意见后，法院才可能对原告未主张的事由进行审查。本案中，正因为在第一轮程序中，嘉思特公司未起诉，而且一审时明确表示认可商评委裁定，因此一审法院审理范围限于原告凯撒公司主张的《商标法》

第三十一条，而不包括第二十八条。嘉思特公司其后在二审及第二轮诉讼中再主张第二十八条已不符合程序。

2017 年《商标行政案件规定》第二条明确了在商标行政诉讼中法院审理范围以“不告不理”为原则，以“附条件的全面审查”为例外，与“一事不再理”原则有共通的价值，对于提高商标行政诉讼效率、节约司法资源而言意义重大。

（四）商标民事侵权

被告在“灯”上使用“沃尔玛”不侵权，只因案外人已注册成商标

商标侵权专业组 文萁律师

近日，最高院“YKK”商标异议复审行政纠纷再审判决再一次引起业界对驰名商标跨类保护范围这一话题的热议。一般讨论驰名商标跨类保护范围主要关注的是商品之间的跨度，本文关注的是驰名商标跨类保护的另一种特殊情形，即在商标侵权案件中，原告主张驰名商标跨类保护至被告使用的商品上，但案外人已在与被诉商品相同或类似的商品上注册相同或近似的商标时，原告驰名商标能否在被诉商品上获得跨类保护？这个问题起源于“沃尔玛”商标侵权案件。

一、“沃尔玛”商标侵权案件[①]简介

1996 年原告美国沃尔玛公司在第 35 类“替他人推销”服务上申请注册“沃尔玛”商标，该商标经过使用，在我国具有较高知名度。后续原告陆续在多个类别的商品和服务上注册了“沃尔玛”商标，但未在第 11 类“灯”上进行申请注册。

2000 年，案外人广东顺德康福尔电器厂在第 11 类“灯”类商品上向我国商标局申请注册了“沃尔玛 WOERMA 及图”商标。

2004 年原告诉被告童小菊商标侵权及不正当竞争，被诉侵权行为包括：

---

① 参见广东省深圳市中级人民法院（2004）深中法民三初字第 143 号民事判决书。

（1）被告注册了中山“沃尔玛”灯饰厂；

（2）被告注册了 www. woerma. com. cn 域名；

（3）被告在“灯”类商品上使用了“沃尔玛”商标。

法院认定被告使用“沃尔玛”商标不构成对原告商标权的侵犯，最终仅判决被告停止上述被诉侵权行为 1、2。理由是，当驰名商标试图跨入其他未注册的类别领域，而该领域已有他人注册相同的商标时，驰名商标跨入该类别领域应当受到限制。因案外人广东顺德康福尔电器厂在第 11 类“灯”类商品上注册了“沃尔玛”商标，故原告的“沃尔玛”驰名商标在第 11 类“灯”类商品上的权利范围受到限制，原告的“沃尔玛”商标虽然驰名，但其既不能在第 11 类“灯”类商品上使用，也不能禁止他人在该相同或类似商品上使用“沃尔玛”商标。因此，被告生产、销售带有“沃尔玛”商标的灯，并没有侵害原告“沃尔玛”驰名商标的所有权。①

二、“沃尔玛”案件引起的主要争议

与“沃尔玛”案判决持相反观点的人认为，美国沃尔玛公司已注册的“沃尔玛”驰名商标在第 11 类灯具商品上不具有专用权，只应产生禁用权扩张的效力，其在该类别商品上并不能排斥已存在的案外人的商标专用权。美国沃尔玛公司驰名商标跨类保护产生的禁用权效力与案外人已存在的注册商标的禁用权并不冲突，也不矛盾。前者来源于驰名商标跨类保护的效力，后者来源于注册商标的自身效力。两者各自独立存在，在禁止他人侵权的问题上前者并不损害后者，也不会使后者“大打折扣”。因此，驰名商标禁用权的扩张不应受其所跨类别上存在注册商标的限制，但不能对抗在该类别上的注册商标人的权利。②

支持“沃尔玛”案判决的人认为，在他人已在相同或类似商品上注册了商标

---

① 祝建军：《驰名商标跨类别保护应当受到限制》，载《知识产权》2011 年第 10 期。

② 北京市第一中级人民法院知识产权庭：《驰名商标司法保护中存在的问题及解决对策》，载《中华商标》2007 年第 11 期。

的情况下，除依法撤销该注册商标外，只要该注册商标合法存续，该相同或者类似商品领域已将其他类别商品上的驰名商标的排斥力排除在外，其他类别商品上的驰名商标的权利触角已无法进入该领域，也即这种注册商标构成了驰名商标进入该领域的实质性障碍。在已有该根本性障碍的情况下，该相同或者类似商品属于该注册商标专用权的排斥力范围，不宜再让其他商品类别上的驰名商标介入。[①]

三、问题的由来

由于商标注册审查以《类似商品和服务区分表》作为判断商品是否相同或类似的依据，不考虑其他已注册商标的知名度，因此至少在一段时间内会出现相同或近似标识在不同类别商品上注册的客观情况。另外，有的商标被不同主体在不同类别商品上的使用，已经具有较高知名度，形成各类别商品上知名度较高的商标共存的局面，例如分别在汽车、润滑油、葡萄酒商品上注册并使用的“长城”商标。

一般情况下，不同注册商标自用权互不干涉，禁用权来源于自用权，商标因其显著性、知名度不同其禁用权范围有大有小，不同类别商品或服务的相关公众可能存在不同程度的交叉重合，因此不同商标禁用权范围存在一定程度的重叠也是常见的。

四、驰名商标禁用权与案外人注册商标禁用权并不冲突

笔者认为，上述争议实质问题为“是否允许不同权利人所享有的商标禁用权出现交叉重叠”，现实中，驰名商标禁用权与案外人注册商标禁用权出现交叉重叠并不少见，如果均以“沃尔玛”案裁判思路认定被告不侵犯原告驰名商标权，必然给驰名商标保护造成不合理的障碍，最终也难以遏制“傍名牌”的侵权行为。

首先，从法理上来说，如同车祸现场存在多个被害人一样，同一商标使用行

① 孔祥俊：《商标与不正当竞争法原理和判例》，法律出版社2009年版，第462页。

为同时侵犯不同主体的商标权利也是有可能的。因为相关公众的区分和重叠，被诉商标侵权行为既可能造成对驰名商标的跨类混淆或淡化效果，还可能造成同类商品的来源混淆，分别满足侵权要件，就可能既侵犯原告驰名商标权和案外人注册商标专用权，原告和案外人均有权起诉并要求其停止使用并赔偿损失，因此，原告驰名商标与案外人注册商标保护不是非此即彼的关系。

其次，在原告与被告的驰名商标侵权诉讼中确定案外人注册商标成为阻碍驰名商标跨类保护的实质性障碍，首先需要确定被诉侵权标识和产品落入案外人注册商标权利范围。在“沃尔玛”案件中法院实际上将案外人商标权绝对化，认为被告不侵犯原告商标权背后的理由是“被告实际侵犯了案外人的商标权”，这本身有超出法院审理范围之嫌。而且，如果案外人注册商标本身违反《商标法》第十三条构成对原告驰名商标的复制、摹仿、翻译，原告可以请求对该商标宣告无效或禁止其使用，因此案外人商标权并不是绝对的，在原告诉被告商标侵权案件中并不能就此定论。

再次，一般情况，除非案外人注册商标本身违反《商标法》第十三条构成对驰名商标的复制、摹仿、翻译，否则驰名商标禁用权不能对抗案外人注册商标的自用权，也不影响案外人行使商标禁用权，因此并不会使案外人权利“大打折扣”。如果被告因侵犯驰名商标被判停止使用，案外人禁用权事实上已经实现。至于侵权损害赔偿额，主要依据为权利人所受损失、侵权获利，这都与被告具体侵权行为和权利商标的知名度有关，原告和案外人基于各自的权利请求赔偿，并不会导致赔偿额重复计算，也不会导致案外人所获赔偿额有所减损。

最后，虽然商标侵权不以被告存在主观故意为要件，但在涉及驰名商标侵权时，被告主观上很有可能是想搭乘驰名商标的便车，而非想与同类商品上并不知名的案外人注册商标相混淆，实际结果也可能是误导相关公众，造成驰名商标权利人的利益受损，这已经符合侵权构成要件。如果硬是从同类商品上注册商标属于案外人的表象来判定被告不侵权，必将纵容“傍名牌”的行为，原告维权无门，驰名商标禁用权将如同虚设。

剪得掉的商标，剪不掉的纠纷

——“剪标”产品商标侵权可能性分析

商标侵权专业组　文萁律师

淘宝之大，无所不有，“Burberry 原单剪标风衣”“欧美大牌外贸出口工厂原单正品尾货剪标女装”这类“剪标货”数不胜数，“剪标”是真是假？剪掉了商标是否也就剪掉了商标侵权纠纷？且看“剪标”真面目。

一、“剪标”行为基本类型

我们以服装行业为例，服装业“剪标”行为可分为如下四类：

第一类，品牌商（商标权人）或者其授权的经销商主动剪标。剪标的目的是处理过季产品，价格低廉，为保证当季新品销售价格不受影响，将过季产品上的商标完全剪掉。

第二类，为品牌商代工生产的厂家处理“尾货”、品牌商退货、“出口转内销”产品进行的剪标销售。因生产过程中会出现一些瑕疵产品，代工厂为保证产品合格，会超出生产指令多生产一定数量的产品，对于最终未交付给品牌商的“尾货”进行剪标销售，目的是避免商标侵权纠纷。这类行为可以细分成两种，一种是虽然将产品上的商标剪掉，但是在销售时却宣称是“某某品牌折扣剪标产品”“某某品牌剪标尾货”，在包装袋、产品描述、宣传时使用了他人注册商标；另一种是将产品上商标剪掉后，在包装、描述、宣传中等任何地方均未使用或暗示他人商标。因第一种构成商标性使用，属于商标侵权没有太多争议，本文讨论对象主要限定在第二种。

第三类，购入品牌商已经投放市场的商品，剪掉商标后再二次销售，二次销售时未以任何形式使用他人商标，此类剪标行为目的一般为获得商品价格差。

第四类，假冒品牌商品谎称为某品牌的“尾货”剪标处理，这种剪标的特征往往表现为不痛不痒打个小圆洞、剪个小三角，但是仍然可以让消费者辨认出品牌。①

二、“剪标”产品商标侵权可能性分析

对于上述第一类行为合法和第四类行为非法，并无争议。

为讨论方便，本文将第二类、第三类行为均限定在剪掉商标后未以任何形式使用他人商标的行为，这类行为是否构成商标侵权尚存争议。第二类和第三类行为的区别在于剪标产品此前是否已经被品牌商投入市场。

（一）购入已投放市场的商品剪标后二次销售（第三类）的合法性分析

现行《商标法》第五十七条第（五）项将“未经商标注册人同意，更换其注册商标并将该更换商标的商品又投入市场”的行为规定为商标侵权行为，即通常所称的“反向假冒”。同样是对已经投入市场商品的商标进行处理，反向假冒是替换商标后再次销售，本文讨论的第三类行为是剪掉商标后直接销售，有人称这种行为为“隐性反向假冒”，对于这类行为是否侵权法律并无明确规定。

但在“银雉”商标侵权案件中，法院认定该行为构成侵权，案情如下：

原告如皋市印刷机械厂系从事印刷机械生产及销售的企业，1991 年 12 月 20 日受让取得用于印刷机械的“银雉”商标后，将该商标标识和产品技术参数、该厂厂名一起制作成产品铭牌，固定在其生产的胶印机上。被告轶德公司于 1997 年 7 月注册设立，经营范围为印刷机械的组装、修理和销售。该公司自

① 袁博：《商品“剪标”的那些事儿》，载《中华商标杂志》2017 年 1 月。

2001年以来，多次购买他人使用过的“银雉”牌旧印刷机械，除去机械铭牌，经修理后重新喷涂，以无标识的形式销售给用户。原告发现铁德公司上述行为后，起诉至法院，认为铁德公司构成对“银雉”商标专用权的侵犯，请求法院判令其立即停止侵权。

一审法院经审理认为，被告铁德公司在商品交易中擅自将印刷机械厂的“银雉”牌商标与该商标标识的商品分离，是侵犯印刷机械厂商标专用权的行为。理由是“在商品流通过程中拆除原有商标的行为，显然割断了商标权人和商品使用者的联系，不仅使商品使用者无从知道商品的实际生产者，从而剥夺公众对商品生产者及商品商标认知的权利，还终结了该商品所具有的市场扩张属性，直接侵犯了商标权人所享有的商标专用权，并最终损害商标权人的经济利益”。①

上述判决侵权分析有一定道理，也代表了相当一部分实务和理论界人士的观点。如果从商标识别商品来源的基本功能来看，商标只有与商品相结合使用对商标权人才具有意义，去除商标的行为妨碍了商标权人在其产品上标识商标以标明来源的权利，这和反向假冒构成侵权原理相似，正如该法院在之后对该案评述时说到的“无论是除去注册商标人在商品上的商标，无标识投入市场，还是用其他商标更换原商品上的注册商标，都是对注册商标专用权一种直接的伤害”。也有人认为去除商标的行为除了损害商标来源识别功能外，还损害了商标的质量保证功能、广告宣传功能，因此也构成侵权。

但是，上述判决实际赋予注册商标权相当于物权一般的权利，是对注册商标专用权这一积极权能的扩大保护。孔祥俊法官在评述该案时表示出疑虑，认为“就商标权的积极权能而言，注册商标专用权只是在核定使用的商品上使用核准使用的商标的权利，并无一般性的永远保持其商标与使用该商标的商品之间的联系的积极权能。这是商标权与物权的重大区别。2001年《商标法》第

① 《中华人民共和国最高人民法院公报》2004年第10期，“如皋市印刷机械厂诉铁德公司侵犯商标专用权纠纷案”，一审法院南通市中级人民法院，判决时间：2003年10月24日。

五十二条第（四）项规定的‘反向假冒’行为已经部分地承认了商标权保持联系的权能，但也仅此而已，且属于法律对于商标权权能扩张的特别规定，按照文义解释，可以将其理解为，这是在拆除商标标识的情况下对于商标权最远的保护边界。如果在此之外再一般性地扩张商标权保持联系的权能，无疑会使一般的商标权具有接近物权的属性，与商标权的相对权法律属性可能会产生抵触。”①

笔者认为，在无法律明文规定的情况下，将合法渠道购买的商品剪标后再次销售的行为认定为商标侵权应当慎之又慎。毕竟根据商标权利用尽原则，商标标识随着商品所有权转移之后，商品所有人取得对商品的绝对支配权，商标专用权用尽，除商标法规定的反向假冒外，物权所有人一定程度上可以对抗商标权人的商标权，自由处分商品，包括将商标标识与标识的商品分离。因此，除非原告能够证明被告剪标规模、主观恶意、消费者对剪标产品的来源认知结果等对其商标专用权造成了极为严重的损害，否则不宜认定为侵权。

（二）品牌代工厂剪标销售尾货产品（第二类）的合法性分析

国际大品牌对代工厂加工使用的原材料及产出的瑕疵品控制极为严格，流向市场的“尾货”少之又少，大部分品牌商会通过合同控制这部分商品的流通，在合同中约定由代工厂销毁或剪标销售。如果合同禁止剪标销售，品牌商可直接依据合同要求代工厂承担违约责任，那么代工厂是否也构成商标侵权？

如果说上文所述第三类行为离商标法规定的商标侵权行为尚有一定差距的话，此处代工厂剪标销售行为离法律规定的商标侵权行为就更远了。《商标法》第五十七条第（五）项将“未经商标注册人同意，更换其注册商标并将该更换商标的商品又投入市场”，可以看出本项规制的是将换标商品再次投入市场的行为，这首先需要从市场中获得带标商品。

严格来说，品牌代工厂销售的剪标产品并非品牌商已经投放市场的产品，这

---

① 孔祥俊：《商标与不正当竞争法原理和判例》，法律出版社2009年版，第42~43页。

部分商品原本就不在品牌商销售计划范围内。代工厂销售的只是与品牌商的商品版型、款式、品质几乎相同的产品，这些产品的原始所有人就是代工厂，除非这些产品的“版型、款式”也被品牌商注册为商标或者构成事实上的未注册驰名商标，否则因代工厂并未在品牌商的商品上和宣传中使用品牌商的商标，不会导致消费者的混淆误认，也不存在割裂品牌商的商品与其注册商标之间的联系，未对品牌商注册商标专用权造成损害，自然也不构成商标侵权。

三、服装品牌商知识产权保护的建议

代工厂剪标销售不构成商标侵权，但其销售的服装款式、花型、图案和品质却与品牌商的服装相同，这和现实中大量品牌商的新款服装刚上市随即被大量模仿的情况极为相似，对此品牌商是否就束手无策了？其实可从以下几种途径实现知识产权的保护：

（一）通过合同约定违约责任

品牌商在与代工厂签订代工合同时，明确代工厂的义务，控制原材料的提供数量以及代工厂的生产数量，对于尾货或者超单产品约定代工厂不得以任何方式出售，或者由品牌商处理，对剪标销售约定合适的违约金，一旦代工厂违约品牌商可直接依据合同主张违约责任。

（二）对服装款式、花型、图案进行商标权、著作权、外观设计专利权的全方位保护

商标方面，对于某一服装品牌使用的较为固定的且具有显著性的款式、花型、图案，可以注册为立体商标或者普通商标进行保护，例如 Burberry 公司就将其经典的格子图案注册为商标。

著作权方面，服装款式、花型、图案如果具有独创性，构成美术作品从而可受著作权法保护，品牌商可以将相应设计稿进行著作权登记，以便维权时举证。

外观设计专利方面，专利法对于外观设计专利的界定为：对产品的形状、图

案或者其结合以及色彩与形状、图案的结合所作出的富有美感并适于工业应用的新设计。新设计可以是线条、图案或色彩的平面设计，也可以是产品的立体造型。专利权相对于著作权而言具有更强的专有性，保护力度更大，但授权期间较长，因此对于批量生产、款式具有稳定性的服装在投入市场前可以申请外观设计专利进行保护。

一言不合就侵权：从“骆驼”“途牛”公司维权案看公司起名学问

商标侵权专业组　孔丽芳律师

企业名称由行政区划、字号、行业、组织形式四要素构成，字号是企业名称中的一个核心要素，往往字号就是企业名称的简称，具有识别不同经济主体的作用。确定企业字号俗称“起名”，如字号使用不当，将面临被更名、停止使用或判决赔偿同行业经营者经济损失的法律风险，不利于企业优良市场信誉的积累。凡事预则立，不预则废。公司起名学问多，笔者来教你这三招。

第一招：企业字号规避同行业在先知名企业字号

企业字号与在先知名企业字号冲突，构成不正当竞争。同行业竞争者如无正当理由而将他人在先使用并具有一定知名度的企业字号作为自己的企业字号登记使用，损害竞争对手合法权益，违反诚信、公正原则，扰乱市场竞争秩序，则构成不正当竞争。WIPO专门为不正当竞争行为是违反诚信、公正原则的违法行为这一特征设立了判断标准——经营者不是依靠他自己所提供的商品或服务的价格和质量来争取竞争优势，而是靠不正当的利用他人的创造成果或者故意以欺诈、误导的方式来影响消费者的购买行为等手段实现其目的。①

广东骆驼服饰有限公司（以下简称广东骆驼公司）与骆驼（福建）户外用

① 杨明：《知识产权请求权研究——兼以反不正当竞争为考察对象》，北京大学出版社2007年版。

品有限公司（以下简称骆驼福建公司）等公司侵犯商标专用权及不正当竞争纠纷（2013）郑知民初字第1039号一案中，法院依据《反不正当竞争法》第二条第一款原则性条款：经营者在市场交易中，应当遵循自愿、平等、公平、诚实信用的原则，遵守公认的商业道德；第五条第（三）项，经营者不得采取下列不正当手段从事市场交易，损害竞争对手：……（三）擅自使用他人的企业名称或者姓名，引人误以为是他人商品的。《最高人民法院关于审理不正当竞争民事案件应用法律若干问题的解释》第六条规定，具有一定市场知名度，为相关公众所熟悉的企业名称中的字号，可以认定为《反不正当竞争法》所规定的"企业名称"。法院认为在骆驼福建公司成立之前，广东骆驼公司企业字号已经具有了一定的知名度，作为生产销售鞋、服装、包商品的同行业竞争者，且在骆驼福建公司曾作为"骆驼"商标的被许可方及合作商在明确知晓"骆驼"商标及企业字号的情况下，不仅不进行避让，反而注册登记为自己的企业字号，主观上存在故意攀附原告企业商誉知名度的主观恶意和现实便利，并实际造成了相关公众的混淆误认，违反了公平竞争、诚实信用的经营原则和市场竞争者应共同遵循的商业道德，客观上侵害了广东骆驼公司享有的商誉，获得了不正当的商业利益，构成不正当竞争。被判定变更企业名称，变更后的企业名称不得含有"骆驼"字样，并赔偿广东骆驼公司几百万元经济损失及合理费用。

自上述案例中可以提取到构成不正当竞争的四个关键词：在先知名企业字号，同行业竞争者，消费者混淆误认，经营者主观恶意。不正当竞争经营者面临的法律风险除停止使用相应企业字号外，往往还会被判决赔偿同行业经营者相应财产经济损失，如《反不正当竞争法》第二十条，《侵权责任法》第十五条之规定。

第二招：在先知名商标权利排查，避免企业字号与在先知名商标权利冲突

（1）同行业竞争者在经营过程中未突出使用企业字号，构成不正当竞争。

同行业竞争者如无正当理由而将他人具有一定知名度的商标作为自己的企业

字号登记使用，损害竞争对手合法权益，扰乱了公平诚信的市场秩序，则构成不正当竞争。

南京途牛科技有限公司（以下简称南京途牛公司）与北京途牛天下信息技术有限公司（以下简称途牛天下公司）（2012）二中民终字第14329号侵害注册商标专用权及不正当竞争纠纷一案，法院认为南京途牛公司已于2010年8月14日核准注册第6631862号“途牛”文字商标，核定服务项目为第39类，包括旅行陪伴、安排游艇旅行、观光旅游、安排游览、旅游安排、旅行座位预订、旅行预订、旅行社（不包括预定旅馆）、导游等。而途牛天下公司经工商部门核准将其企业名称变更为现名称的时间是2010年10月19日，晚于南京途牛公司前述注册商标的核准日期。南京途牛公司及其第6631862号商标在途牛天下公司企业名称变更之前既已在一定范围内具有了一定的知名度，并使“途牛”文字与旅游服务行业具有一定的联系。途牛天下公司在经营活动中将“途牛”作为其企业字号使用并对外宣称其与南京途牛公司存在关联关系，容易使相关公众认为南京途牛公司与途牛天下公司存在关联关系，致使相关公众对服务的来源以及不同经营者之间具有关联关系产生混淆误认。因此，途牛天下公司应在其销售旅游票品的“票务天下系统”网站中及票务销售代理业务范围内，停止使用含有“途牛”文字的企业名称。法院依据《中华人民共和国商标法》第五十一条 、第五十二条 、第五十六条 ，《中华人民共和国反不正当竞争法》第二条 、第五条 、第二十条 ，《最高人民法院关于审理注册商标、企业名称与在先权利冲突的民事纠纷案件若干问题的规定》第四条之规定，判决途牛天下公司立即停止使用含有“途牛”文字的企业名称，并赔偿南京途牛公司经济损失及合理费用。

自上述案例中同样可以提取到构成不正当竞争的四个关键词：在先知名商标专用权，同行业竞争者，消费者混淆误认，经营者主观恶意。不正当竞争经营者面临停止使用相应企业字号赔偿经济损失的法律风险。

同行业竞争者在经营过程中突出使用企业字号，构成商标侵权。

这里的突出使用主要表现为字体较大、颜色区分明显等，企业名称使用时与企业字号的其他三要素相比较为突出。《最高人民法院关于审理商标民事纠纷案件适用法律若干问题的解释》第一条第一款规定，下列行为属于商标法第五十二条第（五）项规定的给他人注册商标专用权造成其他损害的行为：（一）将与他人注册商标相同或者相近似的文字作为企业的字号在相同或者类似商品上突出使用，容易使相关公众产生误认的。该条规定为同行业竞争者突出使用企业字号侵犯在先知名商标专用权提供了法律依据。

第三招：诚信经营，为企业积累商誉，企业名称已经核准登记不能成为有效抗辩理由

骆驼福建公司、途牛天下公司均以企业名称已经工商部门核准登记予以抗辩，均未得到法院支持。

注册商标和企业名称系依照不同的法律程序取得的标志性权利，应依照相应法律予以调整，但在注册商标与企业名称冲突时，应根据诚实信用及公平原则处理。《最高人民法院关于审理注册商标、企业名称与在先权利冲突的民事纠纷案件若干问题的规定》第四条规定："被诉企业名称侵犯注册商标专用权或者构成不正当竞争的，人民法院可以根据原告的诉讼请求和案件具体情况，确定被告承担停止使用、规范使用等民事责任。"

“许诺销售”不构成商标侵权

商标侵权专业组　文其律师

一、“吉林长垣公司许诺销售案”案情简介

北京航天凯撒国际投资管理有限公司（以下简称航天凯撒公司）诉吉林省长垣管业有限公司（以下简称吉林长垣公司），称吉林长垣公司未经授权，擅自将带有航天凯撒公司“ASAK”注册商标标识的产品图片作为其官方网站（www. jlscygy. com）中“铝合金衬塑复合管”产品的宣传图片，在互联网上进行宣传，侵犯其注册商标专用权。除该网页公证外，航天凯撒公司未能提供侵权产品实物，未提供证据证明吉林长垣公司存在生产、销售行为。

北京市海淀区人民法院一审判决①认为：吉林长垣公司在其网站上展示的产品图片中使用航天凯撒公司注册商标，是对产品的广告宣传，具有识别商品来源的作用，构成商标性使用，违反《商标法》第五十七条第（一）项，构成商标侵权。

北京知识产权法院二审判决②则认为：

首先，航天凯撒公司未能提供侵权产品实物，且吉林长垣公司坚称其并未从

① （2015）海民（知）初字第25961号。
② （2016）京73民终934号。

事产品生产，航天凯撒公司也未予反驳；《商标法》第五十七条[①]第（一）项所针对的是生产侵权产品的行为，吉林长垣公司的涉案行为并不适用该项规定，一审法院法律适用错误。

其次，关于航天凯撒公司提出的销售行为指控，《商标法》第五十七条第（三）项是专门针对销售侵犯注册商标专用权商品的行为，而适用的前提是该商品属于侵犯他人注册商标专用权的商品。

吉林长垣公司在其经营网站上的介绍性文字中使用航天凯撒公司商标的行为符合《商标法》第四十八条[②]规定的将商标“用于广告宣传、展览以及其他商业活动中，用于识别商品来源”的商标性使用，在航天凯撒公司不能提交被诉侵权产品实物，且吉林长垣公司坚称尚未实际销售被诉侵权产品的情况下，本院认定吉林长垣公司的涉案行为属于为销售目的展示产品的行为，即许诺销售。

而就其许诺销售的产品应当包括两种情形：第一，是航天凯撒公司及其合法授权的公司生产的标有涉案商标的产品，它显然不属于侵犯航天凯撒公司注册商标专用权的商品；第二，系由第三方生产的冒用航天凯撒公司注册商标专用权的商品。

针对这种情形，航天凯撒公司应承担证明吉林长垣公司销售的是未经授权假冒其注册商标的商品的举证责任，但是，在目前航天凯撒公司不能提交被诉侵权产品实物，且吉林长垣公司坚称尚未实际销售被诉侵权产品的情况下，不能认定吉林长垣公司在其官网上许诺销售的涉案产品是侵犯航天凯撒公司注册商标专用

---

① 《商标法》第五十七条　有下列行为之一的，均属侵犯注册商标专用权：

（一）未经商标注册人的许可，在同一种商品上使用与其注册商标相同的商标的；

（二）未经商标注册人的许可，在同一种商品上使用与其注册商标近似的商标，或者在类似商品上使用与其注册商标相同或者近似的商标，容易导致混淆的；

（三）销售侵犯注册商标专用权的商品的；

（四）伪造、擅自制造他人注册商标标识或者销售伪造、擅自制造的注册商标标识的；

（五）未经商标注册人同意，更换其注册商标并将该更换商标的商品又投入市场的；

（六）故意为侵犯他人商标专用权行为提供便利条件，帮助他人实施侵犯商标专用权行为的；

（七）给他人的注册商标专用权造成其他损害的。

② 《商标法》第四十八条　本法所称商标的使用，是指将商标用于商品、商品包装或者容器以及商品交易文书上，或者将商标用于广告宣传、展览以及其他商业活动中，用于识别商品来源的行为。

权的商品，故航天凯撒公司提出的吉林长垣公司实施了销售被诉侵权产品行为的指控亦不能成立。

由此可见，一、二审判决虽然均将在网络上展示涉案商品照片的行为定性为“宣传性质的商标性使用行为”，但是否侵权却有完全相反的认定。有人认为上述二审判决错在将《商标法》第五十七条第（一）项的“使用”解释为“生产行为”，创设没有必要的“许诺销售”概念，限缩了商标“使用”的范畴①。

那么，果真如此吗？我们来看看商标的“使用”到底是什么概念。

二、商标“使用”概念辨析

2013年《商标法》第四十八条明确了商标“使用”的概念：本法所称商标的使用，是指将商标用于商品、商品包装或者容器以及商品交易文书上，或者将商标用于广告宣传、展览以及其他商业活动中，用于识别商品来源的行为。与2002年《商标法实施条例》第三条②相比，该条的主要落脚点在“用于识别商品来源的行为”，这就是商标“使用”的内涵。通常认为生产、销售、宣传为典型的商标“使用”行为类型，这就是商标“使用”的外延。但是在商标行政、民事、刑事案件实践中对具体行为是否为商标“使用”存在差别。

（一）商标行政案件中的商标“使用”

商标连续三年停止使用撤销行政案件是检验商标“使用”概念最典型的行政案件类型。如果商标注册人仅提供商品或商标标识的生产制造相关的证据，无销售、宣传类证据佐证，那么绝大部分判决会以生产行为仅为使用准备行为，并非识别商品来源的行为，仅此不能证明商品进入商业流通领域，不构成商标性使用为由，撤销商标。

因此，撤三案件中仅商标商品的生产行为本身并不构成商标使用。之所以有

① 丁山、范红凯：《在商标法中是否存在并可适用“许诺销售”?》，载《中华商标杂志》2017年3月。

② 2002年《商标法实施条例》第三条　商标法和本条例所称商标的使用，包括将商标用于商品、商品包装或者容器以及商品交易文书上，或者将商标用于广告宣传、展览以及其他商业活动中。

如此认定原因可能在于撤三案件不仅需要考虑商标使用的内涵还需要考虑商标注册人的真实使用意图。

（二）商标刑事案件中的商标“使用”

《刑法》中“假冒注册商标罪”是指“未经注册商标所有人许可，在同一种商品上使用与其注册商标相同的商标，情节严重的”。我国现行刑事司法解释①的规定，认定假冒注册商标罪所需的“商标使用”行为，并不以使用商标标识的商品进入商业流通领域为要件②，也就是并不强调“用于识别商品来源的行为”，只要在相关商品上未经商标权人许可附着了其注册商标的标识，即构成假冒注册商标罪所指的“商标使用”行为。这与2002年《商标法实施条例》第三条保持一致，2013年《商标法》修改后刑事司法解释并未进行相应的调整。

因此，按照现有的刑事司法解释来看，仅假冒注册商标商品的生产即构成刑法上的“商标使用”行为，即使尚未销售依然可能构成犯罪。

（三）商标民事案件中的商标“使用”

商标民事案件中，根据《商标法》第四十八条、第五十七条，判断是否侵权的前提在于判断被诉侵权行为是否属于商标性使用行为，即涉案行为是否将被诉标识作为识别商品来源的标识进行使用，例如合理的描述性使用不构成侵权。

此外，非常典型的一类问题就是涉外贴牌加工是否构成商标侵权，学界和实务界对此均存较大的争议，但近年来一定程度上达成了统一认识，认为贴牌加工产品全部用于境外销售，“贴牌”行为属于在我国境内不进入市场流通领域的附

---

① 《最高人民法院、最高人民检察院关于办理侵犯知识产权刑事案件具体应用法律若干问题的解释》（法释〔2004〕第19号）第八条第二款规定：“刑法第二百一十三条规定的‘使用’，是指将注册商标或者假冒的注册商标用于商品、商品包装或者容器以及产品说明书、商品交易文书，或者将注册商标或者假冒的注册商标用于广告宣传、展览以及其他商业活动等行为。”《最高人民法院、最高人民检察院、公安部关于办理侵犯知识产权刑事案件适用法律若干问题的意见》（法发〔2011〕第3号）第七条：“在计算制造、储存、运输和未销售的假冒注册商标侵权产品价值时，对于已经制作完成但尚未附着（含加贴）或者尚未全部附着（含加贴）假冒注册商标标识的产品，如果有确实、充分证据证明该产品将假冒他人注册商标，其价值计入非法经营数额。”

② 周波：《“商标使用”概念在商标法及刑法中的区别——评析徐某假冒注册商标罪案》，载《中国知识产权报》2015年7月。

加商标（贴牌）行为，在我国境内不具有识别商品来源的功能，因而不属于商标使用行为。

综合上述对比，在商标行政、民事、刑事案件中，商标“使用”的内涵和外延存在差异，尤其是民事与刑事案件的差异可能会导致法律适用的尴尬。从法条字面上理解，不构成民事侵权的行为反而可能构成刑事犯罪，不合常理，例如典型的涉外贴牌加工案件。但在民事案件和行政案件中至少还能有一定程度的统一，均强调“识别商品来源”这一使用特征，仅有生产行为恐怕尚不能成立为商标的“使用”。这是否能解释本文开篇提及的“吉林长垣公司许诺销售”一案的判决呢？

三、再议“吉林长垣公司许诺销售案”

如前所述，该案一、二审判决均将在网络上展示涉案商品照片的行为定性为“宣传性质的商标性使用行为”，符合《商标法》第四十八条关于使用的定义。之所以产生判决的差异在于解释《商标法》第五十七条第（一）、（二）项与第（三）项的关系上。

从现行《商标法》第五十七条规定的侵犯注册商标行为类型来看，第（一）、（二）项规定的商标“使用”与第（三）项规定的“销售”行为是并列的，但并不代表第（一）、（二）项规定的“使用”行为中只包括生产不包括销售，但该两项包含的销售是指销售自己生产的侵权产品。第（三）项规定的“销售”是指销售他人生产的侵权产品，若是行为人自行生产侵权产品并自行宣传销售，则直接适用第（一）、（二）项的规定即可。

就如同刑法中犯罪人生产假冒注册商标的产品后又销售该产品的，以“假冒注册商标罪”并不会同时构成“销售假冒注册商标的商品罪”，前罪名重于后罪名，因此吸收后罪名。从《商标法》第六十四条第二款规定的免责情形来看——销售不知道是侵犯注册商标专用权的商品，能证明该商品是自己合法取得并说明提供者的，不承担赔偿责任，第五十七条第（三）项规定的销售也仅指销售他人生产的侵权产品。

从体系解释的角度来看，《商标法》第五十七条第（一）、（二）规定的“使用”行为是指生产行为及其后续的销售（许诺销售）行为，但不包括仅销售他人生产的侵权产品，否则法律也没有必要将“销售”单独列为一项侵权行为。这也是二审法院认为《商标法》第五十七条第（一）项所针对的是生产侵权产品的行为，一审法院法律适用错误的原因。

同理也适用于仅宣传展示他人侵权产品的行为，仅有他人商品的宣传展示行为并不能适用第五十七条第（一）、（二）项的规定，否则像淘宝、京东这类购物网站恐怕会在商标侵权纠纷中屡屡败诉。但鉴于《商标法》第五十七条并未像规定销售他人侵权产品一样规定一个宣传他人侵权产品的行为，第五十七条第（六）项规定的“帮助侵权”又有“故意”这一主观要件的要求，因此，二审法院将宣传行为作为“许诺销售”行为归入第五十七条第（三）项“销售”也并无不妥。

所以在适用《商标法》第五十七条第（三）项时才需要首先判断销售的商品是否为他人生产并为侵犯注册商标权的商品，对此基本的举证责任在原告。因为商标权人一旦将产品投放市场，其商标权利用尽，其他人的宣传销售行为并不需要商标权人的商标使用许可，要证明他人销售商品侵权首先需要证明存在侵权产品。所以才有了二审法院原告未尽到举证义务无法证明侵权成立的判决。

至于商标“使用”的概念，无论是“销售”还是“许诺销售”都属于商标的“使用”。《商标法》第五十七条第（一）、（二）项规定的“使用”以生产为“基础”，但并非仅包括生产行为，此处的“使用”与第四十八条规定的“使用”并不存在实质区别，只是法律基于侵权产品来源不同对侵权行为进行更细致的分类，这可能就是有人误认为二审判决缩限“使用”概念的原因吧。

因此，本案被告不侵权的原因不在于被诉行为是“许诺销售”行为，而在于原告未能举证证明存在侵权产品。

被诉商标侵权，这几种情况下“注册商标”这个挡箭牌不好用

商标侵权专业组　文萁律师

一般情况下，使用自己注册的或者经授权使用他人注册的商标，并不构成商标侵权，尤其是我国商标注册审查不仅进行显著性及禁用条款这样的绝对理由审查，还要进行相对理由审查，即判断是否存在在先商标权障碍，经过商标局审核商标注册后，注册人对其享有的基本信赖利益应当得到保护，因此使用注册商标成为商标侵权案件中常见的抗辩理由。但是有的时候，被告并不会因为持有商标注册证就万事大吉了，下面这几种情况下依然可能构成侵权。

一、不规范使用注册商标，侵犯他人注册商标专用权

不规范使用注册商标一般指超出核定的商品或服务范围，或者不规范使用商标标识。如果不规范使用达到与他人注册商标相混淆的效果，则超出其合法权利边界，构成商标侵权。《最高人民法院关于审理注册商标、企业名称与在先权利冲突的民事纠纷案件若干问题的规定》第一条第二款已有相应规定：

“原告以他人使用在核定商品上的注册商标与其在先的注册商标相同或者近似为由提起诉讼的，人民法院应当根据民事诉讼法第一百一十一条第（三）项的规定，告知原告向有关行政主管机关申请解决。但原告以他人超出核定商品的范围或者以改变显著特征、拆分、组合等方式使用的注册商标，与其注册商标相同或者近似为由提起诉讼的，人民法院应当受理。”

例如，在海天调味品公司诉“每天酱汁”商标侵权案中，被告每天食品公司超出商标核定商品范围将在“酱油”上注册的“每天”商标并使用在“酱汁”产品上，侵犯了海天调味品公司在“酱油”等商品上注册的“海天”商标专用权，被认定商标侵权。①

二、规范使用注册商标，但侵犯他人驰名商标权

《商标法》第十三条对侵害驰名商标权利的商标，既禁止注册也禁止使用。因此，被告使用的注册商标如果是复制、摹仿或者翻译相同或类似商品上未在中国注册的驰名商标，易造成混淆，或者是复制、摹仿或者翻译不相同或不类似商品上已在中国注册的驰名商标，误导公众致使该驰名商标权利人利益可能受到损害，驰名商标权利人既可以对其商标提起无效宣告行政程序，也可以提起侵权民事程序，被告并不会因为手持商标注册证而逃脱侵权责任的承担。

例如，在“MENGDAJIA0”②、“十月妈咪”③，“约翰迪尔”④ 商标侵权案件中，法院均认定被告使用注册商标侵犯他人驰名商标权利，判决被告停止使用。

但是，《最高人民法院关于审理涉及驰名商标保护的民事纠纷案件应用法律若干问题的解释》第十一条规定：被告使用的注册商标违反商标法第十三条的规定，复制、摹仿或者翻译原告驰名商标，构成侵犯商标权的，人民法院应当根据原告的请求，依法判决禁止被告使用该商标，但被告的注册商标有下列情形之一的，人民法院对原告的请求不予支持：（一）已经超过商标法第四十一条第二款规定的请求撤销期限的；（二）被告提出注册申请时，原告的商标并不驰名的。

2001 年《商标法》第四十一条第二款（现行《商标法》第四十五条第一

---

① （2016）粤06民终8698号。
② （2015）粤高法民三终字第312号。
③ （2013）沪一中民五（知）初字第116号。
④ （2017）京民终413号。

款）规定对注册商标提起无效宣告申请的期限为商标注册之日起五年，对于恶意注册的，驰名商标所有人不受五年的时间限制。因此，驰名商标权利人维权期限为五年，超过五年的，则需要举证证明被告存在恶意。

三、注册商标被宣告无效后，无效宣告裁定生效前被告的商标使用是否构成侵权？

对于这个问题，目前并无明确法律规定及司法解释。按照法理，被宣告无效的商标自始无效，被告无论何时使用该商标均失去权利依据，因此，被认定构成侵权并非不可能。但考虑到一般情况下，被告使用当时尚属“有效”的注册商标是基于对商标注册制度的合理信赖，认定侵权对被告可能存在不公，因此《商标法》第四十七条规定无效宣告裁定在特定情况下不具有溯及力，但对于被告存在恶意的情况也作了例外规定：

“依照本法第四十四条、第四十五条的规定宣告无效的注册商标，由商标局予以公告，该注册商标专用权视为自始即不存在。

宣告注册商标无效的决定或者裁定，对宣告无效前人民法院做出并已执行的商标侵权案件的判决、裁定、调解书和工商行政管理部门做出并已执行的商标侵权案件的处理决定以及已经履行的商标转让或者使用许可合同不具有追溯力。但是，因商标注册人的恶意给他人造成的损失，应当给予赔偿。”

例如，在承德避暑山庄企业集团有限责任公司诉承德避霞山庄饮品有限公司商标侵权一案中[①]，二审河北省高级人民法院就从《商标法》第四十七条的规定出发，认为：原告在白酒等酒类商品上注册的“避暑山莊”“山莊”商标具有较高知名度，被告在酒类上注册“皇家山莊”商标未采取诚信、审慎态度，“皇家山莊”商标被原告提起无效宣告后，对“皇家山莊”商标的效力不确定有一定的预知，但被告仍然使用及转让该商标，商标被无效后也未及时通知受让方兴隆

① （2016）冀民终23号。

酒业公司，阻止该公司继续生产标有“皇家山莊”标识的白酒，显系存在恶意。因此，被告与商标受让人构成共同侵权。

四、使用注册商标侵犯他人著作权、专利权、名称权等在先权利

从案由上来讲，使用注册商标侵犯他人著作权、专利权、名称权等在先权利的纠纷已不属于侵害商标权纠纷。在侵害著作权、专利权等纠纷中，常有被告以其使用自己的注册商标为由提出不侵权抗辩，或者在侵害商标权纠纷中以拥有著作权、专利权提出不侵权抗辩。“权利冲突”发生时，以保护在先权利为基本原则，决定被告是否侵权的是其注册商标相比他人权利是否具有在先性。20 世纪 90 年代轰动一时的“武松打虎”案[①]就是在先著作权与在后商标权冲突这类型案件较早的典型案例。

所以说，具体案件中被告使用其注册商标的方式、时间、主观恶意与否均会对侵权判定产生重要影响，注册商标并非万能的挡箭牌，唯有诚信、谨慎、合法经营才是王道。

---

① （1997）一中知终字第 14 号。

企业名称简化使用离商标侵权到底有多远

商标侵权专业组 文其律师

商标系区分不同商品来源的标识，企业名称为区分不同市场主体的标识，两者分属不同标识体系，相同文字可能由不同市场主体分别注册为商标与企业名称，由此产生权利冲突。

根据现行《商标法》、《反不正当竞争法》及配套司法解释，企业名称因突出使用而侵犯在先注册商标专用权的，依法按照商标侵权行为处理；企业名称未突出使用但其使用足以产生市场混淆、违反公平竞争的，依法按照不正当竞争处理。

在商标侵权诉讼司法实践中，被告常以被诉侵权标识为其企业名称的简化使用进行不侵权抗辩，该抗辩是否成立？

一、法律规定

《企业名称登记管理规定》第二十条："企业的印章、银行账户、牌匾、信笺所使用的名称应当与登记注册的企业名称相同。从事商业、公共饮食、服务等行业的企业名称牌匾可适当简化，但应当报登记主管机关备案。"

一般情况下，被告以简化使用企业名称进行不侵权抗辩所依据的正是上述规定。从该规定我们可以归纳出如下要点：

（1）规范使用企业名称为原则，简化使用为例外。

（2）可以简化使用的主体限于从事商业、公共饮食、服务等行业的企业，实践中纠纷集中在饭店、宾馆酒店、咖啡店等提供餐饮服务的主体，但关于"商业”企业的范围并不清晰。

（3）可以简化使用的位置仅限于在企业的牌匾上使用。

（4）简化的程度为“适当简化”，何为“适当”，法律并无特别规定。

（5）简化使用应当报登记主管机关备案。

但当简化企业名称与他人注册商标发生冲突时，是否按照上述规定进行了企业名称简化使用及备案就不构成商标侵权？

二、审判实践

1. 法院认定构成简化使用企业名称，从而不构成商标侵权的案例

【“大光明眼镜店”商标侵权再审案①】

原告浙江大光明眼镜有限公司诉被告合肥市大光明眼镜有限责任公司使用“大光明”“大光明眼镜店”字样侵犯其“大光明”商标专用权。最高院认定被告不构成侵权，理由：对于依法登记取得的企业名称，企业可以依照相关规定简化使用。企业名称登记管理规定第二十条规定，从事商业、公共饮食、服务等行业的企业名称牌匾可适当简化。

根据原审查明的事实，合肥大光明公司在合肥市经营四家店铺的店面招牌标用“大光明”字样，销售眼镜附带的眼镜盒、眼镜布以及配镜单上标注“大光明眼镜店”字样，系简化使用企业名称从事经营活动的行为。合肥大光明公司在其经营店铺招牌、销售眼镜所附带的眼镜盒、眼镜布以及配镜单上长期使用“大光明”“大光明眼镜店”文字（字号登记及使用时间早于原告商标申请注册日期），已在相关市场具有一定知名度，形成与浙江大光明公司注册商标可以区分的标识效果。原审法院综合考虑历史原因、公平竞争等本案实际情况，认为不应当认定合肥大光明公司前述行为构成商标侵权的意见，并无明显不当。

---

① （2016）最高法民申1405号。

【“赛里木湖大酒店”商标侵权二审案①】

原告博乐市赛里木酒业酿造有限责任公司诉被告新疆赛里木湖大酒店有限责任公司在酒店楼顶树立“赛里木湖大酒店”的招牌侵犯其“赛里木”商标专用权。“赛里木”为新疆一湖泊名称。

新疆高院认为：赛里木湖大酒店为从事饮食、服务等行业的企业，其可以在招牌上将其企业名称简化为“赛里木湖大酒店”。至于赛里木湖大酒店简化使用企业名称是否在登记主管机关办理了备案，并不是本案认定侵权需要考量的因素，因为首先备案只是为了在登记机关留底备查，并不是需要登记机关给予审批；其次即使没有办理备案，其承担的也是相关行政责任。

【“子城外婆家”商标侵权二审案②】

原告浙江外婆家餐饮有限公司诉被告嘉兴市子城外婆家餐饮有限公司在其店招及一次性湿巾上使用“子城外婆家”五字的行为侵犯其“外婆家”商标专用权。

嘉兴中院认为：子城外婆家公司在简化使用其企业名称时，“子城外婆家”五个字大小、字体、颜色、间距均相同，并没有突出使用“外婆家”三个字，因此，首先，子城外婆家公司在其店名及一次性湿巾上使用“子城外婆家”五字的行为并不构成突出使用。其次，尽管外婆家公司“外婆家”商标相对于子城外婆家公司“子城外婆家”字号而言属于在先权利，但是，“外婆家”商标被评为浙江省著名商标的时间在2010年1月，外婆家公司在2008年之前并未在嘉兴开展业务，子城外婆家公司使用“子城外婆家”字号的行为并无攀附“外婆家”商标商誉的故意。因此不构成侵权。

【“满汉楼大酒店”商标侵权二审案③】

原告黑龙江满汉楼饮食有限公司诉被告长乐市满汉楼大酒店在其正门的楼上悬挂“满汉楼大酒店”招牌、在门口正中挂“满汉楼”牌匾的行为侵犯其“满

---

① （2012）新民三终字第6号。

② （2011）浙嘉知终字第4号。

③ （2009）闽民终字第148号。

汉楼”商标专用。

福建高院认定：被告将其企业名称简化为“满汉楼大酒店”，符合《企业名称登记管理规定》第二十条的规定，并不构成侵犯上诉人的商标专用权。至于该简化使用其企业名称未报工商登记机关备案问题，该行为应属于违反工商行政管理的规定，原告可另行向工商部门请求解决。但是，对于被告在其店门正中位置挂“满汉楼”牌匾，属于将原告注册商标相同的文字在相同的服务上突出使用的行为，应认定构成商标侵权。

2. 法院认定不构成简化使用企业名称，构成商标侵权的案例

【“嘉裕花园酒店”商标侵权二审案①】

原告广州市嘉裕房地产发展有限公司诉被告潜江市嘉裕酒店管理有限责任公司周农分店在门头使用“嘉裕花园酒店”侵害其“嘉裕”商标专用权。湖北高院认定被告构成商标侵权，理由为：

其一，周农分店的企业名称为“潜江市嘉裕酒店管理有限责任公司周农分店”，其中“嘉裕”二字为其字号，“嘉裕花园”不是其字号。

其二，根据《企业名称登记管理规定》，周农分店虽为从事公共饮食、服务等行业的企业，牌匾可适当简化，但其并未提交证据证明曾向登记主管机关报备过简化的企业名称。并且，周农分店在“嘉裕花园酒店”标识前还添加了椰子树及路的图案，以图案及文字共同标识服务来源。

故，“嘉裕花园酒店”标识中虽然包含周农分店企业名称中的字号，但不能认定为简化使用企业名称的行为，应认定为商标法意义上的商业标识使用行为。

【“如家休闲宾馆”商标侵权一审案②】

原告和美酒店管理（上海）有限公司诉被告大连长兴岛临港工业区长兴岛办事处如家休闲宾馆使用“如家休闲宾馆”标识侵犯其“如家”商标专用权，法院认定侵权成立：根据国家工商行政管理局《企业名称登记管理规定》第二

---

① （2016）鄂民终41号。

② （2016）辽0203民初556号。

十条，从事商业、公共饮食、服务等行业的企业名称牌匾可适当简化，但应当报登记主管机关备案。被告未依据上述规定对企业名称简化进行备案，擅自在牌匾上使用与其注册名称差异较大的“如家休闲宾馆”进行经营，并在其经营旅馆的招牌及旅馆中的饮品价格表、名片和 VIP 会员卡上擅自使用“如家”字样，构成突出使用。

【“福成肥牛”商标侵权二审案①】

原告河北三河福成养牛集团总公司诉被告哈尔滨福成饮食有限公司昆明分公司侵犯其“福成”商标专用权。云南高院认定侵权成立，理由：昆明福成公司在其经营场所的牌匾、外墙、内外装饰、宣传资料、订餐卡、菜单等上显著标有“福成”“福成集团”“福成肥牛”“福成火锅”“福成肥牛火锅”“福成肥牛火锅昆明旗舰店”等与其企业名称不符的文字，而法律只规定企业有依法“简化”企业名称的权利，而未规定企业可以随意变更企业名称。简化是在全称基础上的合理缩减，而非彻底抛弃原名称，随意使用与原名称完全不同的新名称，况且法律已明文规定企业名称的简化只允许在牌匾上使用，故昆明福成公司并非正常使用其企业名称。

三、判理分析

从上述判例我们可以归纳出在涉企业名称简化使用案件中，如果被告符合简化使用的主体范围，法院判决构成商标侵权与否主要考虑的因素。

1. 被诉侵权标识是否为企业名称的“适当”简化

首先，被诉侵权标识如包含并不属于被告企业名称内容的其他文字或图形，则非“简化”。例如“嘉裕花园酒店”中的“花园”，“福成肥牛”“福成火锅”中的“肥牛”“火锅”均非被告企业名称的组成部分，自然不构成名称的简化。且“嘉裕花园酒店”标识前还添加了椰子树及路的图案，已经超出企业名称合

① （2007）云高民三终字第7号。

理使用范围，构成商标性使用。

其次，简化应当适度，企业名称简化程度越高侵权风险越大，简化至与他人注册商标相同的程度侵权风险极高。在“赛里木湖大酒店”“子城外婆家”案件中，被诉侵权标识均是完全属于企业名称的一部分，且与原告注册商标不同。在“满汉楼大酒店”一案中，法院认定被告使用的“满汉楼大酒店”为企业名称的简化，不侵权；但被告使用的“满汉楼”招牌与原告商标完全相同，构成商标性使用，侵权成立。在“大光明眼镜店”一案中，法院虽然基于历史原因考虑认定被告在店面招牌使用“大光明”字样不侵权，但法院仍然以保护注册商标、维护公平竞争市场秩序为由，在判决说理中要求被告今后使用“大光明”字号时附加地域标识，以对商品来源有所区分。

最后，不存在字号“突出使用”。简化使用的企业名称虽然部分文字与原告注册商标相同，但整体未突出使用，例如“子城外婆家”就因此未被认定侵权。

2. 被告企业名称登记及使用时间是否具有在先性

若被告企业名称登记或使用时间早于原告商标申请注册日期，则被告对其字号享有在先权利，其适当简化使用企业名称不构成侵权。

在“大光明眼镜店”一案中，法院特别考虑了因被告取得工商登记的时间以及使用“大光明”标识的时间早于原告商标取得时间和驰名商标认定时间。“子城外婆家”一案法院考虑了在被告成立前原告未在当地开展业务，也尚未认定为驰名商标。因被告企业名称有一定范围内的在先性，考虑到餐饮等公共服务企业的使用实际，被诉侵权标识若来源于企业名称，有一定合理性，被告也就没有攀附原告商标的主观故意，因此未被认定为侵权。

3. 原告商标的显著性

显著性较弱的商标排斥范围较小，“满汉”一词来源于“满汉全席”，用作餐饮服务商标显著性较低。“赛里木”为原被告所在的新疆“赛里木湖”名称，为地名范畴，显著性低。因此，原告商标排斥力较弱也影响法院对被告企业名称简化是否合理的判断。

4. 简称使用的位置

除使用在牌匾上，“大光明眼镜店”还使用在眼镜盒、眼镜布以及配镜单上，“子城外婆家”还使用在一次性湿巾上，从两案来看被告在除牌匾之外的地方使用被诉侵权标识，并未因此被认定为侵权。

5. 简称是否进行了备案

未进行备案可以成为构成商标侵权的理由之一但非唯一，如符合其他简化使用条件唯独未进行备案，不因此导致被告的使用行为判定为侵权。在“赛里木湖大酒店”“满汉楼大酒店”案件中，法院均认为未办理备案属于违反工商行政管理的规定，承担的是行政责任，与是否构成商标侵权无关。

即使被告向登记主管机关进行了简称备案，也不能因此成为其不侵权的理由，因备案仅系其履行行政管理的义务，不影响其民事责任的承担，这与经过核准注册的企业名称也可构成不正当竞争的道理是一样的。

综上，笔者认为《企业名称登记管理规定》为企业名称的行政管理规定，并不能替代《商标法》、《反不正当竞争法》及相关司法解释关于企业名称实际使用过程中出现侵权纠纷的责任分配。若被告以其简化使用企业名称完全符合该规定作为不侵权抗辩的理由，法院审判思路并不会脱离《商标法》关于“商标侵权”认定的要件，而只是将《企业名称登记管理规定》作为被告行为合法性的考量因素，也不会受限于第二十条设定的“要件”，实际使用的标识是否会造成相关公众的混淆误认才是侵权认定的终极标准。企业名称简化使用离突出使用构成商标侵权仅一步之遥，而这一步很大程度上取决于被告标识的在先性以及被告的善意。

变守为攻：与商标抢注人 battle 的策略

商标侵权专业组　周凡律师

虽然知识产权法律环境改善，但商标抢注人仍然不断钻营，试图利用“合法”途径打击真正的商标权人。当前，商标抢注人趋于专业化，他们充分利用合法的“维权”外衣行威胁之实，侵权诉讼、海关执法、行政执法、平台投诉、警告函，让真正的商标权人应对不暇，严重干扰企业正常的经营，影响和经销商的合作关系，损害企业的良好声誉。商标抢注人通过这些法律途径对真正的权利人围追堵截，逼迫真正的商标权人高价购买商标，最终实现其谋取不正当利益的目的。

面对商标抢注人的全面围攻，企业必须防守反击并行。严防死守，对于侵权诉讼、行政投诉、平台投诉，做好充分的抗辩准备，并且要与合作伙伴、经销商保持良好沟通，帮助他们应对法律风险，稳定合作关系。

但更重要的是大力反击。为了摆脱被商标抢注人围追堵截的困境，一要釜底抽薪，通过商标无效宣告和撤销程序彻底消灭对方的“权利基础”；二要在对方没有起诉的情况下提起确认不侵权之诉，或者在侵权诉讼中通过恶意抢注抗辩，依据诚实信用原则，请求法院认定不构成商标侵权，驳回抢注人的诉讼请求；三要让商标抢注人对权利人造成的经济损失进行赔偿，提高滥用权利的成本，遏制权利滥用的行为，也给予真正的权利人以反击的武器。

那么，又当如何让商标抢注人对真的权利人造成的经济损失进行赔偿呢？对于不同的权利滥用方式，目前还没有统一的救济措施，我们首先要按照具体权利滥用的方式进行分类：

（1）向经销商乱发侵权警告函，成本非常低，却能影响、甚至破坏真正商标权人与经销商的合作关系。

（2）向电商平台投诉真正权利人及其经销商的店铺，请求断开、删除相关产品链接，投诉成本很低、周期短，但对于主要依靠网络销售的企业来说等于致命的打击。

（3）向行政机关投诉经销商、关联公司，影响正常经营，破坏合作关系，损害企业声誉。

（4）向海关投诉并申请扣押、没收进出口货物，严重影响企业的进出口。

（5）向法院申请诉讼保全，包括扣押涉案商品、冻结资金等，影响企业的正常经营。

（6）向法院提起侵权诉讼，企业不得不为了维护自身权益支付大量的律师费和其他费用。

侵权警告函虽然是一种常见的低成本维权方式，但如果超过合理范围就可能构成不正当竞争，可以依据《反不正当竞争法》寻求救济。最高人民法院在“本田与双环的专利权纠纷案件”① 中指出，判断侵权警告是正当的维权行为，还是打压竞争对手的不正当竞争行为，应当根据发送侵权警告的具体情况来认定，以警告内容的充分性、确定侵权的明确性为重点。

司法保全给被申请人造成损失的，可以依据《民事诉讼法》请求赔偿。《最高人民法院关于适用〈民事诉讼法〉的解释》第二十七条规定，“当事人申请诉前保全后没有在法定期间起诉或者申请仲裁，给被申请人、利害关系人造成损失引起的诉讼，由采取保全措施的人民法院管辖。当事人申请诉前保全后在法定期间内起诉或者申请仲裁，被申请人、利害关系人因保全受到损失提起的诉讼，由受理起诉的人民法院或者采取保全措施的人民法院管辖。”第九十八条第二款规定，“证据保全可能对他人造成损失的，人民法院应当责令申请人提供相应的担保。”被申请人可以据此提出赔偿的请求。

---

① （2004）民三他字第4号。

海关扣押给被申请人造成损失的，可以依据《中华人民共和国知识产权海关保护条例》寻求救济。第十四条规定，“知识产权权利人请求海关扣留侵权嫌疑货物的，应当向海关提供不超过货物等值的担保，用于赔偿可能因申请不当给收货人、发货人造成的损失，以及支付货物由海关扣留后的仓储、保管和处置等费用；知识产权权利人直接向仓储商支付仓储、保管费用的，从担保中扣除。具体办法由海关总署制定”。

对于恶意诉讼造成损失的救济，目前争论仍然很多，司法审判中还没有形成统一的裁判标准。但是对于商标恶意诉讼法律性质的认识比较统一。商标恶意诉讼是知识产权滥用的一种形式。从法律性质上看，商标恶意诉讼行为本质上是一种因滥用知识产权而侵犯他人权利的行为。因而，商标恶意诉讼行为的构成要件与侵权责任的构成要件一致，包括主观恶意、侵权行为、损害后果、侵权行为与损害后果之间构成因果关系。

恶意诉讼请求赔偿并没有专门的法律规定可以遵循，需要依据《民事诉讼法》《民法通则》《侵权责任法》的一般规定。《民事诉讼法》第十三条，“民事诉讼应当遵循诚实信用原则。当事人有权在法律规定的范围内处分自己的民事权利和诉讼权利。”《民法通则》第一百零六第二款，“公民、法人由于过错侵害国家的、集体的财产，侵害他人财产、人身的，应当承担民事责任。”《侵权责任法》第六条第一款，“行为人因过错侵害他人民事权益，应当承担侵权责任。”

司法实践中虽然为知识产权恶意诉讼设立的单独的案由——“因恶意提起知识产权诉讼损害责任纠纷”。但是对该案由相关案件进行检索发现，目前法院对于主观恶意认定采用了较高的标准，且在损害赔偿问题上采取相对保守的态度，只在少数案件中依据公平原则，让提起恶意诉讼的一方承担了真实权利人的一部分经济损失。

在“日照立德电子科技有限公司与山东比特智能科技股份有限公司案件”①

① （2016）鲁民终2271号。

中，山东省高级人民法院指出，《商标法实施条例》第三十六条规定的“因商标注册人恶意给他人造成的损失，应当给予赔偿”与注册商标时的恶意不是一个概念，商标被撤销不必然导致能够认定提起商标侵权诉讼时具有恶意，还需具体分析。

法院认定，比特公司提起侵权诉讼不属于以获取非法或不正当利益为目的而故意提起一个在事实上和法律上无根据之诉的情形，当时的主观状态难谓恶意，不构成恶意提起知识产权诉讼，亦不必承担赔偿损失的责任。最终，法院依据公平原则判令比特公司返还 2 万元补偿款。

尽管目前让商标抢注人为其滥用权利付出相应的经济代价还无法实现，但是司法实践中已经为真正的权利人提供了各种救济损失的可能。在商标抢注人的围追堵截下，真正的权利人不能仅仅采取防守措施，更要发起强力反攻，给商标抢注人滥用权利创设更多障碍，提高其恶意“维权”的成本。

二

专利领域

（一）专利申请与审查

指南修改了，智能医疗的专利机会来了吗

——浅议《专利审查指南》修改对计算机程序实现疾病诊断的专利审查标准影响

专利无效专业组 彭燕律师

一、相关背景

根据我国专利法第 25 条的规定："对下列各项，不授予专利权：……（3）疾病的诊断和治疗方法；……"

《专利审查指南》（2010 版）中作出了补充说明：用于实施疾病诊断和治疗的仪器和装置属于可被授予专利权的客体。

随着计算机产业的发展，在专利申请中，也随之出现了大量以计算机程序实现的诊断方法类的发明专利申请。

这类申请专利的方案的特点是：用计算机软件对生理检测参数及图像等数据进行处理，得出初步的诊断结论。

这类专利申请在形式上表现为：

【权利要求 1】"一种医用图像处理方法，其特征在于，具有：分率图像生成步骤，对……数据进行分析，生成表示……的分率图像；基准区域设定步骤，在上述分率图像上设定基准区域；血流量计算步骤，对于上述基准区域，分别计算……的血流量，……并对……的非基准区域，分别计算……血流量；比较值计算步骤，

计算……第一比较值，并且计算……第二比较值；诊断用图像生成步骤，根据与上述第一比较值及上述第二比较值的组合对应的上述脏器的癌的发展程度生成诊断用图像；还具有：存储步骤，预先存储将上述功能血管比较值及上述营养血管比较值的组合与上述癌的发展程度建立了对应的表；上述诊断用图像生成步骤参照上述表，获取与计算出的上述组合对应的上述癌的发展程度。”

对于权利要求 1，通常由于其方法中包括得出诊断结论的步骤，即以获得疾病的诊断结果为直接目的，而被认为属于疾病的诊断方法，不能授予专利权。

由于方法全部以计算机程序来实现，部分申请人考虑将这种方法写为《审查指南》（2010 版）第九章规定的功能模块构架形式的权利要求，以期获得授权。上述权利要求，在写为功能模块构架形式时，则表现为：

【权利要求 2】“一种医用图像处理装置，其特征在于，具有：分率图像生成单元，对……数据进行分析，生成表示……的分率图像；基准区域设定单元，在上述分率图像上设定基准区域；血流量计算单元，对于上述基准区域，分别计算……的血流量，……并对……的非基准区域，分别计算……血流量；比较值计算单元，计算……第一比较值，并且计算……第二比较值；诊断用图像生成单元，根据与上述第一比较值及上述第二比较值的组合对应的上述脏器的癌的发展程度生成诊断用图像；还具有：存储单元，预先存储将上述功能血管比较值及上述营养血管比较值的组合与上述癌的发展程度建立了对应的表；上述诊断用图像生成步骤参照上述表，获取与计算出的上述组合对应的上述癌的发展程度。”

在以前的专利审查实践中，对于上述功能模块构架的权利要求 2，其审查标准是存在分歧的。

一种思路认为：功能模块构架的权利要求属于产品权利要求，实施诊断或治疗方法的装置是可以授予专利权的，因此权利要求 2 不再存在客体问题。

另一种思路则认为：功能模块构架的权利要求是特殊种类的权利要求，该类权利要求在撰写时有应与方法步骤一一对应的严格要求，即功能模块构架的权利要求隐含了时序的特征，具有方法权利要求的性质，因而即使申请人将诊断方法写成权利要求 2 的形式，仍然属于疾病的诊断方法，不能被授予专利权。

出现上述分歧的根源在于：《审查指南》（2010 版）对于“功能模块构架”形式的权利要求的模糊定义，从而引发了不同的解读。

值得欣喜的是，《审查指南》的最新修改，解决了上述问题。

二、专利审查指南的相关修改

新形势下，为了加强互联网、电子商务、大数据等领域的知识产权保护规则研究，推动完善相关法律法规；《专利审查指南》做出了最新修改。根据国家知识产权局令第 74 号，新修改的《审查指南》自 2017 年 4 月 1 日施行，适用于 4 月 1 日后（含当日）受理的新专利申请以及尚未结案、处于审查阶段的案件。

涉及《审查指南》第九章《关于涉及计算机程序的发明专利申请审查的若干规定》的相关内容，此次修改之处体现在：

1. 将“功能模块构架”修改为“程序模块构架”，明确“程序模块构架”作为申请人可以选择的一种撰写形式，是一种装置权利要求，其改进主要在于计算机程序而非硬件实现方式。

2. 明确装置权利要求的组成部分可以包括程序（软硬混合），明确装置权利要求的组成部分可以包括程序流程特征，允许申请人直接描述其对软件的改进，而不将此程序流程特征理解为限定硬件装置的方法或功能。

3. 进一步明确“计算机程序本身”不同于“涉及计算机程序的发明”，实质上缩小了“计算机程序本身”的外延，允许“介质 + 计算机程序流程”的权利要求表达方式。

三、《审查指南》的修改对计算机程序实现的诊断方法的审查标准的影响

《审查指南》的以上修改，将“功能模块构架”修改为“程序模块构架”，对于“全部以计算机程序流程为依据”的方案，明确了：（1）程序模块构架的

权利要求属于产品权利要求；（2）产品权利要求中允许包括程序组成；（3）产品权利要求允许写成“介质+计算机程序流程”的形式。上述修改对于计算机程序实现的诊断方法，又意味着什么呢？对此，笔者有以下观点：

（一）该类方法将可以撰写为程序模块构架的权利要求，且不再属于专利法第25条规定的疾病的诊断方法

此前专利审查实践中对于实现疾病诊断的功能模块构架形式的权利要求的审查标准的分歧将被统一：即审查员将无法再以该类权利要求实质仍然是方法为由认定其为疾病的诊断方法，而将统一接受该类权利要求为产品权利要求。

在此类权利要求为产品权利要求的论断的基础上，结合《审查指南》中关于“用于实施疾病诊断和治疗的仪器和装置属于可被授予专利权的客体”的规定，计算机程序实现的疾病的诊断方法，在撰写为程序模块构架的上述权利要求2的形式时，将无法因其属于专利法第25条第1款第（3）项规定的疾病的诊断方法而被排除授权。

（二）该类方法或还可通过其他撰写方式而不再属于专利法第25条规定的疾病的诊断方法

如上文所举的例子，此类计算机程序实现的诊断方法还可撰写为以下形式：

【权利要求3】“一种计算机设备，包括存储器、处理器及存储于该存储器上并可在处理器上运行的程序，其特征在于，所述处理器执行所述程序时执行以下步骤……”

【权利要求4】“一种计算机可读存储介质，其上存储有计算机程序，其特征在于，该程序被处理器执行时实现以下步骤：……”

【权利要求5】“一种医用图像处理装置，包括：硬件改进特征；以及控制器，所述控制器包括存储器和处理器，所述存储器存储有计算机程序，所述程序被处理器执行时能够实现以下步骤：……”

根据修改后的《审查指南》，权利要求3、4、5均属于产品权利要求，结合《审查指南》中关于“用于实施疾病诊断和治疗的仪器和装置属于可被授予专利权的客体”的规定，将无法因其属于专利法第 25 条第 1 款第（3）项规定的疾病的诊断方法而被排除授权。

（三）在撰写为权利要求 2－5 的形式时，仍可能存在一定风险而被排除授权

尽管申请人可以通过撰写为权利要求 2－5 的形式，将计算机程序实现的疾病的诊断方法撰写为产品权利要求，使其不再属于专利法第 25 条第 1 款第（3）项规定的疾病的诊断方法，但是，考虑到诊断方法本身的特点以及结合欧洲专利局的审查方式，笔者认为：在未来的专利审查实践中，权利要求 2－5 仍然可能存在以下风险而被排除授权。

风险一，因违反专利法第 2 条第 2 款的规定而被排除授权。专利法第 2 条第 2 款规定“发明，是指对产品、方法或者其改进所提出的新的技术方案”，该条强调发明应当是“技术方案”，即利用自然规律、采用技术手段、实现技术效果的技术方案。如果计算机程序实现的诊断方法的方案本身，未采用技术手段解决技术问题，那么即使撰写为如权利要求 2－5 所示的形式，仍然可能因违反专利法第 2 条第 2 款的规定而被排除授权。

风险二，在撰写为权利要求 2－5 所示的形式时，即使满足了保护客体，仍存在被审查员以不符合专利法第 26 条第 4 款规定为由排除授权的可能。

风险三，不排除在未来的审查实践中，可能会发生审查思路的调整：即考虑到权利要求 2－5 与现有技术的区别特征属于非技术特征、对创造性的判断不产生影响，而被认为不具备专利法第 22 条第 3 款规定的创造性。

（四）结论

尽管未来也可能存在某些风险，但是对于专利申请人而言，在撰写此类专利申请时，在注意强调其技术性特征、并将技术性特征体现于权利要求的基础上，还是有望解决客体问题的。

总的来说，《审查指南》的修改对于计算机程序实现的疾病的诊断方法而言，无异于一股春风——终于有了可以获得专利权的途径。而未来此类案件的审查标准究竟会是怎样，让我们拭目以待。

苹果公司在中国教育领域的专利布局①

专利无效专业组　彭燕律师

据彭博社报道，申请专利在科技行业是一件很平常的事情，但只要苹果这样的巨头参与，就会让不少公司感到恐慌。苹果公司在中国共有专利申请5000多件，主要涉及触摸屏、电容屏、电脑终端设备、图形用户界面交互、手机、通信技术、人工智能等多个领域。

当今中国，教育行业无疑蕴含着巨大的市场和潜力，那么苹果公司对中国教育市场如何看待？苹果公司在中国的教育领域又进行了哪些专利布局？本文对此进行了统计分析。

一、苹果公司在中国教育领域的专利情况

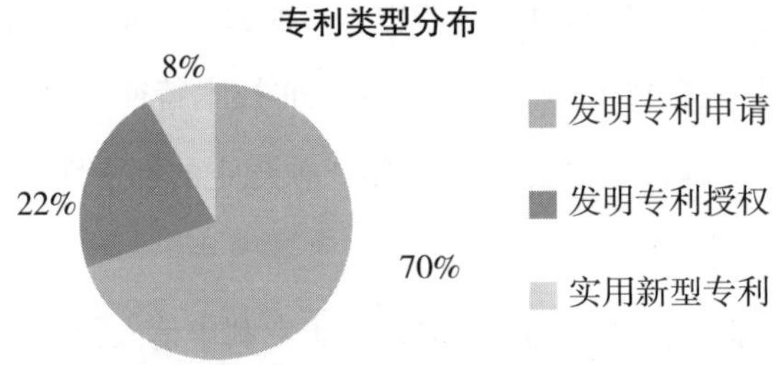

图一　苹果公司在中国教育领域专利类型分布

从专利公开数据来看，苹果公司在中国教育领域的专利数量为132件，如图一所示，132件专利中以技术含量高、保护期限久的发明专利申请为主，目前有

① 本文的数据均来自专利公开数据，统计截至2017年5月10日，供交流参考。

近30件发明专利已获得授权。

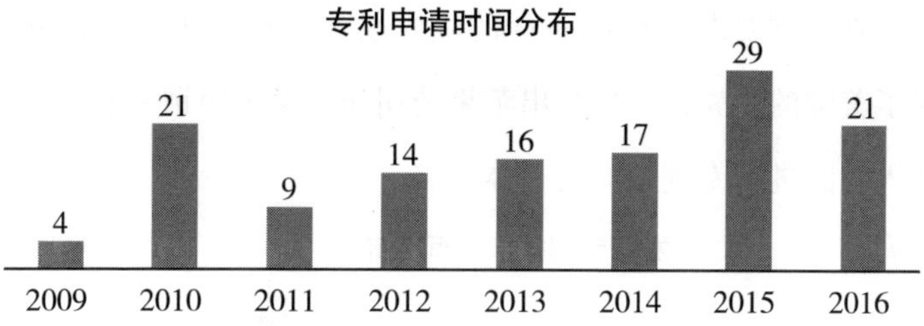

图二　苹果公司在中国教育领域专利申请时间分布

从专利申请的时间分布来看，如图二所示，苹果公司早在2009年已经开始着力于中国教育领域的专利布局，这一举措也反映了苹果公司对于“教育领域就是品牌意图竞争的市场”的认识，及早进行专利申请反映出其专利策略的前瞻性。

同族专利的数量通常反映出专利申请人在全球市场的发展分布，也从另一个角度反映出申请专利的技术的重要程度。在这132件专利中，仅有4件专利是没有同族专利的，大部分都有不止一个同族专利。其中，一项“用于操纵软键盘的装置、方法和图形用户接口”的发明专利的同族数量竟然高达64件，一项涉及可在教育设备中所用到的电子设备的实用新型专利的同族数量也高达49件。整体而言，大部分专利的同族数量集中在5－15件之间。

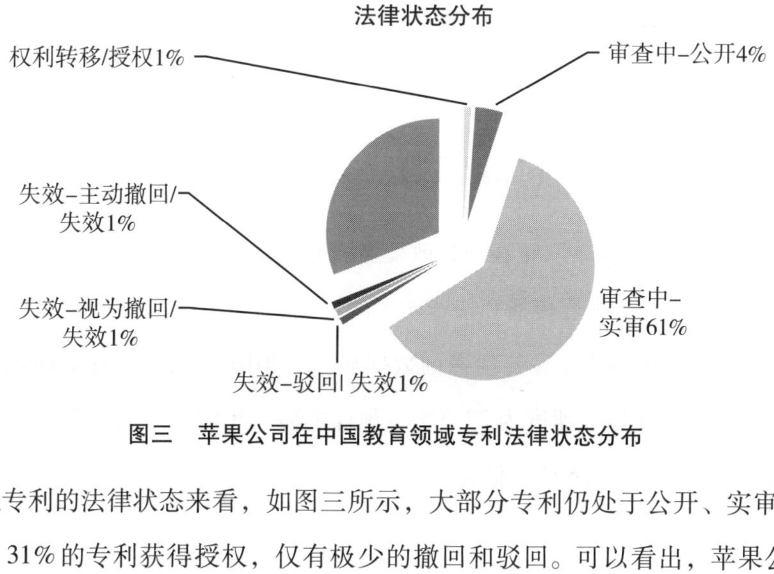

图三　苹果公司在中国教育领域专利法律状态分布

从专利的法律状态来看，如图三所示，大部分专利仍处于公开、实审状态，并已有31%的专利获得授权，仅有极少的撤回和驳回。可以看出，苹果公司的专利授权率很高，这也反映出苹果公司高水准的专利撰写质量。

除了极个别专利要求了 CN、WO 的优先权（累计仅 7 频次）外，绝大部分专利均要求了美国的优先权，反映出苹果公司先在美国申请专利、进而以巴黎公约等方式进入我国进行专利布局的整体策略。

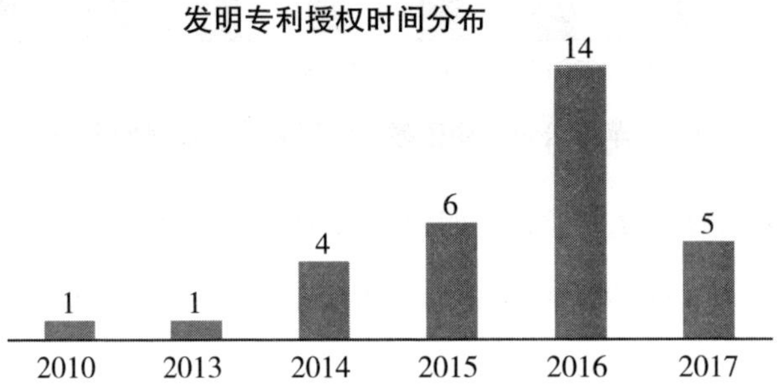

图四　苹果公司在中国教育领域发明授权量时间分布

对苹果公司已经获得授权的专利的授权时间进行统计，如图四所示，尽管早在 2009 年苹果公司已经开始申请，但是在 2015 年以前，每年的专利授权量仍然非常少。直到 2016 年，获得专利授权的数量突然增至 14 件。而在 2017 年，截至本稿统计时间 2017 年 5 月 10 日，已经公告的专利授权量已多达 5 件，可以预计 2017 年将至少维持 2016 年的专利授权水平。苹果公司近两年专利授权量的增长，一方面与专利审查标准的调整相关联，另一方面也是苹果公司提早进行相关专利申请、终于守得花开的成果。

二、“互联网 +” 下的新机遇

近两年，“互联网 +” 正在快速改变教育行业的游戏规则，通过应用信息科技和互联网技术进行内容传播和快速学习的在线教育，具有效率高、方便、低门槛、教学资源丰富的特点。艾瑞咨询数据显示，2016 年在线教育市场规模达到 1560.2 亿元，同比增长速度为 27.3%；预计之后几年将继续保持 20% 左右的速度增长，到 2019 年达 2692.6 亿元。

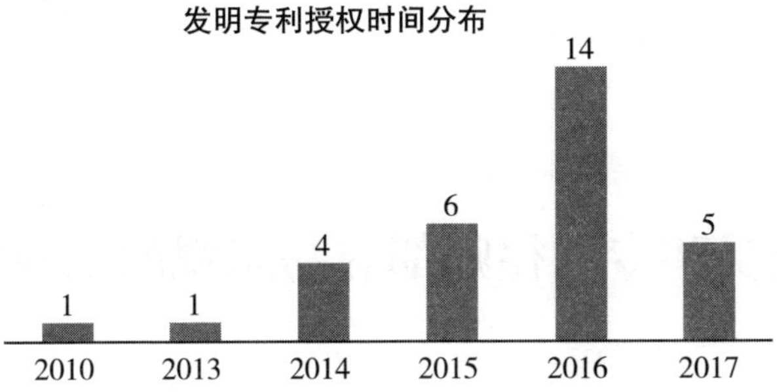

图五 2012－2019 **年中国在线教育市场规模（来自网络）**

“互联网＋”同样在推动《专利法》的进步。国家知识产权局网站发布的《〈专利审查指南〉修改解读》（2017－3－31）明确指出：

“在当前‘互联网＋’发展模式下，互联网与经济社会各个领域深度融合，技术领域与非技术领域、技术性与非技术性特征的界限开始变得模糊，很多传统上认为涉及商业领域的专利申请已不宜从保护客体上直接排除其获得专利权的可能性，而应继续审查，判断其对现有技术的贡献是否足以获得专利保护的对价交换。

对于涉及商业方法的专利申请的审查标准的调整，需要将有关客体与‘三性’的法律条款统筹考虑。此次修改并未具体涉及‘创造性’审查内容，未来在《指南》修改过程中，还需要进一步深入研究和论证。”

以上或可看作国家知识产权局释放出的未来对涉及商业方法的专利审查标准将有松动的信号。以苹果公司为例，其已有 2 件涉及在线教育的专利申请获得授权（其中，1 件的授权时间是 2016 年下半年，另 1 件授权时间则为 2017 年 3 月 1 日）。

综上，在“互联网＋”的春风下，在线教育形势一片大好，在此，小编提醒一下，在争抢资本和市场的同时，国内各公司应向苹果公司学习，及早进行专利申请布局，方可着力于长远，守住未来。

审查员和专利律师都容易忽视的法律问题

——技术问题本身是否容易被发现

专利无效专业组　慕丹律师

创造性判断中，显而易见性判断的第二步为“确定发明的区别特征和发明实际解决的技术问题”，此处的技术问题是否本身属于容易被发现？是否发现该问题本身就已经需要创造性劳动？——这个法律问题无论是审查员在审查过程中，还是专利律师在代理案件的过程中，都容易忽视。这个法律问题虽然罕见，但是如果把握准确，极有可能让一个案件咸鱼翻身。

有些专利案件会出现这种情形，需要考虑技术问题本身是否容易被发现，即技术问题本身是不容易被发现的，该技术问题的发现本身在所属领域中就具备了创造性贡献。所以即使解决这个问题的手段被公开了或者属于公知常识，技术问题本身不容易被发现这个原因也会直接导致所涉申请的方案具备创造性。

对于上述问题，有观点认为，技术问题本身是否容易被发现是独立于“三步法”之外的辅助判断标准，如果技术问题本身不容易被发现，直接可以得出具备创造性的结论从而推翻依据“三步法”得出的相反结论。而笔者认为，技术问题本身是否容易被发现应在“三步法”的第二步——“确定发明的区别特征和发明实际解决的技术问题”中予以考虑，而不是独立于“三步法”之外的单独的辅助判断标准。

首先，所述技术问题应为客观的，不是记载声称的，也不是凭空得到的，而应当是“发明实际解决的技术问题”，即为本领域技术人员在“三步法”中依据最接近的现有技术得到区别特征之后，再根据该区别特征在发明整体方案中所得到的技术效果确定的。

其次，当得到该“发明实际解决的技术问题”之后，此时应该对该问题对于本领域技术人员是否容易被发现进行判断；本领域技术人员应具备如下能力：充分理解本发明的技术方案以及充分掌握相关领域的普通技术知识和相关现有技术，在此基础上对现有技术中存在的不足和问题进行合理分析；基于如上能力，本领域技术人员对于该问题是否容易得到做出一个客观的合理分析。

最后，笔者认为，当本领域技术人员认为该问题没有达到不容易被发现的程度时，此时应当进入“三步法”的后续步骤进行显而易见性的判断；但当本领域技术人员认为该问题不容易被发现时，此时可以终止“三步法”的判断过程，不必进入第三步显而易见性的判断，而直接得出具备创造性的结论。当然，此种情形虽然存在，但是极其罕见，而一旦出现，则属于一种直接决定显而易见性结论的捷径。下面笔者给大家分享一个典型案例。

【案情简介】

某申请涉及一种胃肠道片剂，其具有抗胀气和抗酸的疗效，其主要成分有：二甲基硅油，抗酸剂，并在二甲基硅油以及抗酸剂之间设置屏障。

现有一篇对比文件 D2，公开了一种胃肠道片剂，也使用了二甲基硅油和抗酸剂作为主要成分，其要解决的技术问题是，防止二甲基硅油迁移向抗酸剂，因为二者接触会降低二甲基硅油的消泡作用和抗胀气作用。在 D2 中公开了两个方案：（1）二甲基硅油吸收于大量的山梨醇等载体上形成颗粒，与抗酸剂颗粒，混合压片；（2）替代方案是，上述两种颗粒分别形成层。通过比较可知，本申请与 D2 的区别是，本申请在二甲基硅油以及抗酸剂之间设置屏障。同时还发现另一篇对比文件 D1，其公开的方案为：化合物 A，化合物 B，并在两种化合物之间设置屏障。

申请人提供了实验证据来证明，本申请的提供屏障的方法在药效上要优于

D2 的两种方案，本申请的这种方案在药物表现上提供了惊人的差异，尽管 D2 的方案已经足以将二甲基硅油与抗酸剂分离开。

【案例分析】

本领域技术人员均知晓，二甲基硅油的作用是抗胀气的，抗酸剂的作用是抗酸，但是这两种物质一旦接触就会降低前者的抗胀气作用，所以要把它们分离，防止液态的二甲基硅油向抗酸剂迁移。这样做的最彻底的办法就是设置屏障，正如 D1 那样，但是制药领域一般不这么做，原因是技术实现比较复杂。而从二甲基硅油和抗酸剂这样的具体化合物来看，根据 D2，为了防止二甲基硅油的迁移，采用了一种利用大量载体的办法，并且提出了两种替代方案。考虑到 D2 的目的就是将这二者分离开，那么没有理由认为 D2 没有有效分离这两种物质，尤其是方案（2）已经将这两者的接触降至最小。由于 D2 已经用其他方式实现了两种物质的分离，同时 D2 片剂的缺陷在本申请优先权日之前尚未被本领域技术人员所知，并且由于设置屏障技术具有上述缺陷，本领域技术人员不会意识到在 D2 的基础上增加屏障。并且从屏障具有根本的实质性效果这一认识来看，其结果是不可预见的，因而本申请请求保护的基于此的改进就具备创造性。

上述考虑必须基于这样一个前提：D2 片剂的缺陷在本申请优先权日之前尚未被本领域技术人员所知。

简言之，虽然 D1 提供了屏障，但是既然现有技术中对于这两种具体化合物已经有不同的可以实现阻止迁移的更简便的方法，那么本领域技术人员显然就会采用 D2 的方法，而不是屏障，除非证明 D2 的屏障方案有缺陷。但是在优先日之前并没有发现 D2 有这样的缺陷。所以，本申请中通过插入屏障来解决现有技术中未知的问题，也就是不容易发现的技术问题，且获得了技术效果，是具备创造性的。

【结语】

上述案例是比较罕见的由于发明实际解决的技术问题本身不容易被发现而具

备创造性的情形，重点强调此种情形必须满足的前提条件是："本领域技术人员"在"申请日（或者优先权日）"之前基于其具备的能力并不能容易地发现所述技术问题。

关于该种情形，虽然我国相关法规还未有明确规定，但是欧局的2009版《审查指南》以及之前的版本中有这样的规定："……可以基于下述方式得到一项发明：(i) 提出一种新的构思或尚未被认识到的待解决的问题……"

虽然从欧局2010版《审查指南》开始，上述情形被删除，但是2010版以及随后版本的caselaw中仍旧保留了"问题发明"章节以及相应案例。

笔者经研究认为，欧局虽然从《审查指南》中删除了该情形，将其保留在caselaw中，但是并不是否认该种情形的存在，而仅是不再从指南层面对该情形进行强调，或者应理解为更推荐使用显而易见性来对相应案例进行分析，也能得到同样的结论。例如前述案例，既可以在"三步法"（欧局称为"问题-解决方案方法"）的第二步直接得到具备创造性的结论，同样的情形也可以进入第三步显而易见性中进行分析，例如"D2中不存在将D1中的屏障结合进来的改进动机，因此不具备结合的技术启示"，仍旧可以得到具备创造性的结论。

综上，笔者认为，技术问题本身是否容易被发现在创造性判断过程中是必须要考虑的因素，其应当是在"三步法"的第二步予以考虑；但是有严格的前提，即"本领域技术人员"在"申请日（或者优先权日）"之前基于其具备的能力并不能容易地发现所述技术问题，只有当严格满足该条件时才可以得出该技术问题不容易被发现，从而所涉发明具备创造性的结论。

因此，这种情形虽然可以成为直接决定显而易见性结论的捷径，但是却十分少见，但其对结论的影响足以说明其必须考虑的重要性。

透过航空用合金，浅谈发明专利的创造性问题

专利无效专业组　张佳星律师

C919：中国首款完全自主知识产权的民用客机。先进材料首次在国产民机大规模应用，第三代铝锂合金材料、先进复合材料在 C919 机体结构用量分别达到 8.8% 和 12%。新型铝锂合金不仅具有低密度、高弹性模量、高比强度和高比模量的优点，同时还兼具低疲劳裂纹扩展速率、较好的高温及低温性能等特点，被认为是航空航天最理想的结构材料。C919 首次大量使用铝锂合金，减重效果显著。C919 的研制标志着中国民用客机从无到有的发展，在中国航空历史上具有划时代的意义。

不言而喻，关键技术、先进材料的创新与突破，必然会有专利为其护航。笔者接下来将透过合金材料的相关专利审查情况分析，简要阐述如何把握发明专利创造性问题中突出的实质性特点和显著的进步。

一、法律依据

《专利法》第 22 条第 3 款规定，发明的创造性，是指与现有技术相比，该发明具有突出的实质性特点和显著的进步。

《专利审查指南》第二部分第四章，关于创造性问题的解释：

发明有突出的实质性特点，是指对所属技术领域的技术人员来说，发明相对于现有技术是非显而易见的。如果发明是所属技术领域的技术人员在现有技术的基础上仅仅通过合乎逻辑的分析、推理或有限的试验可以得到的，则该发明是显而易见的，也就不具备突出的实质性特点。

发明有显著的进步，是指发明与现有技术相比能够产生有益的技术效果。

二、案例解析

以下分别从正、反两个方面，阐述发明专利创造性问题中突出的实质性特点和显著的进步。

【正面案例：驳回复审后之发明具备创造性】

本案要点：

如果权利要求请求保护的技术方案与现有技术相比存在区别特征，且现有技术中没有给出将上述区别技术特征应用到该最接近的现有技术以解决其存在的技术问题的启示，也无证据表明上述区别技术特征属于本领域的公知常识，且本申请能够产生有益的技术效果，则该权利要求请求保护的技术方案与现有技术相比有突出的实质性特点和显著的进步，具备创造性。

案情分析：

申请号：201080026174.5

名称：用于生产尤其是用于航空工业的高性能部件的钛合金组合物

本复审请求针对的权利要求如下：

1. 一种钛合金，其尤其适合在接近 $\beta \rightarrow \alpha+\beta$ 多晶型转变温度的温度下热锻，以及加热到接近所述转变温度的温度进行热处理，除了构成大部分重量比例的钛以外，所述合金至少包括如下所述重量比的元素：

铝 4.0%~7.5%

钒 3.5%~5.5%

钼 4.5%~7.5%

铬 1.8%~3.6%

铁 0.2%~0.5%

铪 0.1%~1.1%

锆 0.1%~0.7%

氧 0.1% ~0.3%

碳 0.01% ~0.2%

其中铪和锆加起来的总的重量比不超过1%。

2. 如权利要求1所述的钛合金，其特征在于，所述合金还包括重量0.05% - 0.25%的硅。

3. 一种对由上述任一权利要求所述的钛合金制成的半成品进行热处理的方法，所述方法包括以下步骤：

加热到比合金的 β→α + β 多晶型转变温度低30 ~70℃的温度范围；

在所述温度停留2 ~5 小时；

冷却；

在540 ~600℃的温度范围内停留8 ~16 小时；

冷却。

驳回理由：原权利要求1 -4 不具有突出的实质性特点和显著的进步，不符合《专利法》第22 条第3 款规定的创造性。

复审请求人认为：对比文件均未提及双相钛合金的稳定性问题，更没有提到钛合金中铝和氧含量增加导致的问题，通过添加铪元素避免铝和钛的氧化相的形成来解决“氧含量增加”的技术手段对本领域技术人员来说是非显而易见的，因此该技术方案具有创造性。

原审查部门在前置审查意见书中认为，铝和氧含量增加会使钛合金变脆属于本领域的普通技术知识，对比文件提到了铪在钒钛合金中具有降低杨氏模量并提高钛合金强度的作用，本领域技术人员有动机将铪加入双相钛合金来实现降低杨氏模量并提高钛合金强度的目的，也必然达到了防止钛合金变脆的作用。因而坚持驳回决定。

复审通知书指出：权利要求1 -4 不具备专利法第22 条第3 款的规定。

针对上述复审通知书，复审请求人提交了意见陈述书和修改后的权利要求书（详见上述“本复审请求针对的权利要求”）。

合议组认为：

本领域技术人员无法推断背景技术中的钛合金适合进行上述热锻和热处理；本申请所要解决的技术问题是通过向钛合金添加铪来促进合金相的沉淀，从而避免铝和钛的氧化相的形成，提高钛合金材料的韧性，对比文件并没有给出相应的技术启示。因此，无法获得为解决本申请的技术问题寻找解决办法的技术启示，也没有证据表明上述技术特征属于本领域的公知常识。

根据本申请说明书的记载，通过在钛合金中显著增加铪的含量，有利于合金相的沉淀，且铪能像锆一样，通过与 α 相钛形成固溶体来提高 α 相钛的稳定性，并在 β 相中具有连续的可溶性，与 α 相的钛完全混溶，从而能够获得具有更好的机械性质潜力的钛合金组合物，取得了有益的技术效果。

然而，对比文件并未提及添加铪和锆对于钛合金韧性的影响，均不涉及对钛合金韧性的改进，故本领域技术人员没有动机选择向钛合金中添加铪和锆并确定合适的含量，即对比文件没有给出获得上述区别技术特征的启示，因此，根据现有证据不足以认定权利要求 1 的技术方案对本领域技术人员而言是显而易见的。同样，驳回决定中关于权利要求 2、3 不具备创造性的理由也不能成立。[①]

【反面案例：驳回复审后之发明仍不具备创造性】

本案要点：

在判断权利要求的创造性时，首先将权利要求与现有技术中最接近的技术方案进行比较分析，找出区别特征，随后判断这些区别特征的引入对于本领域技术人员而言是否是显而易见的。如果本领域技术人员根据现有技术教导或启示能够引入上述区别特征，而且得到的技术方案没有产生预料不到的技术效果，则应当认为该权利要求不具有突出的实质性特点和显著的进步，不具备创造性。

① 第 103301 号复审决定书。

案情分析：

申请号：200680019898.0

名称：用于飞机机身的高韧度的铝－铜－锂合金板材

驳回决定中指出：权利要求1－23不符合专利法第22条第3款的规定。

复审请求人认为：本申请属于选择发明，对于合金元素的含量选择使得板材性能有了明显改善；对于工艺参数，尤其是拉伸的永久变形量的选择取得了预料不到的技术效果；并补充实验数据以证明所取得的预料不到的技术效果。

复审通知书指出：权利要求1－23相对于对比文件1结合本领域常规选择不具备创造性。

复审请求人于2011年6月27日提交了意见陈述书，同时对权利要求书进行修改，将权利要求1中的“控制拉伸所述板材至永久变形1%－5%”修改为“1%－4%”；并再次补充实验数据，表明控制拉伸对韧性的影响，以证明修改后的权利要求具备创造性。

以下重点阐述合议组对权利要求1不具备创造性的决定理由。

修改后的权利要求1如下：

“1. 一种制造具有高韧度和高机械强度的铝基合金板材的方法，其中：

a）制造一个金属熔池，所述金属熔池以重量计包括以下成分：3.0%～3.4%的Cu；0.8%～1.2%的Li；0.2%～0.5%的Ag；0.2%～0.6%的Mg和至少一种选自Zr、Mn、Cr、Sc、Hf和Ti的元素；如果选择上述元素，所述元素以重量计的量是：0.05%～0.13%的Zr；0.05%～0.8%的Mn；0.05%～0.3%的Cr和Sc；0.05%～0.5%的Hf和0.05%～0.15%的Ti，其余为铝和不可避免的杂质，补充条件是：Cu和Li的量满足下式：

Cu（以重量百分比计）+5/3Li（以重量百分比计）<5.2。

b）以所述金属熔池为原料浇铸一块板。

c）在490～530℃之间的温度均化所述板5～60小时。

d）将所述板轧制成最终厚度在0.8mm和12mm之间的板材。

e）将所述板材进行固溶热处理并淬火。

f）控制拉伸所述板材至永久变形1% ~4%。

g）通过在140 ~170℃加热5 ~30 小时对所述板材进行回火。”

对比文件1公开了一种低密度、高强度、高韧性的铝锂合金及其制造方法，该合金的制造方法包括以下步骤：a）浇铸成分为CuaLibMgcAgdZreAlbal 的铝合金，其中2.8 < a < 3.8，0.8 < b < 1.3，0.2 < c < 1，0.2 < d < 1，0.08 < e < 0.4，余量为Al和杂质，且Cu（wt%）+1.5Li（wt%）<5.4；b）加热铸锭以消除应力；c）先在940℉（504.4℃）均化8小时，然后在1000℉（536.1℃）均化36小时；d）将铸锭轧制成所需厚度的板材；e）将板材固溶热处理并淬火；f）拉伸板材至5% ~11%；g）在320 ~340℉（160 ~171℃）对板材进行人工时效12 ~32 小时，相当于回火处理。

合议组认为：

权利要求1与对比文件1区别在于：

①权利要求1中Cu含量为3% ~3.4%，对比文件1中Cu的取值为2.8 < a <3.8。

②权利要求1中限定Cu（以重量百分比计）+5/3Li（以重量百分比计）<5.2，而对比文件1中Cu（wt%）+1.5Li（wt%）<5.4。

③权利要求1中均化温度为490 ~530℃，对比文件1中分两步均化，先在940℉（504.4℃）均化，然后在1000℉（536.1℃）均化。

④权利要求1中板材轧制的厚度为0.8 ~12mm，对比文件1中未具体记载轧制后板材的厚度。

⑤权利要求1中控制拉伸板材至永久变形1% ~4%，对比文件1中拉伸板材至5% ~11%。

可见，权利要求1的技术方案相对于对比文件1实际解决的技术问题是：通过选择合适的工艺参数从而优化制备方法。对本领域技术人员而言，工艺参数的优化选择是改进制备方法的常规技术手段之一，因此，判断权利要求1的技术方案是否具备创造性的关键在于，上述工艺参数的选择是否能够产生预料不到的技术效果。

对于区别技术特征①，本申请说明书记载了 Cu 含量合适的范围在 2.7% ~ 3.4%，优选为 3.0% ~3.4%，更优选为 3.1% ~3.3%，但是并未记载铜含量高于 3.0% 有何有益效果，以及低于 3.0% 会带来何种不利；实施例中具体的铜含量为 3.3% 和 3.2%，并没有铜含量在 3.0% 以下及以上的对比例，从而无法比较在性能上的区别；而对比文件 1 中已经公开 Cu 含量为 2.8 这一具体值，其落入了 2.7% ~3.4% 的范围，因此可认为本申请的 Cu 含量选择并未取得预料不到的技术效果。

对于区别技术特征②，说明书记载为了获得所需的韧度结果，可有利地在固溶热处理期间获得几乎完全的溶解，可通过限定铜和锂的总量来实现；对比文件 1 同样是通过调节铜和锂的成分，使铜和锂的含量之和保持在溶解极限以下，以便当其暴露于高温时避免韧度损失。二者所要解决的技术问题和采取的技术手段均相同，本领域技术人员能够在对比文件 1 公开的内容的基础上，根据需要进一步选择合适的铜和锂含量关系的临界参数，本申请中也未记载该选择能带来何种预料不到的技术效果。

对于区别技术特征③，对比文件 1 权利要求 3 公开了在 940℉（504.4℃）进行均化，对比文件 1 说明书公开了在 650 ~ 1000℉（341.6 ~ 536.1℃）均化铸锭 20 ~ 40 小时，本领域技术人员同样能够在对比文件 1 的基础上进一步选择合适的均化温度，该选择也未带来预料不到的技术效果。

对于区别技术特征④，对比文件 1 说明书公开了合金 A—F 轧制的厚度约为 12mm，即现有技术已有将铸锭轧制到 12mm 的技术启示，因此，对比文件 1 公开的具有相似成分、采用相似工艺制备的铝合金同样也能根据实际需要，将其轧制到 0.8 ~ 12mm 的厚度。

对于区别技术特征⑤，说明书记载了，产品经受 1% ~ 5% 并优选 2.5% ~ 4% 的控制拉伸，当控制拉伸变形大于 5% 时，韧度趋于减少，对于大于 5% 的永久变形，Kahn 试验结果特别是 Eg 趋于减少，这是提供不超过5%的永久变形的原因；同时在实施例2－3中针对不同的永久变形率进行了性能测试。可知，对于永久变形量在大于5%时，韧度减少，产品性能会产生不利的影响；但是，变形量在4%～5%之间时，产品性能并无太大的变化，即变形量从5%减少至4%时，该选择并未带来预料不到的技术效果。

综上所述，本领域技术人员在对比文件1的基础上对具体合金成分和工艺参数进行常规选择就能得到权利要求1的技术方案。同时，对比文件1公开的制备方法得到的合金也具有高韧度和高强度，即上述区别技术特征的引入也没有使得权利要求1相对于对比文件1产生预料不到的技术效果。因此，权利要求1不具备专利法第22条第3款规定的创造性。①

三、小结

综合上述两个案例：

判断发明是否具有突出的实质性特点，就是要判断对本领域的技术人员来说，要求保护的发明相对于现有技术是否显而易见，通常可以按照以下三个步骤进行：第一，确定最接近的现有技术；第二，确定发明的区别特征和发明实际解决的技术问题；第三，判断要求保护的发明对本领域的技术人员来说是否显而易见。

在评价发明是否具有显著的进步时，主要应当考虑发明是否具有有益的技术效果。

在合金领域中，成分及元素的含量、比重不同，将很可能对合金材料的性能产生明显不同的影响，而工艺参数、实验数据对其所产生的技术效果的评定起关键作用。我们在通过上述方法进行判断时，重点需要依据区别技术特征确定发明实际解决的技术问题，避免“事后诸葛亮”错误的产生。当这种新技术表现出

---

① 第34579号复审决定书。

预料不到的性能或者优点时，该发明具备创造性。

因此，若权利要求请求保护的技术方案与现有技术相比，具有突出的实质性特点和显著的进步，则此技术方案具备创造性；与此同时，在合金领域的专利创造性问题判断过程中，我们也需要注意整体考虑。

人工智能机器人的专利创造性问题

专利无效专业组　张佳星律师

2017 年夏天的高考，迎来了两位特殊的考生，他们分别是北京“考生”Aidam，是学霸君推出的智能教育机器人；成都“考生”AI – Maths，是成都准星云学科技有限公司开发的人工智能系统。Aidam 解答 2017 年高考文科数学试题，仅用 9 分 47 秒就完成所有答题，成绩为 134 分；AI – Maths 解答 2017 年高考北京文科数学卷和文科全国数学卷Ⅱ，分别用时 22 分钟和 10 分钟，获得 105 分和 100 分的成绩。[①②] 两位高考“达人”的诞生，是人工智能技术发展的结晶。

在京举办的 2017 世界机器人大会，专家委员会发布《机器人领域十大最具成长性技术展望（2017—2018 年）》，对机器人领域十大最具成长性技术作出介绍，分别是：柔性机器人、液体金属控制技术、生肌电控制技术、敏感触觉技术、会话式智能交互技术、情感识别技术、脑机接口技术、自动驾驶技术、虚拟现实机器人技术、机器人云服务技术。

在激烈的市场竞争中，技术的成长、创新与突破必定离不开专利为其保驾护航，人工智能机器人同样也不例外，其主要分为工业机器人、服务机器人和特种机器人三大领域。《2017 中国机器人产业发展报告》对我国机器人技术特征分析到：我国在人工智能领域技术创新不断加快，中国专利申请数量与美国处于同等数量级，特别是计算机视觉和智能语音等应用层专利数量快速增长，催生出

① https：//baike. baidu. com/item/AI – MATHS/20831075？fr = aladdin

② 赵婀娜，程正坤：《机器人挑战高考，如何影响教育生态?》，载《创新时代》2017 年第 9 期。

一批创新创业型企业。我国在多模态人机交互技术、仿生材料与结构、模块化自重构技术等方面也取得了一定进展，进一步提升了我国在智能机器人领域的技术水平。①

然而，我国智能机器人关键技术的发明，仍有很大的发展空间，企业需积极提升机器人领域各项技术的研发水平和自主创新能力，并不断改进及完善专利布局工作，以最大程度增加专利授权。

此前，已有部分且涵盖多个技术领域的机器人相关专利申请在实审过程中曾面临驳回风险，但经复审过程认定，具备专利法第 22 条第 3 款规定的创造性。如下，笔者将通过其中部分案例，简要分析本领域专利的创造性问题。

【案例一】 CN200810115616.8，名称为“一种分布式多传感器移动机器人系统”，复审请求人为：中国科学院自动化研究所。

在第 48993 号复审决定中，针对本申请权利要求 1 与对比文件 1 的区别技术特征进行分析：第一，对比文件 1、2 至少均未公开本申请权利要求 1 中的如下技术特征“底层控制部的语音传感器和视觉传感器与上层控制部的 DSP 内核相连，负责处理视觉、语音信息，ARM 内核一端与 DSP 内核单元相连，另一端与人机接口和 CAN 总线连接端口相连，负责信息综合、定位导航、外部通信、任务调度和控制决策”；第二，对比文件 1 并未公开采用包括 DSP 内核和 ARM 内核的 DMSoC 双核处理器的技术内容，也未给出应用上述区别技术特征的技术启示；本领域技术人员也无法从对比文件 2 中获得任何关于 ARM 内核控制管理的技术启示；第三，区别技术特征也并非本领域的公知常识。

并且，本申请的上层控制部采用包括 DSP 内核和 ARM 内核的 DMSoC 双核处理器和定制的嵌入式系统，ARM 内核一端与 DSP 内核单元相连，另一端与人机接口和 CAN 总线连接端口相连，实现了对处理复杂传感器信号的处理，使机器人系统能够满足复杂环境下工作的要求，使本申请取得了有益的技术效果，因此

---

① 中国电子学会：《2017 中国机器人产业发展报告》，2017 年 8 月。

具备突出的实质性特点和显著的进步，因而具备创造性。[①] 目前，此专利已为授权状态。

【案例二】CN201480000563.9，名称为“上肢康复机器人系统”，复审请求人为：中国科学院自动化研究所。

第124536号复审决定中认为，如果作为现有技术的对比文件未公开权利要求中的某技术特征，也未给出应用该技术特征以解决相应技术问题的技术启示，且该技术特征不是本领域的公知常识，则该权利要求相对于该对比文件具备创造性。

复审决定指出，相对于与对比文件的区别技术特征，权利要求1实际要解决的技术问题是：提高康复机器人的训练效果和人机交互体验以及采用更有效的方式对康复机器人进行驱动。且区别技术特征中存在“关于对称的五连杆结构”这一特征，即“第一转动关节和第二转动关节不同轴，第一转动关节和第二转动关节之间的基座，以及第一连杆、第二连杆、第三连杆、第四连杆共同构成5连杆并联机构，患者训练时握住位于第五转动关节上的手柄，从手柄向基座看左右两侧各有两根连杆，成对称结构”。

对比文件既未公开上述“关于对称的五连杆结构”，也没有证据表明其属于本领域的常用技术手段，因而无法得出权利要求1的技术方案。因此独立权利要求1的技术方案具有突出的实质性特点和显著的进步，具备创造性。[②]

【案例三】CN201410336377.4，名称为“一种基于双并联机构的台球机器人”，复审请求人为：温州市骐邦环保科技有限公司。

第124408号复审决定认为，权利要求所要求保护的技术方案与最接近的现有技术相比，存在区别技术特征，如果现有技术没有给出得到所述权利要求技术方案的任何技术启示，并且该区别技术特征给所述权利要求的技术方案带来了有益的技术效果，那么该权利要求具备创造性。

复审决定指出，本申请采用双并联结构的模式，将并联机构的理论用于台球

---

① 第48993号复审决定书。

② 第124536号复审决定书。

机器人，重点在利用并联机器人的体积小、结构稳定、运动精确的特点提高台球机器人的击球准确性。权利要求中限定的特征是一个相互关联、统一的整体，不可分割。

对比文件1公开了一种斯诺克台球机器人，但其所采用的技术手段和发明构思均与本申请不相同。对比文件2－4所解决的技术问题与本申请的台球机器人完全不同，没有给出应用于对比文件1的台球机器人控制系统的技术启示，本领域技术人员没有动机将对比文件2、3、4公开的特征应用于对比文件1。同时，没有证据表明将双并联机构用于台球机器人是本领域公知技术；且本申请技术方案带来了有益的技术效果。因此，权利要求1相对于对比文件1－4以及本领域公知常识具有突出的实质性特点和显著的进步，具备创造性。①

上述案例均阐述了经复审过程后，因技术方案具有创造性，避免了驳回的风险；反之，也有很多机器人相关专利申请因其技术方案不具备创造性而予以驳回，甚至授权专利仍然可能面临被无效的风险。

《专利法》第22条第3款规定：创造性，是指与现有技术相比，该发明具有突出的实质性特点和显著的进步，该实用新型具有实质性特点和进步。

因此，我们在把握机器人领域的相关专利是否具备创造性时，关键要综合评定以下几点：

（1）对比文件与本申请/本专利的技术领域是否相同。

（2）客观地判断本申请/本专利的权利要求与现有技术之间的区别技术特征是否为本领域公知常识。

（3）作为现有技术的对比文件是否公开了本申请/本专利权利要求中的技术特征，且是否存在解决相应技术问题的技术启示。

（4）多篇对比文件结合进行评述时，对比文件是否公开了权利要求的部分技术特征，以及对比文件之间是否存在结合启示。

---

① 第124408号复审决定书。

（5）本申请/本专利权利要求所要求保护的技术方案是否带来了有益的技术效果。

综合上述分析，我们可以看出，虽然我国在机器人领域已经获得了众多专利，但面对市场竞争，企业更需加快人工智能技术研发步伐，突破多项高精端技术，提升自主创新能力，同时高度重视专利布局，追求国内一流、世界一流的机器人品牌。

从专利布局，猜想“快速换电”的新能源汽车何时可实现产业化

信息网络与电子商务专业组　李嫄律师

截至 2017 年 12 月 8 日 24 时，小客车配置指标累计收到个人普通小客车配置指标申请和确认延期的共 2869423 个；有 51036 家企事业等单位申请普通小客车配置指标 85157 个；累计收到个人示范应用新能源小客车配置指标申请和确认延期的共 120376 个；有 4325 家企事业等单位申请示范应用新能源小客车配置指标 6540 个（消息来自北京市小客车指标调控管理信息系统）。

上述消息中，普通小客车指标的申请总数是新能源小客车指标的申请总数的 23.27 倍。而 2017 年 12 月份的个人普通小客车指标数量约 13900 个，中签率约为 0.0048。

面对如此之低的中签率，为什么大家不愿意切换到新能源的阵营呢?

经了解，国内已经上市的纯电动汽车中，综合工况下的续航里程集中在 150 公里至 400 公里之间；而燃油车的一箱油在综合工况下续航里程一般不小于 500 公里。电动汽车续航里程短成为人们不愿意购买电动汽车的重要因素之一。

目前国内大多数新能源企业所采取的电动汽车续航方式是充电，现已上市的新能源汽车，快充充满至少要 40 分钟，慢充充满一般需要 4 小时以上；而燃油车加满一箱油需要多久呢？不超过 3 分钟。

因为充电时间长，有些新能源企业提出了新的续航方式：“换电”。顾名思义，换电是以直接更换汽车电池的方式来提供续航能量。笔者从某新能源汽车的

官方网站上看到其声称，“换电站最快3~5分钟更换电池，完成车辆的续航”。然而，从现有的官方数据来看，国内还没有投产运行的换电站。那么，新能源汽车何时才可以真正实现换电续航呢？

笔者对国内已经公开的专利文件进行了检索（检索截至2017年9月1日）。经检索，笔者发现：

（1）特斯拉——作为“传统的”电动汽车制造企业，特斯拉申请了大量专利，而进入中国的、与电动汽车换电相关技术的专利申请数量为：1。该申请基本信息如下：

申请号：2014800321053

申请日：2014年5月22日

优先权日：2013年6月19日，该申请要求了2013年6月19日提交的题为“Battery Swapping System and Techniques”的美国临时申请第61 837 082号优先权。

发明名称：电池更换系统和技术

上述专利公开的技术方案，可以通过电池更换台使用另一电池组更换电动汽车里的电池组，以快速地补充电动汽车的电能。

（2）比亚迪——为数不多的使用磷酸铁锂电池的汽车企业，于20世纪90年代就开始申请专利，笔者检索到其已经公开的与电动汽车换电相关的专利寥寥无几。

（3）北汽新能源——也是一家为“新能源”而生的企业，其成立于2009年，自公司成立不久就开始申请专利，经检索，现北汽新能源公开了27组与快速换电有关的专利，在这些专利中：与换电装置相关的专利约占40%、与电池接口相关的专利约占30%、与可更换电池的安装相关的专利约占20%、与提高换电性能相关的控制类专利约占10%。这27组专利的申请日集中在2015年9月至2016年9月。

从上述的检索结果可以看出：

从布局时间上看，大量投产电动汽车的企业，如特斯拉、比亚迪、北汽新能源，从 2013 年或 2015 年开始在电动汽车的快速更换技术领域布局专利。据粗略统计，汽车领域的产品从立项到投产，约需 1 – 3 年，假设上述企业从项目立项起开始申请专利，可推算上述专利所涉及的换电方案，约在 2014 年至 2018 年可应用到相应产品上，然而，现阶段国内还并未有电池更换技术产品上线。

从布局数量上看，上述企业在电动汽车的快速更换技术领域布局专利的数量均较少。专利申请数量在一定程度上，可以反映这些企业对该方向技术的重视程度或者研发进度，少量的专利申请数量，可能意味着电动汽车的电池更换技术并不被这些企业看好，或者电池更换技术将要或已经处于技术瓶颈。

专利文献的公开滞后于技术方案的形成，笔者在不考虑该滞后因素的情况下，基于上述两个角度猜想，电动汽车电池的快速更换技术真正实现产业化，还有一段路要走。

（二）专利无效宣告

以"专利权人"的名义，适度放开无效程序专利文件的修改方式

专利行政专业组　薛晨光律师

2017年3月初，国家知识产权局发布了第74号令：《国家知识产权局关于修改〈专利审查指南〉的决定》已经局务会审议通过，予以公布，并自2017年4月1日起施行。此次《专利审查指南》（以下简称《指南》）的修改，自组建修改工作组、形成修改草案送审稿、公开征求意见至正式颁布，历时一年有余。

其中，关于无效宣告阶段权利要求修改方式的调整，使"专利权人"在无效宣告阶段具有更加灵活的修改方式，有效保证了专利权的公示性；同时，该修改方式的调整将无效程序专利文件的修改划定在权利要求书所记载内容的范围，使公众明确知晓专利权的保护范围存在边界且不能侵犯。

笔者认为，以"专利权人"的名义，适度放开无效程序专利文件的修改方式是公平、合理的。

一、适度放开无效程序权利要求的修改方式

修改前《指南》规定无效程序权利要求书的修改只能有三种方式，权利要求的删除、技术方案的删除和权利要求的合并。这三种修改方式不涉及单个技术特征的修改，只涉及技术方案的修改。因此，修改前《指南》实质上是将权利要求修改的最小单元限定为技术方案，即虽然可以修改技术方案，但不能修改其

中的单个技术特征。

《指南》修改后，保留了权利要求的删除和技术方案的删除两种修改方式，新增了修改方式——“权利要求的进一步限定”和“明显错误的修正”。

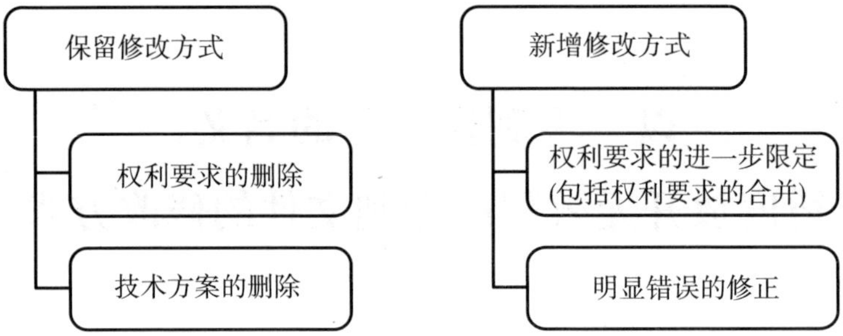

图一

权利要求的进一步限定，是指在权利要求中补入其他权利要求中记载的一个或者多个技术特征，以缩小保护范围。当所补入的技术特征来自两项或者两项以上相互无从属关系但在授权公告文本中从属于同一独立权利要求的全部技术特征时，则属于原有无效程序修改方式的一种：权利要求的合并。也就是说，这种修改方式包括原有无效程序的另外一种典型修改方式：“权利要求的合并”。

明显错误的修正，则为“专利权人”放开了明显错误的修改机会，从而在无效宣告请求程序中弥补笔误等形式问题引起的争议，以符合发明目的原则，即准确界定权利要求的保护范围。

《指南》中关于无效程序专利文件修改的上述变化，其本质在于，允许对技术特征的增替以缩小保护范围，无效宣告程序中权利要求修改的对象从技术方案到技术特征，也即，无效程序中权利要求书修改的最小单元改为“技术特征”，可修改的范围得以扩大，使得专利权人在无效宣告程序中对于已授权的专利权利要求的处置和完善有了新的途径。

二、理论与实务的必然

《专利法实施细则》第69条第1款规定，在无效宣告请求的审查过程中，发明或者实用新型专利的专利权人可以修改其权利要求书，但是不得扩大原专利的保护范围。

由此可知，“不得扩大原专利权的保护范围”，是无效程序修改的实质性要求。原则上，只要符合该规定的修改都合法。然而，如前所述《指南》修改前关于无效程序中权利要求书的三种修改方式，在一定程度上限制了专利权人在无效宣告请求程序中对专利文件的修改机会，缩小了法律规定所赋予的修改范围。

笔者认为，修改前《指南》关于无效程序中专利权人修改机会的限制，与专利制度下保护专利权人合法权益的立法本意并未达成完全一致；理论上，无效程序中的修改方式，只要不脱离专利权的保护范围，不会在公示性方面令社会公众陷入困扰，就应当被允许。

实务中，由于语言表达的局限性及发明人、专利代理人撰写水平等客观因素的影响，权利要求中出现撰写错误在所难免。专利申请文件经受理进入审查阶段后，《专利法》明确规定了申请人可以主动或者根据审查意见通知书所指出的缺陷对其专利申请文件进行修改，利用该审查过程的修改机会能够有效规避授权公告文本中明显错误的存在。

然而，难免会出现权利要求书中的撰写错误未被申请人及时注意到，也未被审查员发现的情况，以至在审查过程中没有得到及时修改。针对无效程序中请求人依据“撰写”条款所提出的无效理由，专利复审委员会通常持适当从宽的标准。

案例一：第 21570 号无效宣告请求审查决定书

涉案专利授权公告文本中的权利要求 1 – 3 如下：

1. 一种电连接器，包括绝缘本体、固定于绝缘本体上的导电端子及包覆在绝缘本体外侧的绝缘壳体，所述绝缘壳体设有前表面及贯穿所述前表面的收容空间，其特征在于：所述导电端子包括暴露于收容空间内用以与对接连接器接触的接触部、用以连接至电路板上的安装部及连接所述接触部与所述安装部的连接部，所述绝缘壳体以包覆成型的方式与绝缘本体结合在一起。

2. 如权利要求1所述的电连接器，其特征在于：所述绝缘本体设有若干侧面及位于至少一个侧面上的且与绝缘壳体相互扣合的凸块和凹槽。

3. 如权利要求2所述的电连接器，其特征在于：所述凹槽位于绝缘本体上且呈环形，所述凸块设于绝缘本体上。

请求人认为，权利要求3的附加技术特征“所述凸块设于绝缘本体上”，而说明书中记载的是“所述绝缘壳体3设有与凹槽114相配合的凸块314”，因此，权利要求3得不到说明书的支持，不符合专利法第二十六条第四款的规定。

合议组经查认定，根据说明书文字记载及附图明确显示的内容，该特征应为“所述凸块设于绝缘壳体上”，将“壳体”写为“本体”属于明显的笔误。所属技术领域的技术人员根据权利要求及说明书的记载，能够推断该明显笔误，并准确理解权利要求3所记载的技术方案，从而清楚地界定权利要求3要求保护的范围。

此外，说明书中也记载了“所述绝缘壳体3设有与凹槽114相配合的凸块314”，因此，该技术特征已记载在说明书中，能够得到说明书的支持。

但是，即便在该认定的基础上维持专利权有效，受限于《指南》修改前无效程序修改方式的限制，专利权人并没有修改该笔误的机会，并不利于专利权人利用无效宣告程序充分完善其专利文件，也无法更加明确地公示该笔误的更正性认定。

案例二：最高人民法院（2011）知行字第17号行政裁定书

专利权人在无效程序中提交了经修改的权利要求书，其中将涉案专利权利要求1中的配方比例“1∶10－30”修改为“1∶30”。该修改从连续的比例范围中选择了一个特定的比例请求保护。专利复审委员会作出第14275号决定，决定认定该修改不符合《指南》第四部分第三章第4.6节的规定，不予接受。

行政诉讼一审程序中，北京市第一中级人民法院认为：家化公司将原授权权利要求1中的比例“1∶10－30”修改为“1∶30”，而该“1∶30”的比例关系在原始权利要求书和说明书中均未明确记载。尽管本专利的说明书中记载了氨氯地平1mg/kg与厄贝沙坦30mg/kg的组合，但这仅表示药物具体剂量的组合，而不能反映整个比例关系，无法确定是否任意满足1∶30这个比例关系的组合均能达到与该组合相同的效果。专利复审委员会对此所作认定并无不妥之处，应予维持。

行政诉讼二审程序中，北京市高级人民法院认为：这种修改没有扩大本专利的保护范围，也没有超出原权利要求书记载的范围，更没有增加未包含在本专利授权的权利要求中的技术特征。判决撤销一审判决及第14275号决定，并判决专利复审委员会就本专利重新作出无效宣告请求审查决定。

行政诉讼再审程序中，最高院首先明确此修改不属于典型的并列技术方案的删除，但鉴于1∶30这一具体比值在原说明书中有明确的记载，且是其推荐的最佳剂量比，基于公平的考虑因素，允许这种特殊形式的修改方式的存在。

显然，1∶30这一具体比值包含在原始申请文本的权利要求书中，且该说明书中明确记载具有相应技术效果的最佳剂量比，在不违背禁止反悔原则和捐献原则的前提下，若不允许上述修改，则对专利权人在无效宣告阶段修改专利文件事实上已经有了诸多的不利限制，不符合最为基本的公平原则。

据了解，《指南》修改送审稿中的初步修改意见是“允许补入权利要求中或者说明书中记载的技术特征，允许修正明显错误”。受限于授权公告的权利要求书具有公示性，对专利文件的修改不能损害社会公众的信赖利益，最终颁布的《指南》修改稿中删除了“允许补入说明中记载的技术特征”，采用适度的尺度放开专利文件的修改方式。

《指南》的此次修改有效地平衡了专利权人与社会公众之间的利益，对于专利权人来说，在目前的法律框架下能够更大限度地利用专利法实施细则第69条第1款所赋予的权利，通过修改权利要求的方式弥补原始撰写缺陷、保持专利权的稳定性。

参考文献：

1. 石必胜：《论无效程序中权利要求书修改的最小单元》，载《知识产权》2015 年第 1 期。

2. 王晓东、张春艳：《专利无效宣告程序中权利要求书允许的修改方式》，载《中国知识产权》总第 98 期。

3. 第 21570 号无效宣告请求审查决定书。

4. 最高人民法院（2011）知行字第 17 号行政裁定书。

专利无效宣告中电子证据的使用

专利无效专业组　李向东律师

在专利无效宣告程序中，专利文献、公开出版物无疑是最有利的证据。但是，随着网络传播、移动通讯的日益发展，运用电子证据对于公开现有技术的证据的成功案例越来越多。而由于电子证据具有可删改、易编辑的不稳定性，专利权人往往会对于电子证据本身以及公开时间的真实性提出质疑，如何通过严谨的取证流程固化电子证据，尤其是电子证据的公开时间，是该证据能否达到证明目的的关键。以下，结合本人成功代理的案件以及复审委相关案例中对于电子证据的态度，对于专利无效宣告程序中电子证据的使用予以说明。

一、新闻报道类证据

随着纸质传媒的日益没落，大家通过网络获取新闻资讯越来越普遍。但是，网络新闻类证据时效性强，不容易保存，日后作为证据使用时如何证明其公开时间成为一个难题。

1. “广告”是一把双刃剑

通过企业年会宣传、推介新产品确实既节省了广告费，又能起到“广而告之”的实际效果。但是，如果不注意相配套的知识产权保护措施，这种“广告”就可能是一把双刃剑。

专利号为201030153865.4、名称为“前置过滤器（DJS－1－3T）”的外观设计专利历经六次无效宣告程序，均维持专利权有效。专利权人也据此在多地法院提起侵权诉讼，包括海尔、艾欧史密斯等很多国际、国内知名企业纷纷中招。

当一家国际知名客户找到恒都所对该专利第七次提起无效宣告请求时，恒都所律师全面分析了前六次无效宣告决定及相关证据，认为其中部分证据是可用的，但是鉴于前六次无效决定均未提起行政诉讼而已经生效，复审委相关认定具有一定的约束力，如果缺乏有力的新证据很难推翻既有认定。而专利文献证据经过六次无效基本已近穷尽状态，建议客户从使用公开证据的角度寻找突破口。

经过不懈的努力，终于检索到的一则专利权人的公告宣传网络新闻报道，是客户在公司年会上对其产品的宣传展示，我所律师对相关网页进行了公证证据保全。为了加强该证据的证明力，在请相关网站出具证明材料的基础上，还在国图检索到该公司年会的文字报道相互印证，并最终成功地无效了该专利。

复审委在第30219无效宣告请求审查决定中认定：证据4是由北京市国立公证处出具的（2016）京国立内证字第5858号公证书，显示慧聪网站（HC360. com）于2010年3月11日发布了“耐德净水新品展示　品牌腾飞吹响集结号”系列报道网页，该网页公开了“杭州耐德电器2010年经销商年会于2010年3月10日召开”，并进一步公开了“工作人员为各地经销商认真讲解净水设备”的图片，并且该图片显示了一系列净水设备。

证据5是慧聪网站出具的证明，证明该网页显示的时间为原始发布时间。证据6是国家图书馆出具的检索报告，其中显示2010年8月公开的期刊《现代家电》第68–69页刊发的文章“杭州耐德电器2010年经销商年会成功召开”，记载了该年会的召开时间为2010年3月10日。对此，合议组认为：首先，证据4的公证书显示公众在慧聪网站（HC360. com）通过检索“图片 耐德净水 2010”，能够自由浏览该网页“耐德净水新品展示　品牌腾飞吹响集结号”系列报道网页及其图片，并获悉耐德净水经销商年会的召开时间为2010年03月10日。

同时显示该网页上的内容以及发布时间与证据5中所附粘贴的网页完全相同，证据6也进一步记载了该年会的召开时间为2010年03月10日。因此证据4–6形成证据链证明证据4中的网页以及图片的真实性。并且慧聪网作为中国较大规模的净水领域的网络传播平台，具有较高的市场知名度。在没有证据证明该图片的上传时间存在修改的可能的情况下，则该图片的实际发布时间与网站公布时间应当一致。因此，合议组对证据 4 的图片的公开时间予以确认，早于涉案专利的申请日，其中所示的外观设计可以用于评价涉案专利是否符合专利法第 23 条第 2 款的规定。

2. 参加展会也要绷紧知识产权保护这根弦

陆风 X7 的“最佳模仿秀”，使得路虎揽胜拍案而起，而结果却是大大的出乎意料的“两败俱伤”，双方的专利均被国家知识产权局专利复审委员会宣告无效。

恒都所代理了路虎公司对于江铃控股有限公司的专利号为 201330528226. 5、专利名称为“越野车（陆风 E32 车型）”的外观设计专利的无效宣告案，以路虎公司的专利号为 201130436459. 3、专利名称为“机动车辆”的在先外观设计专利作为主要证据，复审委作出 29146 号无效宣告请求审查决定，宣告江铃控股有限公司外观设计专利无效。

但是，随后在江铃控股有限公司请求宣告路虎公司 201130436459. 3 专利无效案中，复审委也依据请求人提供的路虎公司在申请日前参加的车展中展示了与外观设计相同车型的证据，宣告路虎公司的外观设计专利无效。

复审委在 29147 号无效宣告请求审查决定中认定：证据 1 为（2014）京中信内经证字第 24856 号公证书，涉及搜狐网关于路虎公司携路虎极光车型参加 2010 广州车展的图片及图文报道打印件，图文报道的发布时间为 2010 年 12 月 20 日。

证据 2 为（2014）京中信内经证字第 24857 号公证书，涉及新浪网关于路虎公司携路虎极光车型参加 2010 广州车展的图文报道打印件，发布时间为 2010 年 12 月 20 日。合议组认为，鉴于证据 1 显示搜索过程无瑕疵，打印内容连续完整，当庭核实的信息表明相应网址和图片真实存在，百度搜索引擎和搜狐网站均是知名公司的知名网站，同双方当事人无利害关系，证据第 1 至 80 页内容主要显示为相关新闻报道类信息，专利权人仅仅提出质疑而没有提出有力证据予以反驳或者指出足够影响真实性的缺陷，在此情况下，合议组对证据 1 中第 1 页至第 80 页网页内容的真实性予以确认。在无相反证据的情况下，网页上的发布时间即为公众可以获知相关信息的时间，即可以作为专利法意义上的公开时间。

由于路虎公司对于参展车型没有申请专利，也没有事先做好知识产权保护预案（如《专利法》第 24 条“不丧失新颖性”的公开），导致其具有创意的外观设计无法得到专利保护，也给了模仿者可乘之机。虽然路虎公司提起了专利行政诉讼，但是撤销无效宣告请求审查决定的可能性不大。

3. 上电视“露脸”很风光的同时，也很危险

在涉及专利号为 201430212736.6、专利名称为“打蛋器”的外观设计专利无效宣告案中，请求人以经过公证的一段央视播出的视频作为无效宣告证据，复审委 28536 号无效决定中认定：

合议组对公证书原件进行核实后认为，该公证书公证过程连续严谨，文字信息与附件图片对应，图片清晰，公证内容无明显瑕疵，可确认公证书本身真实性。有关央视网视频的真实性和公开时间，合议组认为：互联网信息证据的证明力一般应当考虑信息发布来源的可信度，信息产生、存储、交流的方法或方式的可靠性。央视网作为中央电视台发布节目信息和内容的网站，其可信度较高；而本案涉及的具体视频是中央电视台经济频道播出的面向全国观众的新闻类节目，发布时间通常是由服务器自动生成，自发布时起即公开于网络。

对于新闻来说，内容真实性是其基本要求，从其发布目的和机制上来说，修改的可能性小。尽管专利权人由网页时时更新的参数质疑网页存在修改的可能性，但网页调整版面或侧栏广告更新等常见现象会使得网页参数发生变化，这并不意味着该网页播出的新闻节目有所修改，在没有足够的相反证据证明上述新闻视频被修改过的情况下，合议组对公证的“第一时间 看天下：鸡蛋混合器”视频截图的真实性予以确认，其上载明的发布时间 2014 年 5 月 2 日即为该视频的公开时间，此时间在涉案专利的申请日之前，其中所示的外观设计可以作为涉案专利的现有设计。

专利无效行政诉讼中的举证责任

专利诉讼专业组　薛晨光律师

前　言

证据在案件审理中的重要程度，在任何类型的案件审理中，确实、充分的有效证据均是捍卫司法公正的基础。作为专利法律行业从业者，笔者拟于此文中讨论专利无效行政诉讼中的举证责任问题。

专利无效行政诉讼案件中的证据举证，在多数情况下与其他行政诉讼案件基本相同，应当遵循“举证责任倒置”的基本证据规则。但是，专利无效行政诉讼案件又与行政处罚类、行政许可类等其他行政案件存在一定的差别。专利复审委员会所作出的无效宣告请求审查决定书（以下简称“无效决定”）是在专利法的基础上，结合无效阶段提出的证据进行，并非行政处罚类行政决定，只须依据一定的事实，遵照相应的规定即可作出。在此，笔者结合在专利无效行政诉讼案件中遇到的一些困惑，对专利无效行政诉讼举证责任的类型、分配以及注意事项提出几点自己的看法，与同业人员探讨。

一、问题及困惑——专利无效行政诉讼举证责任的分配

现行《行政诉讼法》中规定被告应负证明责任，也即，作为专利行政诉讼被告一方的专利复审委员会，对其作出的无效决定负有举证责任，应当提交其作出该无效决定所依赖的所有证据。然而，由于专利无效行政诉讼案件的特殊性，在专利无效行政诉讼程序中，举证责任并未“一刀切”地由专利复审委

员会提供，往往存在原告或者第三人提交部分相关证据的情形。你遇到过类似情况吗？

在笔者参与的一件专利无效行政诉讼中，笔者以原告（专利权人）代理人的身份提出被告没有对其作出的无效决定所依赖的证据进行举证，并且该审查决定所依赖的证据包含外文证据。根据《最高人民法院关于行政诉讼证据若干问题的规定》司法解释的第十七条“当事人向人民法院提供外文书证或者外国语视听资料的，应当附有由具有翻译资质的机构翻译的或者其他翻译准确的中文译本，由翻译机构盖章或者翻译人员签名。”（无效程序中双方当事人均确认译文准确性的情形下，诉讼程序仅提供无效程序提交的译文即可）在这种情况下，法官同意第三人（无效宣告请求人）提供外文证据的中文译文，而不是由被告对该外文证据进行举证。这样处理是否合适？

在另一件专利无效行政诉讼中，原告主张证据 A 证明了无效决定有误，然而法官提出没有收到此份证据，原告进一步主张说专利复审委员会应该对此进行举证，该证据是在无效宣告程序中提交过的。对此，法官的观点是，根据《行政诉讼法》的相关规定专利复审委员会仅对其行政决定所依赖的证据 B（无效决定中未评价证据 A）负有举证责任，对原告所要证明的事实并不负有举证责任。这种主张正确吗？

二、行政诉讼程序举证责任的一般规定

为了理清上面提及的问题及困惑，有必要先了解一下行政诉讼法的规定。

《中华人民共和国行政诉讼法》第三十四条、第三十五条、第三十七条规定：“被告对作出的行政行为负有举证责任，应当提供作出该行政行为的证据和所依据的规范性文件。被告不提供或者无正当理由逾期提供证据，视为没有相应证据。但是，被诉行政行为涉及第三人合法权益，第三人提供证据的除外。”“在诉讼过程中，被告及其诉讼代理人不得自行向原告、第三人和证人收集证据。”“原告可以提供证明行政行为违法的证据。原告提供的证据不成立的，不

免除被告的举证责任。”

行政诉讼的被告为作出具体行政行为的行政机关，以上法条确立了行政诉讼过程中的被告举证原则。该原则规定行政行为的合法性应该由行政诉讼中的被告进行举证，这种举证倒置主要是由于原告、被告客观地位与条件的不平等所决定的，以期保护行政相对人的权益。原告虽然可以提供证明，但是原告提供了证据仍然不免除被告的举证责任。

三、专利无效行政诉讼程序的证据类型及举证责任分析

专利无效行政诉讼程序所需要的证据，通常包括：无效决定、无效程序双方提交的证据、无效程序口审笔录以及诉讼程序必要的新证据。以上证据的举证责任需要分别对待。

（一）举证责任不能“一刀切”地由被告承担

上述证据全部依据行政诉讼过程中的被告举证原则由被告专利复审委员会承担吗？显然不是。

首先，原告为证明其主张所提出的新证据必然由原告完成举证责任。例如，原告认为被告关于某技术特征为公知常识的事实认定有误的，所提交的本领域公知常识证据为另外情形的工具书类证据。

其次，尽管专利复审委员会在无效行政诉讼中有提交无效决定的实际情况，无效决定原件通常是专利无效行政案件立案时的必要材料之一，在一定程度上原告立案时已进行了相应举证。

（二）合理的举证责任分配

除专利文献类无效证据外，通常还包括其他类型的公开出版类无效证据，例如，教科书、工具书、使用公开证据、公证书或者域外形成的证据。实际上，无效案件审结后，证据原件将返还给相关当事人，掌握在第三人或者原告手中，而专利复审委员会可能并没有证据原件。

根据实际的情况，专利复审委员会如果提交无效阶段无效宣告请求人或者专

利权人（也即专利无效行政诉讼的原告或者第三人）提供的证据，则必然无法提供证据原件，从而在根本上存在举证不能的情况。由此可见，专利复审委员会天然存在举证不能的缺陷。

如果无效决定所依赖的证据系在无效阶段由原告提供，那么是否必然由原告在专利无效行政诉讼中再次提供？这个问题应当一分为二来看，如果该原件的出示仅为证明真实性的问题，专利复审委员会能够通过无效口审笔录双方当事人关于原件核实的实际情况进行主张；如果法院需要进一步核实证据复印件外的其他内容，或者原告的主张提及该证据复印件外的内容，则由原告提交证据原件是合理的。

（三）关于无效程序口审笔录

需要说明的一点是，专利复审委员会可能提供口审笔录作为其在行政诉讼中强有力的证据。口审笔录是原告和第三人在专利无效程序中签字确认的事实，一般而言只有专利复审委员会能够获得。专利复审委员会可以利用该证据对于原告由于不服无效决定而对原来的证据发表不同的意见的情况予以反驳，达到禁止原告反悔的目的。因此，只要无效程序上不存在瑕疵，无效的口审笔录是专利复审委员会的重要武器。

专利无效行政程序审查的是无效决定的合法性：事实认定和法律适用。因此，即便原告以被告没有对其专利无效决定的行政行为合法性提供证据，若合议庭能够基于目前掌握的证据作出准确判断，原告主张则不会得到法院的支持。

特别是，《行政诉讼法》第三十四条第二款的但书部分明确规定了“但是，被诉行政行为涉及第三人合法权益，第三人提供证据的除外。”

专利无效行政诉讼必然会涉及第三人合法权益，而第三人往往会积极参与到诉讼中，进而提供相应的证据。有观点认为，即便第三人提供了相应的证据，也不应当降低行政程序中被告的举证责任。

四、总结——原告或者第三人的代理人的注意事项

通过以上分析，我们可以看出在专利无效行政诉讼中，专利复审委员会对于其作出无效宣告决定的证据天然存在某种举证不能的情况，而在这种情况下法院并不会当然要求专利复审委员会承担过分的举证责任。因此，笔者建议，专利无效行政诉讼中原告或者第三人的代理人应该从以下多个方面做好应对工作：

（1）在专利无效口审阶段，严格把握好口审意见陈述及口审笔录，不为将来的“禁止反悔”埋下祸根。

（2）在专利无效行政诉讼中主动提交自己参与诉讼所需要依赖的有利证据，以便于向法官陈述起诉理由，同时也避免在专利复审委员会不举证的情况下，丧失自己的举证机会。

（3）不过分纠结专利复审委员会的举证责任，充分利用无效阶段的证据，包括无效决定和无效阶段已经获得的证据，以节约司法程序。

（4）主动搜集更多的理由和证据，以期推翻原判决。

再看“天下第一刀”经历的专利无效行政诉讼

专利诉讼专业组　薛晨光律师

“天下第一刀”实用新型专利（CN00242955.1）的专利权无效纠纷案件，前后被提起四次无效宣告请求，并经历了三轮一审、二审行政诉讼。北京市高级人民法院于2010年6月8日作出终审判决：驳回专利权人的上诉，维持原判。历经长达十年的时间，该专利被全部无效，此时距离该实用新型专利权（申请日：2000年7月10日）的法定保护期限只剩下一个月零两天的时间。涉案专利的确权程序流程图如下：

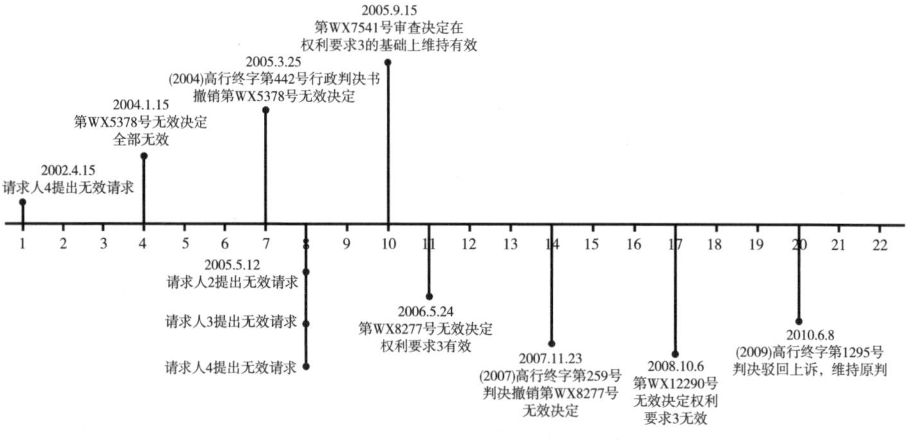

图一　CN00242955.1 **确权程序流程图**

涉案专利权无效的纷争较为激烈。上述三轮行政诉讼过程中，前面两轮行政诉讼的终审判决均撤销了国家知识产权局专利复审委员会作出的无效决定，其中，具体相关事实的认定具有典型意义。这里，以（2004）高行终字第442号行政判决书（判决之一：撤销第 WX5738 号无效宣告请求审查决定）为基础，浅论专利无效行政程序的事实认定基本规则。[①]

一、技术效果的主张以说明书记载为主要依据

涉案专利权利要求 1 的技术方案与证据 1（CN94248645.5）相比，区别在于：采用“过盈配合”这一技术术语限定手把与护头之间的配合关系，而证据 1 的技术方案没有限定手把与护头之间的连接关系。众所周知，“过盈配合”这一术语属于本领域普通技术人员公知的基本常识，实现过盈配合并非只有唯一的技术手段。因此，在其余技术特征均被对比文件所披露的前提下，判断权利要求 1 是否具有创造性，应当着重看“过盈配合”在整个技术方案中起到何种作用，具备何种有益的技术效果。然而，涉案专利说明书中没有作出任何描述，本领域普通技术人员通过阅读涉案专利全文及说明书附图，无法了解该技术特征能够起到怎样的技术效果。

那么，由于相关技术效果未以说明书中明确记载，同时也无法直接地、毫无疑义地确定，本领域普通技术人员有理由认为，“过盈配合”这一技术特征为现有公知技术的应用，与焊接、铆接、螺纹连接等机械连接方式相比，是属于常规设计的选择，不需要付出创造性的劳动。因此，该终审判决认为一审判决对于涉案专利权利要求 1 不具备创造性的认定是正确的。

该认定的原则是技术效果的主张应当以说明书记载为主要依据，与现行《专利法》的先申请制完全契合。也即，专利申请人在其申请专利时提交的专利说明书中公开的技术内容，是国务院专利行政部门审查专利的基础，亦是社会公众了解、传播和利用专利技术的基础。因此，作为一项基本原则，专利申请人未能在专利说明书中公开的技术方案、技术效果等，不得作为评价专利权是否符合法定授权确权标准的依据。

① 参见北京市高级人民法院知识产权庭编：《知识产权经典判例 3》，知识产权出版社 2008 年版。

二、不能从对比文件中直接地、毫无疑义地得出的内容，不能作为该对比文件公开的内容

关于涉案专利权利要求3的创造性，该权利要求的区别技术特征是："刀鞘内表面设有一凹槽；此处外表面为一楔形凸起，在刀身与手把之间安有一带有弹簧的销子。"也即，刀鞘与刀身锁定防脱的具体结构，与证据1所披露的技术相比是完全不同的，而且在本案专利说明书中记载了有关的技术效果："刀入鞘后不会自动脱出，使用时只要稍加用力，刀即出鞘。"

然而，"定位防脱结构"相对于涉案专利权利要求3的技术方案，"摩擦防脱结构"相对于证据1公开的技术方案，均属于上位概念。这种上位概念的对比方式忽略了涉案专利与证据1之间的具体区别技术特征，无法证明证据1给出了足够的技术启示。因此，该终审判决认为一审判决对涉案专利权利要求3创造性的认定没有事实依据，存在不妥。

显然，在新颖性和创造性的评价过程中，无法从对比文件中直接地、毫无疑义地导出的内容，不应当作为该对比文件公开的内容。应当理解，在判断过程中，不能拘泥于文字的具体表述，而应当从文字所反映的技术方案出发，看两者技术实质是否相同。

三、结合具体事实和证据逐一加以客观分析

在第WX5738号无效宣告请求审查决定中，合议组列举了"门锁以及弹簧刀"来证明"定位防脱结构"是常见的防脱结构，但只能说明"门锁以及弹簧刀"采用的是"定位防脱结构"，而不能表征采用的是涉案专利要求3所限定的"定位防脱结构"，也没有结合证据1作出进一步的对比评价，因此，该无效宣告请求审查决定认定本专利权利要求3不具备创造性的证据不充分。在具体判断两种技术手段是否实质相同时，特别是在行政诉讼程序中，需要对技术本身进行深入理解，逐一加以客观分析，确定技术手段是否存在实质差别。

需要说明的是，在考虑启动专利无效行政诉讼程序时，或者进入专利无效行政诉讼程序后，专利无效程序的双方当事人应做好充分的事实确认工作，全面分析相关主张方向的可行性，以便有效利用该救济程序最大限度地维护己方权益。

网络证据真假应当考量的因素

专利诉讼专业组　慕丹律师　高级公司制合伙人

20世纪90年代以来，互联网越来越成为现代生活不可或缺的组成部分，人们愈发习惯通过网络传播信息、获取知识。在专利审查实践中，特别是无效程序，用于评价专利（专利申请）新颖性或创造性的现有技术证据材料不再局限于各种印刷类出版物或用于证明使用公开的合同、发票以及相应的产品实物，而是更多地来源于互联网。由于这类来源于互联网的证据材料在很大程度上存在易修改性和不稳定性①，在证据采信和认定过程中给裁判者带来挑战，加之具体的裁判规则又有待完善，造成现在此类证据认定过程中真真假假、扑朔迷离的现状。为此，笔者整理了相关的法律现状，对裁判者（主要是审查员）现在主流的认定规则进行了梳理；并结合专利复审委员会近期所作出的关于互联网证据的无效决定，在对此类证据进行认定时应当考虑的因素进行了分析。

一、法律现状

首先，就来源于互联网的证据材料的法律属性而言，根据2012年修正的《中华人民共和国民事诉讼法》② 有关证据类型的规定，新增一类证据为“（五）电子数据”。2015年2月《最高人民法院关于适用〈中华人民共和国民事诉讼

① 任伟：《互联网信息对专利法的影响——兼论现有技术的公众可获得性》，载《中国知网》2007年8月。

② 《中华人民共和国民事诉讼法》第六十三条规定。

法〉的解释》中对电子数据的概念和类型作出了规定①：电子数据是指通过电子邮件、电子数据交换、网上聊天记录、博客、微博客、手机短信、电子签名、域名等形成或存储在电子介质中的信息。可见，根据民事诉讼法以及司法解释的规定，来源于互联网的证据材料可以作为一种合法而独立的证据类型，具有相应的证据资格，并且容易区别于传统的证据类型。但实际上，这种在原有证据类型的基础上增加一类的做法并不能将当事人主张现有技术引证的内容进行清晰的划分，而容易造成现有技术公开方式认定的混淆。

其次，《审查指南》② 对互联网证据的公开时间进行了规定，即"公众能够浏览互联网信息的最早时间为该互联网信息的公开时间，一般以互联网信息的发布时间为准"。由于来源于网络的证据材料可能存在多个时间，例如证据材料所附信息的编辑时间、上传时间、发布时间，上述规定在一定程度上解决了公开时间的认定问题。然而，事实上，这类证据材料中的发布时间和发布内容与传统公开出版物所呈现出来的原始对应性不可同日而语，其特殊性亟待根据这类证据材料于互联网中的形成机制加以判断和总结。

基于目前对这类证据的如上法律规定，同时专利案件中的互联网证据又具有一定的特殊性并且纷繁复杂，在专利审查程序中对这类证据的认定存在真假难辨的情况，笔者将近期专利复审委会的主流观点进行了以下梳理，供大家参考。

二、裁判者认定来源于互联网的证据材料的一般证据规则与专利法意义上认定现有技术或现有设计中的考量因素

（一）一般规则

无论是司法审判，还是行政确权程序，对于任何一类证据材料的认定，裁判者都必须对其真实性、合法性和关联性③加以核实。来源于互联网的证据材料也

---

① 《最高人民法院关于适用〈中华人民共和国民事诉讼法〉的解释》中第一百一十六条。

② 《审查指南》(2010 版) 第四部分第八章第 5.1 节。

③ 《最高人民法院关于适用〈中华人民共和国民事诉讼法〉的解释》第一百零四条。

不例外，一般均围绕上述三个方面进行质证。

有关证据合法性的审核内容主要是证据的形式、来源，主要考虑证据是否符合法定形式、是否符合法律规定以及证据的取得过程是否合法。有关证据关联性的审核内容主要是，审核证据与本案事实是否相关，也就是证据证明的事实是否与被诉的待证事实直接相关。对于来源于互联网的证据材料之合法性、关联性审查并无特殊之处，裁判者一般按照其他传统证据材料进行认定。而裁判者一般认为，这类证据的难点在于真实性问题。通常而言，证据真实性的审核内容主要是，证据的内容是否真实。众所周知，来源于互联网的证据材料具有形式多样性、易于修改性①、技术依赖性等特点。所谓形式多样性是指该类证据的呈现形式非常复杂多样，难以一概而论；易于修改性是指该类证据非常容易修改，并且修改比较隐蔽，某些情况下可以做到修改不留痕；技术依赖性是指此类证据的存储、下载、传递、呈现等均十分依赖其所在的技术环境。此外，互联网证据是由二进制代码序列构成，二进制代码序列难以被人们直接阅读或感知，所以裁判者认为，针对传统证据材料的真实性认定规则不再适用于来源于互联网的证据材料。

此外，在专利案件中，裁判者经常要判断相关的证据材料是否构成申请日前的现有技术，由于来源于互联网的证据材料存在的上述特点，这类证据材料的公开时间认定也是裁判者审查过程中的焦点之一。并且，多数情况下，该类证据材料真实性和公开时间的认定难以拆分，例如：某网页上显示了某信息的“上传时间”，但是该时间是否经过修改，上述证据材料所附载信息内容所对应的“上传时间”是否为真实的公开时间，这些问题既属于公开时间的认定，又与时间本身的真实性密切相关，需要裁判者一并考证。

（二）来源于互联网的证据材料在现有技术或现有设计中的具体考量因素

笔者经过分析认为，裁判者在对互联网证据的真实性和公开时间进行认定时

① 任伟：《互联网信息对专利法的影响——兼论现有技术的公众可获得性》，载《中国知网》2007 年 8 月。

主要考虑如下两方面：

1. 该证据材料的来源

所述证据材料的来源是指来源于互联网的证据材料是通过何种途径取得以及所属网站属于何人所有。

一方面，针对证据材料的取得途径，裁判者在专利审查实践中常遇见的是当事人自行于网络下载或打印的形式，或者是当事人在公证处使用计算机访问获得。后者一般情况下属于网页保全的公证事项，包括对于网页下载过程的记载以及公证当时网页显示的情况。此种网页保全公证不仅可以说明相关网页是真实存在的，而且也至少明确了相关证据材料的下载路径，并且可以证明公证当日取得该证据材料的情况，防止随后可能发生的证据材料灭失情形。

另一方面，针对这类证据材料所属网站属于何人所有的问题，裁判者一般会考虑该网站所有人是否本案的当事人或者利害关系人，如果其所有人是本案当事人或者利害关系人，则其上所形成的网络证据的真实性和公开时间的认定将受到极大影响。上述主张需要证据支持，基于谁主张谁举证的一般原则，如一方当事人主张对方当事人与其所提供的网络证据的发布者之间具有利害关系，那么该当事人有责任提供证据予以证明。

2. 该证据材料所属网站的信息发布主体以及运行机制①

事实上，互联网上的信息发布主体纷繁复杂，性质各有不同，若结合网站运行机制进行划分，裁判者一般将其分为信息发布主体相对单一型以及信息发布主体混合型。

在第一类信息发布主体相对单一的案件中，具体分为：

（1）发布新闻、技术信息或设计内容的政府网站、非营利机构（科研院校、行业协会、标准组织等）、门户网站；

（2）以文献收录为主要服务内容的信息资源数据库；

---

① 任伟：《互联网信息对专利法的影响——兼论现有技术的公众可获得性》，载《中国知网》，2007 年 8 月。

(3) 其他信息发布主体相对单一的网站。

为此，笔者通过针对上述不同情形的两个典型案例对裁判者的认定标准分别予以介绍和归纳。

A

鉴于相关政府网站、非营利机构、门户网站具有良好声誉和公信力，其运行、管理规则的确定性程度较高，证据材料多为新闻类或行业信息的权威发布，通常兼具信息的即时性、准确性、真实性，相关信息在这类网站上所显示的时间通常为网页内容上传网站服务器公开的时间，在没有相反证据证明其不真实的情况下，裁判者一般对上述网站所公开的内容以及显示时间的真实性予以认可，进而可以推定其为该证据的公开日。

例如，在某一无效案件中[①]，请求人提交了一份从 www. 3gpp2. org 网站下载打印的 3GPP2 QoS 流程阶段 2 说明文件及其译文，主张其公开日为 2003 年 9 月 24 日，并主张用该证据评价涉案专利的创造性。请求人随后提交一份（2015）京东方内民证字第 5738 号公证书，用于证明上述网络打印件的真实性及公开日期。专利权人不认可上述证据的真实性及公开日期，理由为：上述公证书所公证的调取过程中所显示每一级目录的更新时间均不相同且新旧交替，多级目录之后才能到达所需的上述文件所在目录，虽然所对应目录前显示时间为 2003 年 9 月 24 日，但是由于之前多级目录前所显示时间十分混乱，所以 2003 年 9 月 24 日不应当认为是上述文件公众所知的时间；在此基础上，该份证据真实性也存疑。

本案中，专利复审委员会认为，对于发布在 3GPP 这类国际标准化机构网站上的标准类文件，由于其信息发布主体单一，并且 3GPP 是目前通信领域相关的重要国际性组织之一，其官方网站 www. 3gpp2. org 公信力高，该网站文件上传及修改都有明确的时间记载以及确定的时间生成规则。基于公认的各级目录时间生成规则，会出现各级目录时间不一致并且毫无规律的情形，在不必要考虑目录所

---

① 第 27334 号无效决定。

显示时间的情况下，文件显示时间足以视为公众可以获知的时间。总结而言，裁判者一般认为，某份来源于互联网的证据材料所属网站为行业内公认信誉较高的国际组织的官方网站，并且网站上信息以及时间显示相关规则非常明确且不易修改。因此，裁判者对此类证据材料的真实性通常予以认可，并且可以接受该文件在网站所显示的时间作为其公开时间。

B

对于以文献收录为主要服务内容的信息资源数据库发布的文献信息，与其说该信息是由这类信息资源数据库进行发布，不如更准确地将“发布”界定为对文献信息的收录与再传播。裁判者一般认为，这类网站的所有者和/或管理者均在业内极具公信力，并且多数隶属于大型出版集团，在没有反证的情况下，对其公开文献信息的真实性一般可以予以认可。

此外，虽然该信息在举证过程中是以来源于互联网的形式提交，但该信息实质上是对印刷类出版物的收录与再传播，因而以互联网为载体存在的文献内容可以等同于印刷类出版物，并且考虑到这类网站收录、发布文献信息规则具有较高的确定性，在已确认相关文献内容的信息载体真实的情况下，裁判者一般会将该文献在印刷类出版物上明确记载的印刷日视为其公开日，而无须考虑网站的收录时间或发布时间。

例如，在另一无效案件中[①]，请求人提交了证据 4（涉及标题名为“时尚玻璃器皿的聚汇——利比产品展厅暨鸡尾酒调酒师培训中心揭幕”的文章网络打印件），请求人主张证据 4 可通过百度搜索文章标题或是直接进入 http://www.cqvip.com 通过文章标题直接搜索获得，其上显示“《中国食品》2007 年第 7 期 12 – 12 页”字样，并认为《中国食品》2007 年第 7 期出版时间即为公开时间。专利权人对该证据提出异议。上述证据经口头审理当庭核实，确认核实的内容与证据 4 相同，其上显示“《中国食品》2007 年第 7 期 12 – 12 页”字样。

① 第 25648 号无效决定。

在本案中，证据4来源于维普网，专利复审委员会认为，该网站作为一个知识资源的数据服务平台具有良好信誉，并且对于原始期刊等的数据加工的真实性及准确性也应具有相当高的要求，在专利权人未提供其他证据足以证明所涉及的文章及其出处与网页所示内容及标注的"《中国食品》2007年第7期"不符的情况下，专利复审委员会认可了文章及其出处的真实性，同时，上述文章随着《中国食品》2007年第7期的印刷出版而公开，专利复审委员会人未可以将2007年12月31日视为该证据的公开日。

在第二类信息发布主体为混合型的案件中，裁判者一般认为具体可分为如下类型：以文档共享为主要服务内容的电子化阅读平台；社交类网站；电商类网站；以单向网络信息为主要内容的在线实时交流工具；以及其他信息发布交互性较强的网站。

对于这一类证据材料，真假认定不能一概而论，裁判者需要通过网站各自的运行机制与具体规则予以进一步考察：

（1）该网站的管理权限如何分配，特别是交互性强的网站，信息上传者、访问浏览信息的用户都有何种权限；

（2）该网站的信息上传、发布、修改的规则；

（3）网站信息的存储方式等。

上述管理权限和用户权限一般是指对于特定类型的网络内容（不同的网络版块可能也具有不同的管理模式），网站是允许不特定的人发布相关信息还是仅允许特定用户发布相关信息，是让贡献信息内容的人直接将信息上传并发布到互联网，还是先由网站从贡献信息内容的人那里接收后再由网站管理员统一发布，对相关信息是否进行审核，以及发布相关信息后公众访问权限如何等。如果由网站管理员审核并统一发布相关信息，且其发布时间多为服务器系统自动生成时间，那么裁判者一般认为发布行为的随意性较小，而真实程度较大。

所述信息上传、发布、修改规则，裁判者的主流观点认为，如果属于知名网站，一般其相关规则都比较明确，是否可以随意修改也比较容易认定，如果不属于知名网站，则一般需要当事人提供相关证据用于证明该网站的上述规则，证据所涉信息是否容易修改，进而判断其真实程度。

所述网站信息的存储方式是指从相关网络信息的存储位置，以及在网站服务器上从最初形成到该网络信息（实际上是副本）将要离开服务器发送到客户终端而在网站服务器上的存续过程。在这个过程中造成将要发送的网络信息与最初形成的网络信息不一致的原因主要有：网络信息发布者的主动修改、第三人的恶意篡改和网站服务器故障。

通过以上分析不难看出，网站运行机制与具体规则的三个方面互有联系，共同影响了所涉网络证据的真实性和公开日期的认定。为了进一步阐释裁判者上述主流观点，笔者也收集了两个涉及不同情形的典型案例予以介绍和归纳。

A

在某一无效案件中[①]，请求人提交了一份编号为（2013）浙杭钱证民字第4134号的公证书，对京东网站上的有关苏泊尔聚能星不锈钢压力锅的销售情况进行了公证，其中显示的公开售卖时间早于涉案专利的申请日。请求人主张该份证据中的产品图片与涉案专利的区别为施以一般注意力不能察觉到的局部细微差异，因此二者属于实质相同的外观设计，涉案专利不符合专利法第23条第1款的规定。该份公证书中记载了代理人在公证处登录互联网，进入京东商城，输入“聚能星”进行搜索后，在搜索结果页面点击进入“苏泊尔22cm聚能星不锈钢压力锅YW22NI”的产品售卖页面，点击该页面下部评价栏中的“有晒单(22)”，其中名为“老熊FC”的会员于“2011－02－1413：13：01”发表了“［晒单贴］用料比较好，但价格贵”的帖子，并在帖子中显示了产品图片。

对于此类来源于电商网站的证据材料，裁判者通常也要考虑该电商网站的知名度以及网站运行机制。本案中，专利复审委员会认为，京东商城为国内知名的网络交易平台，并且在该交易平台中的“晒单”功能较为明确，买家在京东商城上发

---

① 第21794号无效决定。

表的对其所购产品的评价会通过简单审核后方可发布，其发布时间通常由服务器自动生成，该晒单帖一经发布不得修改或删除。由此可见，裁判者一般认为，对于知名度较高以及运行机制明确的网站，一旦确认在该类网站所发布的信息一经发布即不得修改则可以确定发布时间与发布内容的原始对应性，在没有相反证据予以反驳的情况下，可以确认上述信息发布的真实性、公开性以及相应的公开时间。

B

在另一无效案件中①，请求人提交了一份广东省深圳市盐田公证处出具的（2014）深盐证字第4726号公证书（含光盘），并主张：该份公证书显示翔大模型公司的摄像机在台湾露天拍卖网上进行公开销售，公证书中第1－20页公开的运动摄像机，网址为 http：//goods. ruten. com. tw/item/show21106075166397，上述产品的公开出售日期早于涉案专利申请日，该产品图片与涉案专利的区别为施以一般注意力不能察觉到的局部细微差异，因此二者属于实质相同的外观设计，涉案专利不符合专利法第23条第1款的规定。专利权人随后提交了一份广东省深圳市深圳公证处出具的（2014）深证字第146359号公证书，并主张：该公证书显示翔大模型的摄像机AV线在台湾露天拍卖网上进行公开销售，网址也为 http：//goods. ruten. com. tw/item/show21106075166397，同样的网址显示所售商品图片和名称、价格均已修改，而原位置所对应的上架时间以及销售记录并不改变。因此，专利权人认为：请求人所提供的购物网站上的店铺的商品图片和说明文字均可随时修改，而不改变上架时间以及销售记录。因此，仅从该网站上的商品图片结合销售记录并不能证明请求人的主张。

在本案中，双方当事人争议的焦点在于证据1中相关摄像机产品的上架时间是否真实可靠。专利复审委员会认为，www. ruten. com. tw 为台湾露天拍卖网的网站地址，用于提供商品商情、发布广告等，从该网站的设置内容来看，其属于商业网站，其知名度不足以使其被认定为属于信誉高的网站。再结合该网站发布信

① 第25311号无效决定。

息的目的和方式来看，该网站的卖家能够在不改变上架时间和出价记录的情况下自行修改自己商品的各种信息，如反证1所证明的。因此，台湾露天拍卖网提供的信息的发布日期具有一定程度的不确定性，换句话说，在现有证据下，不足以确认证据1型号为“SJ4000”的摄像机的发布时间和图片的原始对应性。

由此可见，裁判者一般认为，对于知名度不高且网站运行机制和规则不明确的电商类网站，请求人应进一步完成相应举证责任，例如对于网站的具体运行机制，修改权限或通过其他佐证证明卖家所售产品为公众所知等。如果请求人未尽到上述举证责任，则在专利权人提交反证情况下，难以确认请求人提交相关证据的真实性和公开时间。

三、结语

来源于互联网的证据材料真假难辨，给裁判者们带来了认定上的困难，很多时候存在“假作真时真亦假”的情况。在专利审查实践中，裁判者们已经摒弃了一揽子式地综合推定该证据材料所附载的信息是否构成现有技术或现有设计的判断方法，而一般考虑一些趋于客观化的判断因素，从而判断该类证据的真实性和公开时间的认定，以平衡专利权人所享有的专利利益和公众通过网络传播信息获得的自由与利益。笔者对于裁判者目前的上述主流观点进行了详细梳理，以期对于大家准确把握裁判者的裁判标准有所助益。

专利权部分无效后，禁止反悔原则可行否

专利侵权专业组　雷电律师

引言

禁止反悔原则是指，专利权人如果在专利审批过程（包括专利申请的审查程序或者专利授权后的无效等程序）中，为了满足法定授权要求而对权利要求的范围进行了限缩（如限制性的修改或解释），则在主张专利权时，不得将通过该限缩而放弃的内容纳入专利权的保护范围。

同时，禁止反悔原则也是对等同原则的限制。对于权利要求限缩前和限缩后之间的内容，被排除在等同原则的适用范围之外。在专利侵权诉讼中，被诉侵权人常常以禁止反悔原则作为侵权抗辩的一种方式，以避免被诉侵权产品的技术特征被纳入权利要求的等同范围之内。

然而，针对无效或审查过程中所造成的任何限缩，是否均适用禁止反悔原则呢？

案例

最高人民法院提审的中誉电子（上海）有限公司（以下简称中誉公司）诉上海九鹰电子科技有限公司（以下简称九鹰公司）一案，在专利侵权诉讼的过程中，九鹰公司提起了专利无效请求，并成功宣告涉案专利 zl200720069025. 2 的权利要求 1、2 无效，涉案专利在权利要求 3 的基础上维持专利权有效。

从属权利要求 3 的保护范围由以下共同限定：权利要求 3 附加的技术特征 g：

"在所述舵机驱动电路板上，印制有一条形的碳膜和银膜，所述支架通过其上的固定孔固定到所述舵机驱动电路板上，且所述滑块底面上的电刷与该碳膜和银膜相接触"、权利要求3所从属的权利要求2附加的技术特征，以及权利要求2所从属的权利要求1记载的全部技术特征。

被诉侵权产品的相对应的技术特征g为："在所述含有舵机驱动电路的电路板上，印制有一条形碳膜和镀金铜条，且所述滑块底面上的电刷与该碳膜和镀金铜条相接触"。

在这种情况下，被诉侵权产品是否侵权，特别是当专利权人主张被诉侵权产品的"镀金铜条"与权利要求3中的"银膜"构成等同特征时，是否应当适用禁止反悔原则来限制等同原则的适用？

对此，一审、二审和再审法院分别给出了不同的意见：

	法院	判决号	主要观点
一审	上海市第二中级人民法院	（2009）沪二中民五（知）初字第167号	被诉侵权产品的技术方案是一项现有技术与公知常识的简单组合，九鹰公司的现有技术抗辩成立，被诉侵权产品不构成对涉案专利权的侵犯。
二审	上海市高级人民法院	（2010）沪高民三（知）终字第53号	从属权利要求3被维持有效的原因在于，在权利要求1中增加了从属权利要求2以及从属权利要求3记载的附加技术特征，这实质上是修改权利要求1。由此，可以认定权利要求3中的附加技术特征属于为维持专利权有效限制性修改权利要求而增加的技术特征。 因此，尽管技术特征g与技术特征G等同，但依据禁止反悔原则，除"银膜"外以其他导电材料作为导流条的技术方案被视为是专利权人放弃了的技术方案，因此，以技术特征g与技术特征G等同为由，认为被诉侵权产品构成等同侵权的结论不能成立。

	法院	判决号	主要观点
再审	最高人民法院	（2011）民提字第306号	不应当以从属权利要求所从属的权利要求被无效而简单地认为该从属权利要求所确定的保护范围即受到限制。 权利要求3中的“银膜”并没有被权利要求1－2所提及，而且，中誉公司在专利授权和无效宣告程序中没有修改权利要求书和说明书，在意见陈述中也没有放弃除“银膜”外其他导电材料作为导流条的技术方案。因此，不应当基于权利要求1－2被宣告无效，而认为权利要求3的附加技术特征“银膜”不能再适用等同原则。 原二审判决认定九鹰公司不构成对涉案专利权的侵犯，适用法律错误，应予纠正。

评析

除专利权人为了授权或保持权利稳定，对权利要求所作的主动限缩外，造成权利要求的保护范围缩小的另一种情形是权利要求被部分无效，即保护范围的这种缩小是被动造成的。在权利要求被部分无效而引起权利要求保护范围被动限缩的情况下，不应当适用禁止反悔原则。这是因为：

1. 对于专利权被部分无效的情况，维持有效的从属权利要求，取代了原独立权利要求的地位。但是，由于各个权利要求保护范围的独立性，该维持有效的从属权利要求的保护范围并不会因为原独立权利要求被无效而改变，不应当以从属权利要求所引用的权利要求被无效而简单地认为该从属权利要求所确定的保护范围即受到限制。

2. 禁止反悔原则中的放弃，通常是专利权人通过修改或意见陈述的方式进行的主动放弃。但是，若专利复审委员会认定独立权利要求无效，在其从属权利要求的基础上维持专利权有效，专利权人则未曾做过上述主动放弃。

3. 对于从属权利要求中的附加技术特征，由于未被该独立权利要求所概括，则因该附加技术特征没有原始的参照，法院也就不应当推定该附加技术特征之外的技术方案已被全部放弃。

观点

禁止反悔原则从民法的诚实信用原则衍生而来，其目的是，维护社会公众的信赖利益，避免专利权人在专利授权确权阶段和在专利维权阶段，对权利要求作不一样的解释，而出现专利权人“两头得利”的情形。

但是由于禁止反悔原则的适用，会对后续侵权过程中等同原则造成限制，因此需要对公众利益和专利权人利益作出平衡，避免过分限制专利权人的权利。对于无效阶段被部分无效的情况，由于不涉及专利权人的主动放弃，不应当适用禁止反悔原则。

同时，目前的立法只是对专利权人诚实信用作出了限制，然而在实际案件办理过程中，被诉侵权人也常常出现观点反复的情况。例如，在无效过程中主张对权利要求作较大解释，而在侵权案件过程中要求对权利要求作限缩性解释。对于被诉侵权人的诚实信用，是否也可以通过立法加以要求？希望能够出现更多的案例和解释来规范。

最高人民法院可以接受新证据吗，公知常识认定谁来举证

——“威尔曼”的专利大战

专利诉讼专业组　慕丹律师　高级公司制合伙人

证据规则是诉讼程序的脊髓。笔者关注到最高人民法院关于“威尔曼”的两个案例所作出的判决和裁定，其中的处理方法和观点都对一贯的证据规则有很大的冲击，引发了关于证据规则的思考和研究。首先介绍一下两个案例的情况。

【案例一】

双鹤药业诉湘北威尔曼制药专利权无效案（涉案专利97108942.6号）从2002年12月在专利复审委员会拉开帷幕，直到2011年12月最高人民法院就本案作出再审行政判决，经历了无效程序、一审、二审、再审，战火蔓延了九年之久。

申请再审人双鹤药业因与被申请人湘北威尔曼，一审被告、二审被上诉人专利复审委员会发明专利权无效行政纠纷一案，不服北京高级人民法院（2007）高行终字第146号行政判决，向最高人民法院提出再审申请。随后最高人民法院提审该案件，并且开庭公开审理了该案件，最终作出（2011）行提字第8号判决书，判决如下：

一、撤销北京市高级人民法院的上述判决；

二、维持北京市第一中级人民法院（2006）一中行初字第786号行政判决以及专利复审委员会的8113号无效审查决定（即前述无效案件的一审判决以及无

效决定）。

在该案件的审理过程中，双鹤药业提交14份新证据，用于证明众多证据均已教导“舒巴坦与β－内酰胺类抗生素、氧哌嗪青霉素和头孢氨噻肟的联合运用”。上述14份证据包括三类：

1. 技术词典、教科书等公知常识性证据；

2. 期刊杂志上发表的论文；

3. 专利文献。

最高人民法院在其所作出的再审判决中，采信了前述1、2类新证据，理由分别为：

1. 公知常识类证据虽然不是专利复审委员会作出无效决定的依据，但是有助于最高人民法院更为客观、准确地确定本领域技术人员的能力和水平，准确界定技术术语的含义；

2. 论文类证据对最高人民法院认定相关事实有一定借鉴作用。随后，最高人民法院依据上述证据中公开的某些记载，得出“联合用药和复方制剂之间具有密切关系”的结论，最终作出上述判决。

【案例二】

申请再审人广州威尔曼药业有限公司因与被申请人专利复审委员会专利驳回复审行政纠纷一案，不服北京市高级人民法院（2009）高行终字第1297号行政判决，向最高人民法院申请再审。随后最高人民法院针对该案作出（2012）知行字第5号行政裁定书，驳回了广州威尔曼公司的再审申请。最高人民法院最主要依据的理由为：“广州威尔曼公司主张头孢菌素类可与他佐巴坦联用并获得协同作用不属于本领域公知常识，但并未提供证据予以证明。”

【冲击和疑问】

看过以上两个案例，笔者关于证据规则的一贯逻辑受到很大的冲击，产生了如下疑问：

一、最高人民法院可以接受在先审判程序没有使用的新证据，并且依据这些证据直接撤销二审判决吗？

二、关于公知常识的认定，是否需要举证，是否适用“谁主张，谁举证”的证据规则？

【相关法律法规】

《行政诉讼法》（2015）

第34条第1款　被告对作出的行政行为负有举证责任，应当提供作出该行政行为的证据和所依据的规范性文件。

第36条第2款　原告或者第三人提出了其在行政处理程序中没有提出的理由或者证据的，经人民法院准许，被告可以补充证据。

《最高人民法院关于行政诉讼证据若干问题的规定》（法释〔2002〕21号）

第7条第2款　原告或者第三人在第一审程序中无正当事由未提供而在第二审程序中提供的证据，人民法院不予接纳。

第23条第2款　人民法院不得为证明被诉具体行政行为的合法性，调取被告在作出具体行政行为时未收集的证据。

第52条　本规定第五十条和第五十一条中的“新的证据”是指以下证据：

（一）在一审程序中应当准予延期提供而未获准许的证据；

（二）当事人在一审程序中依法申请调取而未获准许或者未取得，人民法院在第二审程序中调取的证据；

（三）原告或者第三人提供的在举证期限届满后发现的证据。

第59条　被告在行政程序中依照法定程序要求原告提供证据，原告依法应当提供而拒不提供，在诉讼程序中提供的证据，人民法院一般不予采纳。

第60条　下列证据不能作为认定被诉具体行政行为合法的依据：

（一）被告及其诉讼代理人在作出具体行政行为后或者在诉讼程序中自行收集的证据；

（二）被告在行政程序中非法剥夺公民、法人或者其他组织依法享有的陈述、申辩或者听证权利所采用的证据；

（三）原告或者第三人在诉讼程序中提供的、被告在行政程序中未作为具体行政行为依据的证据。

北京市高级人民法院《关于审理专利复审和无效行政纠纷案件若干问题的解答（试行）》（京高法发〔1999〕388号）

第10条　在专利复审委的无效审理程序之后的行政诉讼程序中，无效请求人提出的新证据，原则上不应接受并认定，无效请求人可以依据新证据重新向专利复审委提出无效宣告请求。

【案例分析】

（一）最高人民法院采信新证据的正当性分析

前述第一个案例是一个经过一审、二审和最高人民法院再审，荣登最高院2011年度指导案例选的重要案件，最高人民法院在判决中指出："本院系依据各方当事人提交的有关证据，对专利复审委决定的事实认定以及法律适用进行合法性审查，而非就有关证据是否影响涉案专利的创造性直接予以认定。"接下来最高人民法院总结本案焦点为："本案焦点在于：1. 如何确定权利要求1的保护范围；2. 权利要求1相对于对比文件是否具有新颖性；3. 权利要求1相对于对比文件是否具有创造性。"

这种焦点的总结，揭示了最高人民法院在本案中会对涉诉专利新颖性、创造性及说明书是否充分公开等这些可专利性核心问题进行直接判断，而不再将专利复审委作出的具体行政行为的合法性作为评判对象。

同时如前所述，最高人民法院在本案处理过程中，采信了无效宣告请求人在再审程序中提交的新证据，包括新的公知常识性证据，也包括期刊论文的证据；

并明确驳回了专利权人（湘北威尔曼公司）有关“未经专利复审委先行审查并作出审查决定之前，在本案中不能以双鹤药业公司提交的有关证据作为认定案件事实的依据”的主张。并且最终依据上述新证据，对争议焦点特征属于本领域公知常识进行了认定。

有研究者就该案对证据规则的突破进行了相应总结：“最高院对双方在诉讼程序中补充的新证据体现了如下的采纳规则：第一，公知常识性证据予以采信；第二，现有技术证据谨慎参考；第三，其他证据一般不予接受；第四，适当给予专利权人补充证据补救权利的机会。”

然而，这样的证据规则存在很多问题，首先最直观的感受为：最高院采用“谨慎参考”“一般不予接受”“适当给予”“机会”这样含蓄模糊、难以揣测的措辞和态度，处理方式可以视情形而变化，这本身已经有违了“规则”制定的本义。

其次，在该判决作出（2011）的时候，上位法（《行政诉讼法》《行政诉讼证据规定》《专利法实施细则》等）的相关规定均没有进行改变的前提下，最高院单就专利无效纠纷案件突破上位法的既有规定，这种做法已经存在一定程度的违法。

最后，值得注意和研究的是，新的《行政诉讼法》（2015）第36条对该情形进行了修改：“原告或者第三人提出了其在行政处理程序中没有提出的理由或者证据的，经人民法院准许，被告可以补充证据”。该规定明显与旧法存在冲突，有特意造法之嫌。之前的旧法规定可以参照例如《最高人民法院关于行政诉讼证据若干问题的规定》第7条第2款、第23条、第52条、第59条、第60条，以及前述《北京高级人民法院〈关于审理专利复审和无效行政纠纷案件若干问题的解答（试行）〉》第10条，均采用不同措辞和角度，明确规定了在后审判程序不能够接受以及认定在专利复审委员会的无效案件中未使用过的新证据。

（二）公知常识的举证责任

公知常识是评判一项技术方案是否具有创造性的证据的重要组成形式，经常在专利无效诉讼中被使用。《审查指南》的前述规定中，已经对公知常识给出了一个列举式的定义。此外，对于公知常识的举证，也有相应的规则：一般情况下，谁主张谁举证；同时部分特别公知的或者举证存在困难的，可以通过说理来证明。

前述第一个案例的争议焦点在于无效宣告请求人（双鹤药业公司）所主张的将“将舒巴坦与哌拉西林或者头孢氨噻肟混合制成复方制剂”是否属于公知常识。专利复审委在其决定书中将此技术特征认定为公知常识，但并未提供证据支持，而是通过说理对其属于公知常识进行了论述。在此情况下，上述相关特征是否属于公知常识，是否应当举证以及应当由谁举证也就成了该案应当梳理和审判的重点。

二审法院对专利复审委直接认定公知常识而没有提供充分证据支持的做法提出了质疑。北京高院在该案二审判决书中指出：“专利复审委的决定没有就有关‘将舒巴坦与哌拉西林或者头孢氨噻肟混合制成复方制剂是本领域技术人员容易想到的’的认定提供相关的依据，其作出的认定理由不充分。”北京高院的这一判定的法律依据即上述提及的《行政诉讼法》第 34 条。

但是，最高人民法院在该案判决书中对专利复审委这一做法是否正当这一问题却未提及，未对专利复审委员会是否应当负有相应举证责任进行论证，回避了这一问题，其处理方法是直接采信无效宣告请求人在再审程序中提交的新证据，并据此对上述争议焦点特征属于本领域公知常识进行了认定。同时值得注意的是，如前述第一点，关于在后的行政诉讼是否可以接受新证据，业界在该案之前存在普遍共识。

而在上述第二个案例当中，关于当事人提出的关于某特征不属于公知常识的主张，最高人民法院在其裁定中明确指出：“广州威尔曼公司主张头孢菌素类可与他佐巴坦联用并获得协同作用不属于本领域公知常识，但并未提供证据予以证明。”最高人民法院的上述观点可以理解为，专利复审委员会认定该特征属于公知常识可以不举证，而当事人相应主张该特征不属于公知常识，却负有举证责任，否则将承担举证不利的后果。

笔者认为，最高人民法院的上述观点值得商榷，是认为上述情况可以不必举证，还是已经完成了举证，所以举证责任倒置？如果最高人民法院认为上述特征特别公知，或者存在举证困难，应当从这个角度进行论证，而不应当在未进行说明和论述的情况下要求主张不是公知常识的当事人进行举证并承担不利后果。因为无论是谁，证明一个特征不属于公知常识是非常困难的。

从这两个案件的处理可以看出，对于公知常识是否应当举证，由谁举证，在什么阶段举证，这两个案件的处理方式均存在模糊和矛盾之处，造成证据规则的冲击和混乱。

【结语】

诉讼程序中，清晰明确、稳定统一的证据规则是一切的前提和基础，至关重要。对上述两个案件和相关法规进行梳理分析之后，笔者认为：

一、法院应当对之前行政程序中未出现过的新证据的采信采取谨慎态度，例如应当有正当理由；而不应当轻易采信，尤其是非公知常识类证据，例如论文期刊，或者专利文献；如存在可能影响结果的重要的新证据，应当由当事人重新到行政机关提起新的案件。虽然可能在个案中会引起程序震荡而周期过长，但是对于当事人来说，也会鼓励其尽早充分举证，而不是进行证据突袭。

二、对于公知常识的认定，依然适用“谁主张，谁举证”的原则，应当谨慎出现举证责任倒置的情形，因为证明某特征不属于公知常识是非常困难的。出现举证责任倒置的前提，应当是原主张一方已经充分举证或者已经证明确实存在举证困难的情况下。

说明书乃权利要求之母

专利无效专业组　李向东律师　高级公司制合伙人

一、专利权的保护范围以其权利要求的内容为准

专利法第五十九条第一款规定："发明或者实用新型专利权的保护范围以其权利要求的内容为准，说明书及附图可以用于解释权利要求的内容。"

《最高人民法院关于审理侵犯专利权纠纷案件应用法律若干问题的解释》（法释〔2009〕21号）第二条规定："人民法院应当根据权利要求的记载，结合本领域普通技术人员阅读说明书及附图后对权利要求的理解，确定专利法第五十九条第一款规定的权利要求的内容。"

根据上述规定，专利权的保护范围以其权利要求的内容为准，说明书及附图可以用于解释权利要求。

但是，是否仅仅在权利要求书字面含义存在歧义或者不同理解时，才需要以说明书及附图来解释权利要求呢？换言之，权利要求的解释是否存在时机？

二、权利要求的解释存在时机观点的由来

有观点认为，确定专利权的保护范围应该首先根据其权利要求书的字面含义进行理解；如果权利要求书的字面含义是清楚的，则无需根据说明书及附图解释权利要求；除非权利要求本身的技术特征之间存在矛盾之处，或者权利要求字面含义存在歧义等。

北京市高级人民法院《专利侵权判定指南（2013版）》是该观点的主要依

据。该指南第十一条规定："对权利要求的解释，包括澄清、弥补和特定情况下的修正三种形式，即当权利要求中的技术特征所表达的技术内容不清楚时，澄清该技术特征的含义；当权利要求中的技术特征在理解上存在缺陷时，弥补该技术特征的不足；当权利要求中的技术特征之间存在矛盾等特定情况时，修正该技术特征的含义。"

根据北京高院指南的上述规定，似乎可以得出如下结论：如果权利要求书的字面含义是清楚的，不存在需要澄清、弥补、修正等情况时，则不需要结合说明书及附图对权利要求进行解释。

而且，持此观点的人也引用《最高人民法院关于审理侵犯专利权纠纷案件应用法律若干问题的解释》（法释〔2009〕21号）的规定来支持自己的观点，该司法解释第三条规定："人民法院对于权利要求，可以运用说明书及附图、权利要求书中的相关权利要求、专利审查档案进行解释。说明书对权利要求用语有特别界定的，从其特别界定。以上述方法仍不能明确权利要求含义的，可以结合工具书、教科书等公知文献以及本领域普通技术人员的通常理解进行解释。"

根据司法解释的上述规定，似乎之所以需要解释权利要求，是由于权利要求的含义不明确。换言之，如果权利要求的字面含义是明确的，则不需要结合说明书、附图、审查档案等对权利要求进行解释。

三、说明书乃权利要求之母——脱离了说明书无法准确理解权利要求的含义

关于权利要求的解释需要时机的观点显然是错误的。要确定专利权的保护范围显然必须对权利要求进行解释，而脱离了其说明书是不可能对权利要求进行正确的理解的。

首先，北京市高级人民法院《专利侵权判定指南（2013版）》对于权利要求解释的三种形式，并非对于权利要求解释时机的限制。这一点，在该院《专利侵权判定指南（2017版）》对于该条款的修订中也通过"对权利要求的解释，包括

但不限于澄清、弥补和特定情况下的修正三种形式”予以明示。

其次，《最高人民法院关于审理侵犯专利权纠纷案件应用法律若干问题的解释》（法释〔2009〕21 号）的第二条也明确规定：“人民法院应当根据权利要求的记载，结合本领域普通技术人员阅读说明书及附图后对权利要求的理解，确定专利法第五十九条第一款规定的权利要求的内容。”

最高人民法院在（2010）知行字第 53－1 号判决中进一步予以明确：“不论在专利确权案件还是专利侵权案件中，说明书的内容构成权利要求所处的语境或者上下文，只有结合说明书的记载，才能正确理解权利要求的含义。在这一意义上，说明书乃权利要求之母，不参考说明书及其附图，仅仅通过阅读权利要求书即可正确理解权利要求及其用语的含义，在通常情况下是不可能的。权利要求的解释就是理解和确定权利要求含义的过程。在这个过程中，必须结合说明书及其附图才能正确解释权利要求。”该判决书中进一步指出：“权利要求的解释应严格把握解释时机，以权利要求不清楚或者没有明确的唯一含义为前提的主张，既违背文本解释的逻辑，又不符合权利要求解释的实践，本院无法赞同。”

尹新天也在其专著中指出①：“的确，很多人都有这样的亲身体会：仅仅阅读权利要求之后对发明创造的理解与再阅读整个专利文件之后的理解常常是很不相同的。这表明，对权利要求内容的解释十分必要，不应当将其理解为仅仅当权利要求书中存在不清楚之处，才需要进行解释，而是应当理解为在确定任何权利要求的保护范围时都需要对权利要求的含义进行解释。”

---

① 尹新天：《中国专利法详解》，知识产权出版社 2012 年版，第 579 页。

从怡口莲包装袋和练歌录音房专利无效案看微信文章对专利确权的影响

专利行政专业组　王清亮律师

微信，是腾讯公司推出的为智能终端提供即时通讯服务的应用程序，包括公众平台、朋友圈、消息推送等功能，具有随时随地使用以及连接一切的特性，是一个功能强大的移动互联网平台。微信从出现至今已经渗透到我们生活的方方面面，越来越多的事情都可以通过安装在手机上的微信来完成，如找工作、订机票、订电影票、订餐、手机充值、生活缴费、信用卡还款、理财、投资、找对象、打车、购物、查股票等，其商业模式具有极大的可塑性。

微信公众号是企业或个人在微信公众平台上申请的应用账号，通过微信公众号，企业可在微信平台上与用户直接建立联系，实现与特定群体的文字、图片、语音、视频的全方位沟通、互动，形成一种线上线下微信互动营销方式。

由于微信公众号针对的特定群体的特定性是相对而言的，事实上，任何人只要登录微信平台，通过搜索微信公众号名称的方式都可以关注该微信号，并可以进入该微信号查看该微信运营主体发布的信息及其历史信息，因此通过微信公众号发布的文字、图片、语音、视频等信息构成专利法意义上的现有技术或现有设计，需要注意在没有申请专利之前务必不要在微信公众号公开，否则，可能会因成为现有技术或现有设计而导致相关专利申请被驳回或无效。

下面，结合专利复审委网站近期发布的两个专利无效案例进行说明。

案例1：怡口莲包装袋外观设计专利无效案

基本案情：名称为“包装袋（怡口莲）”的专利是由厦门Y公司于2016年1月19日申请、2016年6月8日被授权公告的外观设计专利，其主视图如上图所示。针对上述专利，英国J公司于2017年3月1日向专利复审委提出无效宣告请求，认为其与现有设计属于基本相同的外观设计，不符合专利法第23条第1款的规定，采用的证据之一为经过公证的专利权人在专利申请日前通过其运营的微信公众号发布的文章“旧时光——好久不见”，文章记载了同学聚会的场景，并分享了厦门Y公司的相关食品照片。

复审委认为：专利权人认可请求人主张的证据中涉及的微信公众号的主体即为专利权人，并对证据的真实性及其发布时间没有异议，因文章“旧时光——好久不见”的发表时间为2015年2月3日，早于涉案专利的申请日，因此文章中公开的产品所示的设计可以作为现有设计评价涉案专利是否符合专利法第23条第1款的规定。

涉案专利与对比设计相比，区别主要在于涉案专利公开了产品背面设计，产品背面在正面图案基础上增加有二维码、安全标识和说明性文字，而对比设计没有公开产品的背面设计。然而，包装袋作为一种日常用品，一般消费者主要关注的是具有较大设计空间的表面图案，二者袋体整体形状相同、表面图案基本相同足以使其形成基本相同的整体视觉形象，涉案专利在背面图案中增加的二维码等信息属于相关产品的通用标识，不足以影响二者构成实质相同的外观设计，因此涉案专利不符合专利法第 23 条第 1 款的规定。

案例 2：亿元诉讼案中的涉案专利——练歌录音房外观设计专利无效案

基本案情： 名称为“练歌录音房（斜角）”的专利是由“咪哒 miniK”创始人张某于 2015 年 5 月 25 日申请、2016 年 2 月 3 日被授权公告的外观设计专利，上图为其使用状态参考图。因认为北京 L 公司等三家公司未经许可生产、销售侵犯上述专利权的产品，向广州知产法院提起诉讼，要求三被告立即停止制造、销售和许诺销售涉及侵权的产品，并共同赔偿经济损失 1.6 亿元。

上述三被告先后向专利复审委提请无效请求，理由之一为涉案专利与现有设计或现有设计特征的组合没有明显区别，不符合专利法第 23 条第 2 款的规定，证据之一为微信公众号“游艺风”于 2015 年 3 月 21 日（早于涉案专利申请日）发布的题为《克强经济：互联网 + 电玩【花亿新品发布序】》的网络打印件。

复审委认为： 根据口审当庭核实情况，上述证据属于微信公众号“游艺风”发布的文章。任何人登录微信公众平台均可通过搜索方式找到、进入任意微信公众号并查看历史消息，微信公众号发布的信息只能删除，任何人不能修改和编辑，因此合议组确认“游艺风”于 2015 年 3 月 21 日发布的文章《克强经济：互联网 + 电玩【花亿新品发布序】》，发布时间即为公开时间，早于涉案专利申请日，其中图片所示的外观设计可以作为涉案专利的现有设计评价涉案专利是否符合专利法第 23 条第 2 款的规定。

涉案专利与对比设计相比，区别仅在于局部细微变化或使用时不容易看到的部位，不足以对产品的整体视觉效果产生显著影响，因此二者不具有明显区别，涉案专利不符合专利法第 23 条第 2 款的规定。

专利法第二十二条、第二十三条规定，授予专利权的发明和实用新型，应当不属于现有技术，并与现有技术的组合相比具有（突出的）实质性特点和（显著的）进步；授予专利权的外观设计，应当不属于现有设计，并与现有设计的组合相比有明显区别；其中的现有技术/现有设计是指申请日以前在国内外为公众所知的技术/设计。

对于创新成果，如果在提交专利申请之前就在公开场合或公众面前，公开了其技术或设计，将可能导致在后申请的专利因与现有技术或现有设计相同或相似，而无法获得授权或获得授权后很容易被宣告无效。

在上述两个外观设计专利无效案中，究其根源在于其提前对外公布或展示了其实物图或设计图，使其对外公布的设计图或实物图被认定为现有设计，进而导致其在后提交的外观设计专利因不具有明显区别，而被宣告无效。

需要说明的是，上述两个专利无效案的行政决定目前还没有生效，根据专利法第 46 条第 2 款的规定，相关当事人对行政决定不服的，可以在收到上述决定之日起三个月内向管辖法院起诉。但无论最终结果如何，都值得相关做出创新成果的企业或个人引以为戒，确保创新成果不因在专利申请日前公开（包括微信公开、参加展销会公开等）而导致专利申请被驳回或专利被无效的后果。

（三）专利保护与侵权

由金佰利案看商标权与专利权之冲突

专利无效专业组　李向东律师　高级公司制合伙人

一、外观设计专利不得与在先权利相冲突

我国专利法第二十三条第三款规定："授予专利权的外观设计不得与他人在申请日以前已经取得的合法权利相冲突。"

授予专利权的外观设计不得与他人在先权利相冲突是我国专利法第三次修订新增加的一个条款。他人在申请日以前已经取得的合法权利主要是指：商标权、著作权（主要是指美术作品）、肖像权以及企业的名称、商号、字号权等。由于外观设计是指对产品的形状、图案或者其结合以及色彩与形状、图案的结合所作出的富有美感并适于工业应用的新设计，所以，与外观设计最容易相冲突的在先权利就是商标权、著作权。

二、金佰利以在先商标权成功无效掉竞争对手的外观设计专利

金佰利国际公司是全球健康卫生护理领域的知名企业，成立于 1872 年，在全球 35 个国家和地区设有分支机构，个人健康护理用品、家庭生活用纸和商用消费产品是金佰利三大核心业务。1994 年金佰利进入中国市场，引进国际先进管理制度以及多种新产品和新技术，如 Kleenex ©舒洁©、Kotex ©高洁丝©等在中国拥有较高知名度，并广泛赢得了消费者的认可。

2016年6月，金佰利（中国）有限公司（以下简称金佰利）发现市场上销售的高柔丝系列卫生巾产品与其注册商标非常接近，且该产品包装还申请了外观设计专利，专利号为201530042257.9、专利名称为包装袋的外观设计专利（以下简称涉案专利）于2015年09月23日授权公告。

笔者代理了金佰利对涉案专利提起无效宣告。虽然涉案专利与金佰利注册商标存在细微差别，但是以我国专利法第二十三条第三款在先权利冲突条款无效该专利的可能性很大；为了保险起见，还针对涉案专利进行了全面的检索，增加了涉案专利与在先设计相比不具有明显区别，不符合我国专利法第二十三条第二款规定的无效理由。

经过口头审理，国家知识产权局专利复审委员会作出第31599号无效宣告请求审查决定书，全面支持了无效请求理由，宣告涉案专利全部无效。

审查决定认定：该案中，第12190548号注册商标的核定使用商品为第5类商品，其中包括卫生垫、月经带、月经垫等。涉案专利用于卫生巾的包装袋，因此两者使用的商品种类相同。将涉案专利主视图、后视图与第12190548号商标相比，两者整体布局、设计元素以及设计风格方面都基本一致，均以黑色为主色调，左下部有粉红色区域及水印，另外，中间的中文和英文、半月牙形的条状彩虹也基本相同。

《最高人民法院关于审理商标民事纠纷案件适用法律若干问题的解释》第九条第二款规定，商标相似是指被控侵权的商标与原告的注册商标相比较，其文字的字形、读音、含义或者图形的构图及颜色，或者其各要素组合后的整体结构相似，或者其立体形状、颜色组合近似，易使相关公众对商品的来源产生误认或者认为其来源与原告注册商标的商品有特定的联系。涉案专利包装袋主视图、后视图和第12190548号商标整体构图相似、颜色组合相同，主视图、后视图上的“高柔丝”文字与第12190548号商标上的“高洁丝”的字形和读音相似，已经易使相关公众对商品的来源产生误认或者认为其来源与第12190548号商标的商品有特定的联系，因此应当认定涉案专利使用与在先商标相似的设计。涉案专利的外观设计与他人在申请日以前已经取得的合法权利相冲突，不符合我国专利法第二十三条第三款的规定。

本案为基于我国专利法新增权利冲突条款的典型案例，对该条款的实际应用具有重要参考意义。

三、法律、法规对于以在先权利无效外观设计专利的请求人是否必须为在先权利人没有任何限制性规定

根据我国专利法规定，自专利行政部门公告授予专利权之日起，任何单位或者个人认为该专利权的授予不符合本法有关规定的，可以请求国家知识产权局专利复审委员会（下称专利复审委）宣告该专利权无效。也就是说，专利法对于提出无效宣告的主体没有任何限制性要求。

而关于权利冲突条款，现行专利法第二十三条的规定是，授予专利权的外观设计不得与他人在申请日以前已经取得的合法权利相冲突（与修改前的专利法相比，仅仅在于明确权利冲突的时间点为申请日）。

而现行《专利法实施细则》第66条对此作出进一步的规定："以不符合专利法第二十三条第三款的规定为理由请求宣告外观设计专利权无效，但是未提交证明权利冲突的证据的，专利复审委员会不予受理。"

根据相关法律、法规的上述规定，并不能得出以权利冲突提出无效宣告请求的请求人必须是权利人的结论，即只要能够提供充分的证据证明权利冲突存在，而请求人是否为权利人在所不论。复审委需要审查的只是权利冲突是否真实存在。

四、复审委始终坚持要求以在先权利无效外观设计专利的请求人必须为在先权利人没有任何法律依据，也被生效判决予以否认

复审委之所以坚持要求以在先权利无效外观设计专利的请求人必须为在先权利人，在于2010版《审查指南》第四部分第三章第3.2节《无效宣告请求人资

格》中规定:“以授予专利权的外观设计与他人在申请日以前已经取得的合法权利相冲突为理由请求宣告外观设计专利权无效,但请求人不能证明是在先权利人或者利害关系人的。其中,利害关系人是指有权根据相关法律规定就侵犯在先权利的纠纷向人民法院起诉或者请求相关行政管理部门处理的人。”(06 版审查指南对于请求人主体资格未做规定,但是对于权力冲突证据的规定类似:以授予专利权的外观设计与他人在先取得的合法权利相冲突为理由请求宣告外观设计专利权无效,但未提交生效的能够证明外观设计专利权与商标权、著作权等在先权利相冲突的处理决定或者判决的,不予受理。)

《审查指南》作出的上述规定的依据,是前述《专利法实施细则》第 66 条的规定。但是如前所述,根据细则的上述规定,只是要求请求人提交证明权利冲突的证据,对于请求人的身份并无任何限制。

笔者认为,复审委坚持请求人必须为权利人或者利害关系人,更可能的法律出处在于 02 版《专利法实施细则》第 65 条中的规定:“以授予专利权的外观设计与他人在先取得的合法权利相冲突为理由请求宣告外观设计专利权无效,但是未提交生效的能够证明权利冲突的处理决定或者判决的,专利复审委员会不予受理。”基于此条规定,非在先权利人基本无法提供权利冲突的处理决定或者判决,复审委据此对于以在先权利提起无效宣告,要求请求人为在先权利人或者利害关系人,似乎并无不可。

2010 版《专利法实施细则》第 66 条已经对于 02 版细则作了修正,将请求人需提交生效的能够证明权利冲突的处理决定或者判决变更为证明权利冲突的证据,《审查指南》的规定不符合专利法及细则的相关规定。

北京市第一中级人民法院作出的［(2013)一中知行初字第 40 号］行政判决书,明确指出《审查指南》的规定及复审委的做法没有法律依据。判决指出:2010 年《专利审查指南》将以在先权利为由申请宣告外观设计专利无效的请求人限制为在先权利人或利害关系人,然而,我国专利法以及《专利法实施细则》均未对无效宣告请求人的资格进行限制。在《专利审查指南》作为部门规章与法律法规的规定不一致的情况下，应当适用法律法规的规定，不应限制无效宣告请求人资格。专利复审委员会不应在未对是否存在权利冲突进行实体审查的情况下，仅以原告不具有请求人主体资格得出维持专利有效的审查结论。该判决被北京高院［（2014）高行终字第37号］判决书予以维持。

然而在该案中，复审委仍然沿用了对主体资格的审查，决定中确认："证据1为第12190548号商标注册证，证据3为金佰利国际公司和金佰利（中国）有限公司签订的第12190548号商标使用许可合同。请求人在口头审理时当庭出示了证据1和证据3的原件，经核实，证据1和证据3的原件与影印件一致，专利权人在指定期限内也未对证据1和证据3提出异议，因此合议组对证据1和证据3的真实性予以确认。证据3证明请求人获得第12190548号商标的商标权人'金佰利国际公司'的授权，在该商标证上核准范围内独占使用，专利权人对请求人的资格也未提出异议。因此证据3可以证明请求人具有对涉嫌与第12190548号商标权相冲突的外观设计专利提起无效宣告的资格。"

根据决定中的观点，如果请求人金佰利公司没有提供证据3，或者请求人与商标权利人根本不存在利害关系，复审委很可能还是会不予适用专利法第23条第3款规定。希望国家知识产权局能够尽快对《审查指南》相关规定进行适应性修订。

步骤顺序特征在确定方法权利要求保护范围中的作用

专利行政专业组　薛晨光律师

众所周知，以权利要求所限定的技术方案包括产品权利要求和方法权利要求。《专利审查指南》第二部分第二章第3.1节中对于权利要求的类型有如下规定："按照性质划分，权利要求有两种基本类型，即物的权利要求和活动的权利要求，或者简单地称为产品权利要求和方法权利要求。第一种基本类型的权利要求包括人类技术生产的物（产品、设备）；第二种基本类型的权利要求包括有时间过程要素的活动（方法、用途）。属于物的权利要求有物品、物质、材料、工具、装置、设备等权利要求；属于活动的权利要求有制造方法、使用方法、通信方法、处理方法以及将产品用于特定用途的方法等权利要求。"

显然，方法权利要求包括有时间过程要素，其中的"时间"也即本文中所指的步骤顺序特征，相当于各方法步骤之间的关系特征，那么，它的具体限定作用如何？在进行方法权利要求保护范围的界定时，如何考虑步骤顺序特征的作用？

第一种情形：权利要求未明确表述步骤间顺序

一种处理方法，其特征在于，包括：采集数据；对数据进行预处理；进行数据压缩；进行数据发送。

上述情形的权利要求字面描述中，各步骤间顺序关系并不明确。笔者认为，本领域普通技术人员通过阅读权利要求各步骤表述的实质内容，可以确定其应当依次顺序实施，而不存在歧义理解。也就是说，步骤本身隐含对先后顺序的要求，本领域普通技术人员可以确定数据采集并预处理后，再进行压缩、发送。

《专利法》第五十九条第一款规定：发明或者实用新型专利权的保护范围以其权利要求的内容为准，说明书及附图可以用于解释权利要求的内容。

《最高人民法院关于审理侵犯专利权纠纷案件应用法律若干问题的解释（二）》第十一条规定：方法权利要求未明确记载技术步骤的先后顺序，但本领域普通技术人员阅读权利要求书、说明书及附图后直接、明确地认为该技术步骤应当按照特定顺序实施的，人民法院应当认定该步骤顺序对于专利权的保护范围具有限定作用。

在我国专利法律的框架下，界定发明和实用新型专利保护范围采取的是折中原则，而非以权利要求的严格字面含义限制专利权的保护范围。基于此原则，对于方法权利要求未明确记载技术步骤的先后顺序的情形，还可以通过阅读说明书及附图后进行确认，进而以此认定该步骤顺序对于专利权保护范围的实际限定作用。

第二种情形：权利要求明确表述步骤间顺序

一种处理方法，其特征在于，包括：步骤一，采集数据；步骤二，对数据进行预处理；步骤三，进行数据压缩；步骤四，进行数据发送。

此情形下，包含有多个步骤的方法权利要求中，各个步骤之间存在明确先后顺序，权利要求中对该顺序已进行明确限定。笔者认为，对于方法权利要求而言，步骤顺序特征本身的限定作用自不必言；而方法权利要求的主题必须通过过程来实现，故限定步骤之间顺序的技术特征也必然能够对主题产生实际限定作用。

特别是，基于《专利法》第五十九条第一款规定，该方法权利要求的步骤顺序特征基于字面含义即可准确确定。如前所述的折中原则，说明书和附图处于从属地位，显然，权利要求书字面含义可以确定步骤先后顺序的，则在确定方法权利要求的保护范围时，不能根据说明书和附图扩大或改变保护范围，以保证权利要求的公示性作用，避免影响公众利益。

进一步需要确认的是，针对步骤顺序特征明确的方法权利要求，在侵权判定程序中，步骤互换或调整在适用等同原则的限制作用。

案例：（2013）民提字第225号民事判决书

陈顺弟（原告）VS浙江乐雪儿家居用品有限公司（被告一）、何建华（被告二）及第三人温士丹侵害发明专利权纠纷案的民事判决书，针对步骤互换作了相应的解释和认定。

涉案专利权利要求为：1. 布塑热水袋的加工方法，其特征在于：第一步：取内层、保温层以及外层材料。第二步：将内层、保温层、外层依次层叠，成为组合层。第三步：将两层组合层对应重叠，进行热粘合。第四步：对热粘合的热水袋进行分只裁剪。第五步：螺纹塞座作为嵌件放入模具，在螺纹塞座外二次注塑复合层。第六步：将有复合层的螺纹塞座安入袋口内，对热水袋口部与螺纹塞座复合层进行热粘合。第七步：对热水袋袋体进行修边。第八步：取塑料材料注制螺纹塞盖。第九步：取硅胶材料注制密封垫片。第十步：将密封垫片和螺纹塞盖互相装配后旋入螺纹塞座中。第十一步。充气试压检验，向热水袋充入压缩空气进行耐压试验。第十二步：包装。（权利要求内容已简略处理）

乐雪儿公司主张被诉侵权方法第6、7、10、11步分别与涉案专利权利要求1的第7、6、11、10步的内容相同，但顺序不同，因而未落入涉案专利权保护范围。一审法院认为，对于上述四个步骤，按照被诉侵权方法的顺序与按照涉案专利权利要求的顺序进行加工，其技术特征及技术效果并无实质区别。

关于步骤互换是否构成等同侵权问题，再审判决书认定，方法专利的步骤顺序是否对专利权的保护范围起到限定作用，从而导致在步骤互换中限制等同原则的适用，关键要看这些步骤是否必须以特定的顺序实施以及这种互换是否会带来技术功能或者技术效果上的实质性差异。

具体到本案，涉案专利权利要求1的第10步是将密封垫片和螺纹塞盖互相装配后旋入螺纹塞座中；第11步是充气试压检验。被诉侵权方法采用的是先充气试压检验，后将密封垫片和螺纹塞盖互相装配后旋入螺纹塞座的步骤。

乐雪儿公司主张这种步骤互换所带来的效果是，不需要将螺纹塞座安装好后再取下来进行充气检测，因而可以节省时间，保证检测质量。故最高院认为，将第10、11步的步骤调换后，确实产生了如乐雪儿公司主张的减少操作环节、节约时间、提高效率的技术效果，因此这种步骤互换所产生的技术效果上的差异是实质性的，调换后的步骤与涉案专利权利要求1的第10、11步不构成等同技术特征。

此外，涉案专利说明书中明确记载了第10、11步的步骤可以调换，而这一调换后的步骤并未体现在权利要求中，因此调换后的步骤不能纳入涉案专利权的保护范围，乐雪儿公司关于第10、11步的步骤调换方案应适用捐献原则的主张依法有据，最高院予以支持。

综上所述，对于包含多个步骤的方法权利要求，步骤顺序的调整对于步骤的地位和作用会产生影响，步骤顺序特征本身也可能构成其与不同步骤顺序之间的技术效果上的实质性差异，因此在侵权判定过程中不应当忽视步骤顺序特征对方法权利要求保护范围的限定作用。

“小标的”如何变成“大赔偿”

——从最近几起知识产权案件标的额变化谈起

专利侵权专业组　江锋涛律师　任玉岚律师

一个小U盾引发的一场知产大案近期终于落下帷幕，这起案件起诉时标的额仅为100万，而被告却险些承担了5000万的赔偿，这是为何？本文笔者想通过分享以下几个案例，部分为恒都代理或参与的案件，与大家共同探讨一下知识产权小标的额案件的“成长记”。

一、经典案例

1. 天津联力诉浙江福瑞德知识产权侵权案

该案在2015年11月2日受理时，原告天津联力的首要目标为确认对方构成专利侵权，侵权赔偿额仅主张了20万，随着恒都律师的努力及案件的推进，侵权认定的难点得以突破，案件局势已发生扭转，结合案件进度及已收集整理的证据，恒都提出了转变对抗着力点、变更侵权赔偿额为880万的诉讼策略。该案最终获得胜诉虽在意料之中，但获得880万全额支持也不乏一定惊喜。赢得超预期的“大赔偿”使客户对恒都服务尤为满意，如何将“小标的”变成“大赔偿”也是我们为客户争取最大利益需不断探究的问题。

2. 金佰利诉湖南索菲、韩国好奇儿童用品知识产权侵权及不正当竞争案

金佰利公司“好奇HUGGIES”纸尿裤产品已在中国市场具有较高知名度，抄袭、模仿其商标的商品在市场上时有发生。本案金佰利最初目标为打击傍名牌

行为，为后续维权做示范，起诉时主张两被告连带赔偿损失100万，恒都代理后抓住对方持续侵权的事实建议金佰利提高赔偿额，该案法院最终判决两被告连带赔偿损失400万及合理支出11万，超出了法定赔偿额及最初诉讼请求。该案也是恒都代理的“小标的”变成“大赔偿”的典型案例。

3. 北京握奇诉恒宝公司知识产权侵权案

北京握奇诉恒宝公司侵犯其发明专利权，并要求赔偿损失100万，该案共经过五次庭审，其间标的额大幅度地提升至5000万，并获得知产法院的全额支持。这也是知产法院建院以来判赔额最大的一起案件，虽然该判决结果因为涉案专利被无效而被二审法院裁定撤销，但该案仍毫无疑问地反映出我国加大对知识产权的保护力度的趋势，“小标的”变成“大赔偿”也会在以后的知识产权案件中频繁发生。

上述案件的知识产权人立案时均是在法定范围内主张赔偿，一方面可能是由于受证据收集限制，因案件前期举证的重点在侵权的认定上，关于赔偿举证较少无法支撑大额的赔偿请求，将标的额限定在法定100万的范围内能最大可能地获得支持，待证据收集齐备后再要求增加赔偿额，提高案件标的；另一方面可能是基于自身的诉讼策略考量，小额的赔偿请求易使对方放松警惕，找准时机提高标的额会让对方措手不及，更易得到法院的支持。

二、法律分析

如上文所述，赔偿额超过法定赔偿案件频现，小标的变成大赔偿越来越有可能，案件双方当事人在诉讼前期对赔偿请求额也给予了越来越多的关注，怎么规划诉讼策略争取最大利益也是双方律师不得不思考的问题。上述案件对于知识产权侵权诉讼的双方当事人来说，如何看待标的额具有重要参考意义。

对于知识产权人来说，权利的取得凝聚了其智力、人力、财力等各项成本，注重保护与维权是其权利的应有之义。但虽手握权利利刃，仍不可盲目大意，以防损兵折将，被他人无效掉自己的权利基础；或者引起他人的全力反抗，双方苦于诉讼缠斗而不能全身而退。如何“开战”，从上述几个案件来看，主张侵权并请求小额赔偿着实是个不错的选择。可归纳为以下几点：

（1）隐藏实力，韬光养晦。

起诉权利被侵犯时重点是在请求侵权认定还是在获得赔偿，这需要在案前审慎分析与商讨，明确此次诉讼目的。之所以变更赔偿额成为可能，是因为起诉时的小额请求并不代表仅有少量的侵权证据，而是等待时机出其不意。且双方在案件进程中仍有机会收集补充证据，因此对方认为即使败诉也仅承担较少金额那就大错特错了。

（2）释放迷障、麻痹对方。

在北京握奇起诉恒宝公司发明专利侵权之前，双方对战过一场实用新型专利的侵权诉讼，握奇仍是100万的赔偿请求，最终法院判赔21万。该起案件是不是北京握奇的烟幕弹我们虽无法下结论，但想必确实起到了麻痹恒宝公司的作用，在一审阶段挨了5000万这一记重拳。

（3）掌控案件，获取主动。

取得案件主动权，才能最大可能地保证案件朝着自己预设的趋势发展。案前规划诉讼策略，合理安排诉讼主张、恰当时间变更标的额，才能使知识产权人一直处于案件主动地位。因为小标的额案件往往不易引起对方决策层的重视，反击力度小，在面对突然的高额赔偿时往往疲于应对，知识产权人因此可以很好地掌控案件进展，推进诉讼进程。

对于被诉侵权人来说，并非所有的被诉侵权人都存在故意侵权的行为，但由于在案件中往往处于被动地位，且考虑到对方举证通常对案件不够重视，一定要看破权利人的迷障，以防大意失了荆州。如何应战，同样可以从上述案件中总结方法，笔者称之为“三不法”。

（1）不可轻敌，高度重视。

国家加大对知识产权的保护可不仅是一句宣传口号，一系列相关政策、会议意见的出台显然会对司法机关的裁量规则有重大影响。被诉侵权人若认为自己不构成侵权就应当奋起反抗，积极主张，寻找对方瑕疵，全力争取法官的认可和支持。法官不是司法机器，若消极备战，怠于反击只会让处境更加不利。

（2）不看表象，全力反击。

在被诉侵权时，不应只关注案件标的额的具体数额，在权利人可变更的情况下，起诉时的标的额并不重要，不要因此放松警惕而怠于反击。而应积极采取措施，全面规划应战策略，适时采取拖延、无效、抗辩等策略，努力掌握案件进展主动权，不让他人滥用权力的目的得逞。

（3）不言妥协，穷尽手段。

面临如此之高的侵权赔偿，勿让自己多年努力功亏一篑，勿让法定救济程序沦为纸上空文，勿放弃任何一个机会。知识产权的战争一向是攻坚战，只有坚持才有一线希望。恒宝公司虽在一审失利，被判赔 5000 万，而该案在二审阶段却发生了逆转，对方涉案专利被无效，侵权判决被撤销，所以案件不坚持到最后又怎能确定最终的结果呢！

专利权保护范围的确定

——关于说明书及附图的解释说明作用

专利侵权专业组　薛晨光律师

准确确定专利权的保护范围不仅是为专利权人提供有效法律保护的需要，也是尊重权利要求的公示和划界作用、维护社会公众利益的需要。

《专利法》第五十九条第一款规定，发明或者实用新型专利权的保护范围以其权利要求的内容为准，说明书及附图可以用于解释权利要求。显然，关于说明书及附图的解释说明作用，无论在侵权判定程序还是在专利确权程序，都需要把握解释的平衡尺度对专利权保护范围进行合理划界；特别是，在专利确权案件的处理过程中，在清楚、准确地理解专利技术方案的基础上，应当根据该条款的规定确定专利保护范围，并据此判断涉案专利是否符合《专利法》的有关规定，严格地说，任何一项被请求宣告无效的发明和实用新型专利都会涉及其权利要求保护范围的问题。

案例：（2014）高行（知）终字第2297号[①]

• 涉案专利为ZL200510117472.6号、名称为“防冲刷护面系统及该系统的施工方法”的发明专利（简称涉案专利），专利权人是程卫国。2012年5月15日，张慧宁针对涉案专利向国家知识产权局专利复审委员会（简称专利复审委员会）提出无效宣告请求。

① 参见北京高院（2014）高行（知）终字第2297号行政判决书。

•2013 年 1 月 17 日，专利复审委员会作出第 20461 号专利无效宣告请求审查决定（简称第 20461 号决定），维持涉案专利权有效。张慧宁不服第 20461 号决定，向北京市第一中级人民法院提起行政诉讼。

•一审法院判决，撤销了专利复审委员会作出的第 20461 号决定，判令专利复审委员会重新作出审查决定。

•专利复审委员会不服北京市第一中级人民法院（2013）一中知行初字第 2162 号行政判决，提起上诉。

•二审判决驳回上诉，维持一审原判。

本案争议焦点在于：涉案专利的权利要求 1 记载有“柔性绳索的两个端头及其在两相邻绳孔之间形成的回转处构成整个柔性垫体的固定端”，对于其中“固定端”的具体理解。

一审法院认为，权利要求 1 中的“固定端”是常见的技术术语，且说明书中也未对“固定端”进行特殊定义，因此，本领域技术人员能够理解由于柔性绳索的两个端头及两相邻绳孔之间形成的回转处均被固定，则柔性绳索是被固定死的，并不能移动，因而权利要求 1 中采用一根绳索的技术方案与附件 1、附件 2 中采用多根绳索的技术方案并没有本质区别，而在绳索的回转处做标记也属于本领域的常用技术手段。因此，涉案专利权利要求 1 相对于附件 1 和公知常识或附件 2 和公知常识的结合均不具备创造性。

专利复审委员会认为，权利要求 1 中的“固定端”应当结合说明书来理解，涉案专利说明书记载柔性绳索上除其两端头之外的其他各挂点处均设置有一套管，该套管固定于所述土基上的挂钩上，并使所述绳索可相对于该套管滑动，这说明绳索是挂在挂钩上的，土基发生变化的时候，绳索会在垫体的穿孔中滑动。

二审法院认为，专利复审委员会所引用的内容系说明书实施例所记载的技术方案，并且，涉案专利权利要求 8 中也对上述技术方案的相关技术特征做了进一步限定，可见，该技术方案与权利要求 1 记载的技术方案并不相同。专利复审委员会根据涉案专利说明书的内容将涉案专利权利要求 1 中的“固定端”认定为

“绳索除其两端头之外的其他各挂点处设置有套管，该套管固定于所述土基上的挂钩上”缺乏事实依据。由于涉案专利权利要求 1 中的柔性绳索已被固定死，并不能移动，因而权利要求 1 中采用一根绳索的技术方案与附件 1、附件 2 中采用多根绳索的技术方案并没有本质区别，而在绳索的回转处做标记也属于本领域的常用技术手段。因此，涉案专利权利要求 1 相对于附件 1 和公知常识、或附件 2 和公知常识的结合均不具备创造性。

笔者认为，《专利法》第五十九条第一款中的“以权利要求的内容为准”，明确地表明权利要求书是确定专利保护范围的根本。而“说明书及附图可以用于解释权利要求”则是在上一层含义的基础上，允许使用说明书及附图对权利要求书进行一定程度的理解、澄清和特殊情况下的修正，但不得用于限定权利要求。即解释权利要求适用于以下几方面：

1. 帮助对权利要求书中的技术特征、术语进行理解

说明书的内容可以帮助理解权利要求书中的技术特征，以及由这些技术特征共同构成的技术方案，在详细阅读说明书后，可以更为清楚、准确、全面地理解发明的内容，这是其客观上的首要作用。

但是，在专利无效案件中，如果专利权人将说明书中实施例、优选方案及附图中呈现的特征加入权利要求中进行解释，无边界地依说明书记载的内容进行技术方案的理解，进行技术效果的扩大性主张，从而在对比文件可能破坏涉案专利创造性的情况下，主张其专利具备创造性，达到维持专利权有效的效果。显然，这种被允许做理解之外的“解释”，对于专利权人之外的公众利益而言必然有失公平。

2. 澄清权利要求书中的技术术语在表述上存在的不清楚，以及弥补技术术语多义理解的缺陷

通常，文义含糊不清包括技术术语本身的含义不清和各技术术语之间关系不明确。当权利要求中所用技术术语存在含义含糊不清或产生歧义的情形时，可能产生截然不同的两种或多种理解，而说明书中文字部分或附图则描述明确、清

晰，本领域普通技术人员通过阅读说明书和附图内容可以理解权利要求书对应术语的准确含义时，应当允许用说明书的文字内容及附图来确定权利要求中对应术语的含义。

3. 对权利要求书中的技术术语的理解进行法律允许的修正

由于技术突飞猛进的发展变化，受现有技术常用术语的局限，可能在申请日时对于某一技术特征很难找到相对恰当的技术术语加以描述，申请人往往常用自定义术语或自造词，即非本领域通用术语。例如这样一项权利要求："如权利要求5所述的USB接口的卡拉OK耳机，其特征在于，所述数字音频处理模板的音调模式为磁性主播、萌娘主播、撩妹男神、男声、女声或童声"，可见，随着时代的进步，权利要求中的技术术语可以具有丰富的想象空间，并体现时代的特征，类似技术术语的规范使用需要引起特别关注。

笔者认为，对于非本领域通用技术术语的情况，建议在说明书中明确记载其所表征的含义、功能及作用，以便在确定权利要求保护范围时合理进行法律允许的修正性理解。

专利高判赔额案例浅谈

专利侵权专业组　雷电律师

一、引言

2016 年 12 月 8 日，北京握奇数据系统有限公司（以下简称握奇公司）诉恒宝股份有限公司（以下简称恒宝公司）发明专利侵权案件，北京知识产权法院作出一审判决，认定恒宝公司侵犯握奇公司的发明专利“一种物理认证方法及一种电子装置”专利权，并判决恒宝公司赔偿原告握奇公司经济损失 4900 万元，以及合理支出律师费 100 万元，共计 5000 万元。①

本案判决一出，一时间让圈内外热议纷纷。一方面，律师计时收费的方式得到了法院的支持和认可；另一方面，则是本案高达 4900 万元的判赔额度，让人不禁惊呼，知识产权诉讼支持高赔偿额度的时代已经到来？

二、历年高赔偿额专利侵权案件统计

其实，这并不是我国法院第一次在专利侵权诉讼中给出大额判决。据不完全统计，历年来，我国法院时有高赔偿额度的一审判决出现。如下表：

① （2015）京知民初字第 00441 号。

表一

年份	原告	被告	一审判赔金额（元）	一审法院	后续说明
2006	浙江华立通信集团有限公司	深圳三星科健移动通信技术有限公司、戴钢	5000万	浙江省杭州市中级人民法院	二审认为不构成专利侵权，撤销一审判决，驳回诉讼请求①
2009	正泰集团股份有限公司	施耐德电气低压（天津）有限公司、宁波保税区斯达电气设备有限公司乐清分公司	3.34869872亿	浙江省温州市中级人民法院	二审期间施耐德与正泰集团达成全球和解，施耐德向正泰集团支付补偿金人民币1.5750亿元②
2009	武汉晶源环境工程有限公司	日本富士化水工业株式会社、华阳电业有限公司	5061.24万	福建省高级人民法院	二审维持一审判决③
2009	尼欧普兰汽车有限公司	中大工业集团公司、盐城中威客车有限公司、北京中通星华汽车销售有限公司	2116万	北京市第一中级人民法院	一审判赔之后涉案专利被全部无效，故二审撤销一审判决，驳回诉讼请求④
2010	湖南科力远新能源股份有限公司	爱蓝天高新技术材料（大连）有限公司、湖南凯丰新能源有限公司	5458.85万	湖南省长沙市中级人民法院	二审维持一审判决，最高院指定江苏省高院再审，江苏省高院判决撤销二审判决，驳回诉讼请求⑤
2014	歌尔声学股份有限公司	楼氏电子（苏州）有限公司、潍坊三联家电有限公司	3720万	潍坊市中级人民法院	⑥

可见，历年在各地法院一审中，高判赔额度的判决时有出现。

① （2009）浙知终字第64号。
② （2007）浙民三终字第276号。
③ （2008）民三终字第8号。
④ （2009）高民终字第2116号。
⑤ （2011）苏知民再终字第0001、0002号。
⑥ （2013）潍知初字255、256号。

那么，在专利法规定法定赔偿额度仅 100 万元的情况下，如何才能取得高额赔偿呢？

三、取得高赔偿额的方式

《专利法》第六十五条：“侵犯专利权的赔偿数额按照权利人因被侵权所受到的实际损失确定；实际损失难以确定的，可以按照侵权人因侵权所获得的利益确定。权利人的损失或者侵权人获得的利益难以确定的，参照该专利许可使用费的倍数合理确定。赔偿数额还应当包括权利人为制止侵权行为所支付的合理开支。

“权利人的损失、侵权人获得的利益和专利许可使用费均难以确定的，人民法院可以根据专利权的类型、侵权行为的性质和情节等因素，确定给予一万元以上一百万元以下的赔偿。”

1. **积极举证**

这是专利侵权案件能够获得高额判赔的关键。

从握奇 VS 恒宝的判决以及表一涉及的 6 份判决看，这些案件中原告之所以能够获得高额度的赔偿，一个非常重要的原因和共同点在于，原告均积极行使了举证权利，向法院提供了侵权产品详细的销售数据。

例如在握奇 VS 恒宝的案件中，握奇公司的做法：（1）向法院提出申请，向中国银行、中国人民解放军 61046 部队、中金金融认证中心有限公司就被告恒宝公司向上述单位销售的 USBKEY 产品数量情况进行了调查取证，确定了被诉侵权产品销售数量。（2）委托北京中金华会计师事务所有限公司对单个产品毛利率进行专项审计，配合同行业其他公司的年报和招股说明书，确定了被诉侵权产品利润率。（3）握奇公司向中国建设银行、辽宁省农村信用社联合社销售产品的合同，确定产品的采购单价。

其他几件案件中，原告所列举的证据也与此类似。基于这些数据，法院将侵权产品的销售数量 × 利润率 × 单个售价，就能够计算出涉嫌侵权者的大致获利，从而也就能较大限度地支持原告的诉讼请求。

然而，根据中南财经政法大学知识产权研究中心完结的“知识产权司法侵权赔偿研究”发现，97.25%的专利判决都采取了法定赔偿的方式。根据《专利法》第六十五条，法定赔偿的上限仅为100万元。在没有积极的证据证明侵权获利或者因侵权承受的损失的情况下，对于更高的判赔金额，法院也只能是有心无力。因此才会出现目前国内绝大部分的专利侵权案，判决金额均不高的情况。

2. 其他因素

为了获得更高额度的判赔，除了积极行使举证责任外，其他一些因素在专利侵权诉讼中也应当充分考虑。例如：

管辖法院的选择。一般来说原告应该尽量避免客场作战，在被告所在地起诉，被告的反抗投入与力度最大。另外，原告如选择在经济相对发达地区的法院起诉，其判赔金额也会相应更高。

先前判决的引导。之前判赔金额较高的类似判决，也可以提供给法官作为参考，起到一定的引导作用。

侵权恶意的证明，也是法院判决时明确存在的考量点。例如，原告与被告在诉讼之前是否已经经过交涉，被告是否存在故意侵权、反复侵权、共同侵权的情况，该侵权行为是否具有隐蔽性等因素，均应提供法院考量。

四、高判赔额一审判决案例的后续

虽然上述6个案例原告均拿到了高判赔额的一审判决，然而从表一中看，除一例外，其余判决最终均没有拿到同样高额的终审判决。可以说，高额的一审判决很少走到最后，大部分最终只成为纸上富贵。

这些判决后续或者是原被告双方和解结案，或者是二审认为不侵权而撤销一审判决，或者原告的专利权最后被无效掉而失去了权利基础。可见拿到一个高判赔额的一审判决只是万里长征的第一步，离最后的胜利还有很远的差距。这是因为：

一方面，高判赔额的专利诉讼，已经不仅仅是专利技术或者法律问题的研究，体现更多的是原被告双方综合实力以及投入程度的较量。当面对大额赔偿时，一审没有重视该案件的被告，会加倍投入和重视，无效检索、不侵权抗辩的力度都会大大加强，使二审中原审原告方维持胜利果实的难度陡然提高。

例如前述尼欧普兰诉中大工业和盐城中威的案件中，尼欧普兰的权利基础是一件名为“车”的外观设计专利。外观设计专利由于没有经过实质审查，其稳定性总体不高。但是由于外观设计专利大量为图片，文字描述很少，检索的难度也很大。在该案二审之前盐城中威公司虽然提起过两次无效宣告请求，但是由于没有检索到很好的对比文件，两次无效宣告均没有成功。

二审期间，盐城中威公司提起的第三次无效宣告请求，举出了德国出版物《今日客车》《客车杂志》作为证据。一般而言，中文专利检索比较容易，中文出版物的检索则比较困难，而外文出版物的检索同时受限于语言和检索库的障碍，更是难上加难。可见该案中，被告方在二审期间为了打掉该外观设计专利，已是下了很大的决心和力气。当然最终也获得了相应的效果。

另一方面，当判赔额度足够大时，两家对抗的公司需要考量的是整体的商业战略、发展进程和商誉，而不再是单个专利诉讼案件的胜负。双方谈判和解的考量因素增多之后，案件的走向也相应变得不明朗。

例如在前述正泰集团诉施耐德侵犯其名为“一种高分断小型断路器”的实用新型专利权一案中，原被告双方在达成 1.575 亿元天价调解协议的同时，还达成了全球和解。在正泰诉施耐德案的背后，施耐德也先后在法国、德国、意大利等多个国家对正泰提起了 20 多个专利侵权指控。此时，此案的和解更大程度上已经是两个公司从全球商业战略布局上的整体考量。

综上，从这些案例也可以看出，面对高额判决被告方的常见应对方向：

（1）加大无效程序的投入，加大力度检索对比文件，从根源上打掉侵权案件的权利基础。

（2）对较为复杂的案件，以进行技术鉴定、引入技术调查官、申请专家证人等方式，帮助法官理解技术，以获得不侵权判决。

(3) 积极举证侵权产品销量、单价、利润率等，力争降低赔偿额。

(4) 积极推进和解进程，推进其他对己方有利案件或商业项目进程，以达成和解。

五、结语

这些年来各地高额一审判决案例并不鲜见，但是最终拿到高额终审判决的却相对很少。开篇提到的一审获得 5 千万元判决的握奇 VS 恒宝案，后续二审和无效程序的走向会是什么样，还要我们拭目以待。特别是该案涉及的 ZL200510105502.1 号发明专利，在笔者看来其权利稳定性尚存疑，握奇想要最终摘取到胜利果实，只怕还有很长的路要走。

专利间接侵权的构成要件和案例解析

专利侵权专业组　雷电律师

一、关于专利间接侵权

专利间接侵权，是指行为人实施的行为并不构成直接侵犯他人专利权，但却故意帮助、教唆别人实施他人专利，发生直接的侵权行为，行为人在主观上有帮助或唆使别人侵犯他人专利权的故意，客观上为别人直接侵权行为的发生提供了必要的条件。

《最高人民法院关于审理侵犯专利权纠纷案件应用法律若干问题的解释（二）》（以下简称《专利纠纷司法解释（二）》）第二十一条以司法解释的形式，对间接侵权作了规定：

“明知有关产品系专门用于实施专利的材料、设备、零部件、中间物等，未经专利权人许可，为生产经营目的将该产品提供给他人实施了侵犯专利权的行为，权利人主张该提供者的行为属于侵权责任法第九条规定的帮助他人实施侵权行为的，人民法院应予支持。

“明知有关产品、方法被授予专利权，未经专利权人许可，为生产经营目的积极诱导他人实施了侵犯专利权的行为，权利人主张该诱导者的行为属于侵权责任法第九条规定的教唆他人实施侵权行为的，人民法院应予支持。”

可见，在《专利纠纷司法解释（二）》中，将专利间接侵权的行为归到了《中华人民共和国侵权责任法》（以下简称《侵权责任法》）第九条的内容下。《侵权责任法》第九条的内容为：“教唆、帮助他人实施侵权行为的，应当与行为人承担连带责任。

“教唆、帮助无民事行为能力人、限制民事行为能力人实施侵权行为的，应当承担侵权责任；该无民事行为能力人、限制民事行为能力人的监护人未尽到监护责任的，应当承担相应的责任。”

基于《专利纠纷司法解释（二）》和《侵权责任法》，专利间接侵权的行为被分为了两类：即帮助型间接侵权和教唆型间接侵权。

二、帮助型间接侵权

《专利纠纷司法解释（二）》第二十一条第一款即帮助型间接侵权的定义。该定义中规定：“明知有关产品系专门用于实施专利的材料、设备、零部件、中间物等，未经专利权人许可，为生产经营目的将该产品提供给他人实施了侵犯专利权的行为。”

帮助型间接侵权有3个特点：

1. 故意性

“明知”二字规定了帮助型间接侵权成立的主观要件，包括两点：

（1）明知专利的存在；

（2）明知提供的产品系专为实施专利侵权使用。

2. 专门性

“专门用于”并不限于专利产品本身的零部件，例如，用于制造或使用产品的工具，也属于用于“实施专利”的设备。

案例1：殷永江与上海科炎光电技术有限公司、上海科润光电技术有限公司侵害发明专利权纠纷二审民事判决书（下称殷永江案）[①]，该案判决于《专利纠纷司法解释（二）》发布之前，是基于《侵权责任法》第九条进行的判决。但是该判决中同样很好地体现了《专利纠纷司法解释（二）》的立法思想，该判决中

① （2014）沪高民三（知）终字第45号。

对于帮助型间接侵权部分的认定为:“产品1、产品2在使用驱动器进行驱动时,通过不同的驱动方式,既可以实现涉案专利要求保护的依次逐段发光的效果,也可以实现常亮、闪动发光等其他发光效果。由此可见,产品1、产品2在通过不同的驱动方式驱动时,既可能落入涉案专利的保护范围,也可能不落入涉案专利的保护范围,因此,产品1、产品2并非专门用于实施涉案专利的部件。”

可见,案例1中认为,在产品既可以用于实现涉案专利要求的技术效果,又可以用于实现其他技术效果的时候,由于产品不具备“专门用于实施专利”的法律要件,并不构成帮助侵权。

案例2:组合会社等诉激素公司等专利侵权案中①,对于“专门性”的举证责任,法院认为没有其他商业用途系一消极事实,难以举证证明;而被告只需证明产品存在任何一种其他用途,即完成举证责任。根据公平原则并结合当事人的举证能力,对此待证事实的举证责任,应由被告承担。因此可以理解为,在对于“专门性”的举证上,举证责任已经由原告向被告发生了转移,由被告证明产品具有“非专门性”。

3. 从属性

“为生产经营目的将该产品提供给他人实施了侵犯专利权的行为”说明了其从属性关系:

(1)“提供”二字,除了包括常见的制造、销售、许诺销售、进口以外,也可包括租赁、转让等交易行为。租赁、转让等行为虽然不属于《专利法》第11条规定的直接侵权行为,但是对直接侵权行为可能具有帮助作用,仍然可能构成共同侵权行为。

(2)法条要求“他人实施了侵犯专利权的行为”,结合最高院发言人在新闻发布会上的发言可知,在《专利纠纷司法解释(二)》中明确采取从属说,即间接侵权以他人直接实施了侵犯专利权的行为为前提。

---

① (2005)苏民三终字第014号。

案例3：杭州路加罗布贸易有限公司与陈欢侵害外观设计专利权纠纷一审民事判决书（下称路加罗布案）①，同样是判决于《专利纠纷司法解释（二）》发布之前，采用的裁判依据为《侵权责任法》第九条。该判决中明确：

"二是直接的专利侵权行为的存在。间接侵权行为一般应以直接侵权的发生为前提条件，没有直接侵权行为发生的情况下，不存在间接侵权。……如他人购买了被诉侵权产品后拼装成奖杯后使用的，并不侵害原告的专利权。本案中原告公证时购买了5件被诉侵权产品，该数量无法推定被告明知他人购买包饰件是为了生产、销售而仍然销售了被诉侵权产品，原告也没有提供证据证明专利侵权行为必然存在。故本院认定被告销售被诉侵权产品的行为亦不构成间接侵权。"

由此可见，原告在主张间接侵权时，需要承担比证明直接侵权更多的举证责任。为了满足从属性的要求，除了证明存在间接侵权的行为外，还需要举证证明直接的专利侵权行为必然存在，但是被告明知该直接侵权行为存在的除外。

与此相应的，如果提供专用品的行为属于：（1）为《专利法》第六章规定的各种强制实施许可行为提供专用品的行为。（2）为个人或者家庭内实施专利提供专用品的行为。(3)《专利法》第六十二条规定的各种不视为侵犯专利权的行为，则间接侵权不能成立。

三、教唆型间接侵权

《专利纠纷司法解释（二）》第二十一条第二款即教唆型间接侵权的定义。教唆型间接侵权在实践中通常表现为在产品广告或说明书中以口头或书面等方式积极诱导他人利用该产品侵犯专利权。对于教唆型间接侵权，与帮助型间接侵权的法律要件存在一些异同：

1. 侵权的故意性和从属性

教唆型间接侵权同样要求间接侵权人存在主观故意，即"明知"专利的存

① （2015）金义知民初字第535号。

在。但是由于教唆型间接侵权不存在“专门用于”的要求，也不涉及中间产品，因此在判断教唆型间接侵权的主观故意的时候，不需要“明知”产品、方法系专为实施专利侵权使用。

与帮助型间接侵权相同，教唆型间接侵权同样具有从属性，即教唆型间接侵权同样应当以直接侵权的存在为前提。

2. **单一性**

在前述案例3的路加罗布案中，在判断是否属于教唆型间接侵权时，强调了最终产品是否具有单一性。从这个角度看，本案中教唆型间接侵权的判断，与帮助型间接侵权中专门性的判断，存在一些类似的思路：

“本案中，被告销售的配件可以与多种不同的底座搭配组成视觉效果不同的奖杯故而不具有单一性，因此不能直接认定被告具有教唆、引诱他人实施专利的故意。本案的被诉侵权产品可以用于实施本案专利，也可以与其他底座配合，组成另外一个产品，因此需要根据被告的行为进行判断其是否有积极诱导他人实施涉案专利的行为，本案的被告虽然在橱窗上展示了完整的奖杯，但是否实施了涉案专利相同的方案，无法辨别，故也不能认为被告有积极诱导他们实施涉案专利的行为。”

类似的单一性要求，在其他判决中也存在。

案例4：重庆新原兴药业有限公司与诺瓦提斯公司专利侵权纠纷二审民事判决书（下称新原兴案）①：“根据新原兴公司在二审提供的发明名称为‘苯并噻嗪二氧化物的衍生物的制备方法’的发明专利申请审定说明书，哌嗪苯甲酸或其盐酸盐曾经作为中间体用于合成某种已知药物的前体药，因此可以认为哌嗪苯甲酸具有其他用途。但是即便如此，新原兴公司在网站、书面宣传材料以及实际销售行为中明确将哌嗪苯甲酸作为甲磺酸伊马替尼的中间体进行许诺销售和销售。新原兴公司二审审理期间才提供其他用途证据的做法也证明了新原兴公司在本案纠纷发生前并没有意识到哌嗪苯甲酸尚具有其他用途，而是完全将其用于制造甲磺

① （2008）渝高法民终字第230号。

酸伊马替尼的。

因此，新原兴公司销售和许诺销售哌嗪苯甲酸就是为了诱导直接侵权的发生，已经构成对涉案专利的间接侵权。当然，由于哌嗪苯甲酸具有其他用途，并非专门用于制造甲磺酸伊马替尼，新原兴公司只要不以任何能够让人把哌嗪苯甲酸和伊马替尼或甲磺酸伊马替尼联系起来的方式销售哌嗪苯甲酸，法律都是允许的。一审法院在判决‘新原兴公司立即停止生产、销售和许诺销售甲磺酸伊马替尼及其中间体氢化物（氨基物）、哌嗪苯甲酸的行为’的时候，已经包含了这一层意思。”

可见，虽然在法条中对教唆型间接侵权没有“专门性”的明确要求，但是从案例中看出，由于间接侵权本身的从属性，需要与直接侵权有明确的对应关系。因此对于教唆型间接侵权中，能够诱导直接侵权发生的行为，仍然认为构成间接侵权。

四、结语

《专利纠纷司法解释（二）》第二十一条，对《侵权责任法》第九条在专利领域进行具体、下位的规定，对帮助型和教唆型专利间接侵权行为的法律要件进行了细化。之前的专利间接侵权判例，多是以《侵权责任法》第九条为依据，目前还没有以《专利纠纷司法解释（二）》为依据的间接侵权判例。对《专利纠纷司法解释（二）》的具体应用和解释，尚待更多案例的明晰。

专利侵权案件中的证据类型

专利侵权专业组　冯志慧律师

【案例】

案情简介：

原告孙哲、赵凯、蒋舒平诉被告上海民桥医疗器械有限公司（下称被告1）、上海民桥医疗器械有限公司普陀分公司（下称被告2）侵害专利号为ZL98121917.9，名称为“强效床单位消毒器及其消毒处理方法”的发明专利权，请求判令：

1. 两被告立即停止一切侵犯原告ZL98121917.9号发明专利权的行为，包括制造、销售、许诺销售专利侵权产品以及使用专利方法的行为。

2. 两被告赔偿原告经济损失及合理费用共计人民币（以下币种同）1 000万元。

3. 两被告承担本案诉讼费用。

原告为其主张提供如下证据：

1. 涉案发明专利证书、专利授权文本、专利登记簿副本、年费缴纳网页打印件、年费缴纳发票。

2. （2013）沪东证字第11105号公证书、（2013）沪东证字第16072号公证书。

3. 被控侵权产品实物。

4. 委托代理合同、律师费发票、个人转账汇款业务受理回单、公证费发票、购买被控侵权产品发票。

其中，(2013) 沪东证字第 11105 号公证书系原告购买被控侵权产品所做的证据保全；原告在购买被控侵权产品的同时取得了产品使用说明书、出库单、被告1消毒产品生产企业卫生许可证、国产消毒剂和消毒器械卫生许可批件等文件。(2013) 沪东证字第 16072 号公证书系原告对被告1公司网页所做的网页证据保全。

判决结果：

上海市第一中级人民法院判令被告1停止制造、销售侵害原告享有的“强效床单位消毒器及其消毒处理方法”发明专利权（专利号为 ZL98121917.9）的产品；判令被告1赔偿原告经济损失及合理费用共计人民币 63.5 万元。

案例简析：

本案一审原告胜诉，但原告的诉求并未全部被法院认可：（一）原告起诉了两家公司，最终法院只认定被告1侵权，而且，只认定被告1存在制造、销售专利产品的侵权行为，而未认定其许诺销售行为；（二）原告请求判令被告赔偿1 000万元，最后法院只判赔 63.5 万元。

因此，笔者认为，从某种程度上说，原告败诉。败诉的原因之一是未能充分举证。基于“谁主张谁举证”的基本原则，专利侵权诉讼中的举证责任主要在原告，同时，原告也承担了举证不能的法律后果。那么，作为专利侵权诉讼中的原告，应该准备哪些证据呢？

一、权利证据

原告应举证证明其主体资格，涉案专利专利权真实有效，主要证据形式包括：专利权证书、专利登记簿副本、专利授权公告文本、专利年费收据、专利权评价报告、无效宣告请求审查决定书、专利确权程序的生效裁判文书等。

利害关系人起诉的，应当提交专利实施许可合同在国务院专利行政部门备案的证明材料；未经备案的，应当提交专利权人的证明，或者证明其享有权利的其他证据。

独占实施许可合同的被许可人可以单独向人民法院起诉；排他实施许可合同

的被许可人可以和专利权人共同起诉，也可以在专利权人不起诉的情况下，自行提起诉讼，但应当提交专利权人已知有侵权行为发生而明示放弃起诉或不起诉的证明材料。

专利财产权利的继承人起诉的，应当提交已经继承或者正在继承的证据材料。

案例中，原告提供了充分的证据证明其专利权有效，且通过专利授权文本证明其权利范围。

二、侵权证据

原告应举证证明被告实施了侵犯其专利权的行为，包括未经专利权人许可、为生产经营目的制造、使用、许诺销售、销售、进口其专利产品，或者使用其专利方法以及使用、许诺销售、销售、进口依照该专利方法直接获得的产品。证据形式通常包括：

1. 书证：通常是公证书。专利权人通过市场调查，发现侵权行为后，可以向公证机关提出申请，对购买侵权产品的过程及购得的侵权产品进行公证或对侵权现场（如许诺销售）或侵权产品的安装地进行勘查公证，取得公证书，从而证明被告存在侵权行为。在公证取证的过程中，专利权人应主动向销售者索取产品宣传册、销售侵权产品人员的名片、购货发票或收据，以进一步地明确产品的生产者和销售者，同时专利权人可要求公证机关对前述资料的来源和真实性作出说明，一并记载在公证书中。

2. 物证：通常是原告从市场上购得的侵权产品。购得的侵权产品应由公证人员封存并拍照。在提交给法院之前，原告应确保封条完好无损，否则被告将可能在质证时提出异议，对侵权产品不予认可。

案例中，原告提交了两份公证书及被控侵权产品实物，以证明被控侵权产品系被告 1 生产、销售，但未提供充分的证据证明被告 1 具有许诺销售侵权产品的行为，原告提交的关于被告 1 公司网页的公证书仅能说明被控侵权产品是被告 1 的产品之一，而不能证明被告 1 有许诺销售的行为；原告仅提供证据证明被告 2 是被告 1 的分公司，且其注册地与被控侵权产品的制造地址相同，但未提供任何证据证明被告2有侵权行为。因此，原告针对被告1的许诺销售行为及被告2的侵权行为的主张均未得到法院的认可。

三、赔偿证据

原告应举证证明其因被侵权所受到的实际损失或被告因侵权所获得的利益或涉案专利的许可使用费。赔偿证据通常是举证难点，尤其前两项“被侵权损失”及“侵权获利”，原告需提供足够的财务数据、购销合同等作为辅助证据，难度大且成本高。证据形式通常包括：

1. 财务审计报告：原告可通过财务审计报告来证明自己的损失或被告的侵权获利。

2. 专利实施许可合同：当原告无法提供充足证据证明自己因被侵权受到的损失，或被告因侵权获得利益时，原告可通过提供专利实施许可合同，主张按照专利实施许可使用费的合理倍数赔偿。

案例中，原告主张根据被告的侵权获利计算赔偿，但其仅提供了被告的企业法人年检报告书和纳税证明，而被告1的产品除了被控侵权产品外还有其他多种产品，根据年检报告书和纳税证明，不足以区分计算被控侵权产品的获利。最终，法院综合专利权的类别、侵权人侵权的情节、时间、被控侵权产品的销售价格、销售总额、同类产品的平均利润率、被告的主观过错程度等因素酌情确定支持的损失金额为60万元。

四、合理支出证据

原告应举证证明其所花费的诉讼代理费、公证费、购买侵权产品的费用等。此类举证相对简单，只要尽到注意义务，妥善保存相关的合同、收据/发票等即可。主要证据形式包括：

委托代理合同、律师费发票、个人转账汇款业务受理回单、公证费发票、购买被控侵权产品发票等。案例中，原告提供了公证费以及购买侵权产品的费用的相关票据，法院予以支持；关于律师费，法院综合案件法律关系的复杂程度、律师的工作情况等因素酌情确定，总计支持合理费用3.5万元。

结语

专利侵权诉讼案件的证据，类型上多种多样，表现形式上也是五花八门，不能一一穷尽。因此在实务中应具体分析，具体对待，仔细研究，积极取证，尽可能提供翔实完整的证据，力争形成一条完整的证据链，无懈可击。

技术秘密保护还是专利保护

商业秘密专业组　渠佩佩律师

对于企业而言，核心技术可谓其发展命脉，是无论如何都不能丢的。那么问题来了，企业创新成果该采用技术秘密保护呢？还是申请专利保护呢？且听下文分析。

一、兵马未动，案例先行

【案例一：专利保护】 惠州三星电子有限公司（下称三星）等侵害华为终端有限公司（下称华为）专利号为201010104157.0、名称为“组件显示处理方法和用户设备”（下称涉案专利）的发明专利权纠纷案于2017年4月6日作出判决：被告三星立即停止对原告华为涉案发明专利权的侵害，即停止在移动终端的操作系统中搭载实施涉案专利的图形用户界面，停止制造、许诺销售、销售搭载涉案专利技术方案的移动终端，同时于判决生效之日起十日内连带赔偿原告华为经济损失8000万元以及原告为制止侵权行为所支付的合理费用50万元①。

【案例二：专利保护】 山东理工大学享有专利号为201310095799.2、名称为“聚氨酯化学发泡剂及其制备方法”的发明专利专利权，日前以5亿元人民币的“天价”授予补天新材料技术有限公司20年专利独占许可使用权（美国、加拿大市场除外），首付4100万元已到账②。

---

① （2016）闽05民初725号民事判决书。

② 参见山东理工大学官网：http：//www. sdut. edu. cn/. http：//lgwindow. sdut. edu. cn/2017/0324/c1058 a72963/page. htm.

【案例三：技术秘密保护】“可口可乐”的配方、“同仁堂”中成药的配方等未申请专利保护，而是作为技术秘密进行保护，已有一两百年的历史，其配方内容至今仍处于保密状态，为权利人带来巨大的经济利益。根据“可口可乐”公司于2017年2月9日公布的全年财务数据，可口可乐2016年全年销售额为418.63亿美元，净利润65.27亿美元。

【案例四：技术秘密保护+专利保护】将“云南白药”核心配方作为技术秘密进行保护的情况下，对其不同的剂型（如胶囊、喷雾剂和创可贴）等申请了专利保护。

二、技术秘密保护VS专利保护大比拼

技术秘密和专利一样都属于知识产权范畴，都是研发人员的心血与智慧的结晶，也都可能为权利人带来巨额利润，但二者之间还是有不小的差别的，见下表：

	专利保护	技术秘密保护
权利主体	一项发明创造只能被授予一项专利，其权利由专利权人享有	一项技术秘密可以由多个主体享有，互不影响
条件	实用性、新颖性、创造性	秘密性、保密性、价值性
权利取得	需申请，经审查批准后获得，需缴纳专利年费维持其权利的存续	无需申请审批，依赖企业自发的保密行为
保护期限	自申请日起，发明专利20年，实用新型和外观设计10年	以其保密状态的存续期间为准，只要严守秘密、不被新技术所取代，其保护期间在理论上是无限的
地域	获得专利授权的国家或地区	无地域限制
法律	《专利法》等	《反不正当竞争法》《合同法》等
费用	申请费、审查费、年费等	企业采取保密措施所需费用
保护范围	范围小，仅限于满足《专利法》等规定的技术方案	范围大，一切未被公众知悉、能带来经济利益的技术信息

续表

	专利保护	技术秘密保护
权利丧失	低风险，仅在期限届满、未缴纳年费、主动放弃、被宣告无效等情况下权利丧失	高风险，一旦丧失秘密性，权利即终止：包括权利人意外泄露、他人非法泄露、反向破译或研发获得后公开等
维权成本	成本较低、维权相对容易	成本高、举证难、维权较为困难

1. **基本特征分析**

专利保护即通过将符合《专利法》及《专利法实施细则》规定的发明创造向社会公众公开来换取排他性的权利，即以公开换保护。《专利法》第二条规定：本法所称的发明创造是指发明、实用新型和外观设计。《专利法》第二十二条规定：授予专利权的发明和实用新型，应当具备新颖性、创造性和实用性。可见，并不是所有的创新成果都可以得到专利保护的，相对于技术秘密保护，专利保护的范围要窄得多。

此外，一项发明创造只能被授予一项专利，其权利由专利权人享有，他人若想使用专利技术必须经过专利权人的许可，专利权人可以收取相应费用。专利权人需按时缴纳专利年费以保证专利权的存续，否则专利权终止，发明专利最长保护期限为自申请日起20年，实用新型和外观设计最长保护期限为自申请日起10年，期限届满后该专利技术自动进入共有领域，成为公共财富。

技术秘密保护即通过自身的防御性进行保护，维持技术的秘密性来获得独占利益。技术秘密属于商业秘密的一种，我国《反不正当竞争法》第十条明确规定："本条所称的商业秘密，是指不为公众所知悉、能为权利人带来经济利益、具有实用性并经权利人采取保密措施的技术信息和经营信息。"技术秘密保护的客体包括技术秘诀、工艺流程、设计图纸、技术数据、化学配方、制造方法、技术资料、技术情报等技术科学方面的专有知识。技术秘密保护主要依赖于企业自发的保密行为，只要严守秘密、不被新技术所取代、不被披露，其保护期间在理论上是无限的，且不受地域的限制。由于技术秘密可以由多个主体享有，因此技术秘密权利人无权阻止他人采用反向工程破译或者自主研发。由于技术秘密一旦泄露进入公共领域，权利人几乎无补救可能，这也就对权利人的保密管理能力提出了较高的要求。

2. 权利丧失风险分析

专利权丧失主要包括以下几种情形：（1）期限届满后，专利权将会自行消灭，成为公共财富。（2）未缴纳年费而导致专利权终止。（3）专利权人主动放弃专利权。（4）被宣告无效导致该专利权被视为自始即不存在。

专利保护所要面对的风险相对较小，主要在于发明专利初审合格公布后却因种种原因在实审阶段被驳回，或者授权后被无效，申请人虽然尽了公开的义务，却无法享受该项创新成果的独占权。

相比而言，技术秘密则属于一种高风险的保护方式。技术秘密一旦被披露为公众所知悉，就会丧失其秘密性，权利即终止。若他人独立研发或者反向破译后公之于众，则该技术秘密便不复存在；若他人就该项技术秘密抢先申请了专利保护，那么该技术秘密不仅不复存在还要受限于专利权人。技术秘密保护依赖于权利人自身的保密行为，这本身就是一个巨大的挑战，特别是对于人员流动较大的企业来说更是如此。其权利丧失风险主要来自：（1）权利人不小心泄露，如参加展览、竞赛、投标等。（2）保密管理措施不到位，内部工作人员泄露，人员流动如员工跳槽等导致的技术秘密泄露。（3）被恶意公开。（4）他人独立发现或者反向破译后公开等。

3. 维权难易程度分析

专利侵权方式：《专利法》第十一条规定为生产经营目的制造、使用、许诺销售、销售、进口其专利产品，或者使用其专利方法以及使用、许诺销售、销售、进口依照该专利方法直接获得的产品。

技术秘密侵权方式：我国《反不正当竞争法》第十条对侵犯商业秘密的非法手段作了明确的规定：

（1）以盗窃、利诱、胁迫或其他不正当的手段获取权利人的商业秘密。

（2）揭露、使用或者允许他人使用以前项手段获取的权利人的商业秘密。

（3）违反约定或者违反权利人有关保守商业秘密的要求，揭露、使用或者允许他人使用其所掌握的商业秘密。

（4）第三人明知或应知前三款所列的违法行为，仍然获取、使用或者披露他人的商业秘密。

显而易见，采取技术秘密保护的创新成果其维权难度要比获得专利保护的创新成果高得多。专利权人维权的基础是其获得授权的权利要求书及说明书，而技术秘密权利人的维权基础则是其技术秘密，这就需要权利人首先去证明其技术符合技术秘密的构成要件，司法实践中就经常出现因权利人所称商业秘密不满足秘密性或者保密性而不被认定为技术秘密。且对于“他人采用非法手段侵犯其技术秘密”的举证难度也是非常之高。相对于专利保护，其维权成本也要高得多。

三、保护模式的选择策略

技术秘密和专利之间存在一定的重叠关系，即权利人就同一项新技术既可以去申请专利，受到《专利法》的保护，也可以选择作为技术秘密得到《反不正当竞争法》等的保护。那么，到底是选择专利保护、技术秘密保护还是专利+技术秘密相结合的保护模式呢？其选择与技术创新成果自身的特点有很大的关系，笔者总结了以下几点供读者参考。

1. 依据被复制或获取难易程度

对于易被复制或获取的创新成果优选专利保护，易被复制或获取的创新成果主要指易通过反向工程破解、易于自主研发的创新成果等，包括结构相对明确、通过简单推理分析或实验即可获知其结构的产品和较为简单的制备方法等。一旦获得此类产品，当初步预期其有经济价值时，建议首先考虑申请专利来进行保护。

对于不易被复制或获取的创新成果优选技术秘密保护，包括结构相对复杂，难于通过简单检测等手段获知组分的产品或工艺等。比如某些中药组合物，其各组分和含量难于通过分析获知，将其配方作为技术秘密进行保护，在不泄密的情况下，竞争对手就无法进行仿制，从而获得垄断性利益。

2. 针对“开拓型”和“改进型”创新成果

一般而言，对于“开拓型”创新成果，特别是生物医药领域的“开拓型”创新成果，优选“技术秘密 + 专利”相结合的保护模式。对于首次公开的“开拓型”创新成果在申请专利保护的时候，在保证充分公开的前提下，可以适当保留技术秘密，其中所述技术秘密可以是质量标准、部分的优化条件、方法的操作细节、辅料成分等。对于“改进型”创新成果一般优选专利保护，且为获得专利授权一般需详细公开其发明点。

3. 依据创新成果的特点

在专利侵权纠纷中主要适用“谁主张，谁举证”的原则，因而对于举证较为困难的创新成果，如方法类发明专利等，宜采用技术秘密保护或技术秘密与专利相结合的保护模式。对于机械产品类创新成果，因其结构特征等经拆卸、测试等即可被他人发现，此类产品便不宜作为技术秘密进行保护。对于成分复杂的化学医药类产品，可以考虑将其优选配方或辅料等作为技术秘密进行保护，其他部分申请专利保护，从而获得更强的保护力度。

综上，在确定企业知识产权的保护策略时，除了考虑创新成果的自身技术属性外，还需要综合考虑维权难易程度、所处行业的创新力、所处技术领域以及企业自身的特点等，选择最适宜的保护模式。

如何划分权利要求的技术特征

专利侵权专业组　雷电律师

一、引言

专利侵权判断时遵循全面覆盖原则，即如果被诉侵权产品包含了涉案专利权利要求中记载的全部技术特征，则落入专利权的保护范围内。因此判断专利是否侵权，首先从技术特征的划分和比对开始。技术特征的划分可以有多种方式，以不同标准划分技术特征，可能导致后续特征比对时得出不同的结论，最终甚至会造成侵权判断出现不同的结果。

专利权人往往希望技术特征划分时技术特征数量越少越好，这样被诉侵权产品因缺少权利要求的技术特征而判定为不侵权的情况就会更少。而被诉侵权方则希望技术特征的划分越细越好，这样特征比对时就更难符合全面覆盖的要求，从而判定产品不侵权。

一般情况下，侵权比对时律师往往是按照权利要求文字表述的段落界线或标点符号进行划分、确定技术特征。那么作为侵权比对的基础，如何划分权利要求的技术特征更为公正合理呢？

二、案例

在浙江永贵电器股份有限公司（下称永贵公司）与哈廷电子有限公司及两合公司（下称哈廷公司）、北京希格诺科技有限公司（下称希格诺公司）专利权侵权诉讼案中，北京市高级人民法院作出的（2014）高民终字第2044号判决书，对于专利侵权判断时如何合理划分权利要求技术特征，给出了很好的范例。

<table>
<tr><th>审级</th><th>一审</th><th>二审</th></tr>
<tr><td>案号</td><td>（2011）一中民初字第6050号</td><td>（2014）高民终字第2044号</td></tr>
<tr><td rowspan="5">权利要求1技术特征</td><td rowspan="2">固定框架，其用于固定接插连接模块和装入接插连接壳体或拧紧在壁板上，固定框架相互面对面的壁板即侧壁上的凹槽做成各个方向都封闭的孔，该固定框架包括两个相互铰接的半框，垂直于框架侧壁分开，铰链这样地设置在固定框架的紧固端上，使在固定框架拧紧在固定面上时框架体的方向调整成这样，使固定框架的侧壁垂直于固定面。</td><td>固定框架（1）由两个相互铰接的半框（4、5）组成。</td></tr>
<tr><td>固定框架垂直于框架侧壁（8）分开，铰链（3）这样地设置在固定框架的紧固端（6）上，使得在固定框架拧紧在固定面（15）上时框架体的方向调整成这样，使固定框架的侧壁（8）垂直于固定面。</td></tr>
<tr><td rowspan="2">接插连接模块，其装入固定框架，其上的固定装置与固定框架侧壁上的凹槽共同作用，并具有一个通过固定装置的与固定框架的形状贴合的连接。</td><td>接插连接模块装入固定框架，接插连接模块上的固定装置和设在固定框架相互面对面的壁板即侧壁上的凹槽共同作用，凹槽（11）做成固定框架（1）侧壁（8）上的各个方向都封闭的孔。</td></tr>
<tr><td>接插连接模块（2）具有一个通过固定装置（9）的与固定框架（1）的形状贴合的连接。</td></tr>
<tr><td>接插连接壳体，其可装入固定框架。</td><td>无。</td></tr>
<tr><td>结论</td><td>就被控侵权产品B而言，被控侵权产品B的技术特征完全覆盖了本专利权利要求1的全部技术特征，其技术方案落入了本专利权利要求1的保护范围；
就被控侵权产品A而言，其产品分别缺少相配套的罩组件和基座组件等，不能组装成一个完整的电连接器产品，因此，被控侵权产品A的技术方案均未落入本专利权利要求1、2、3的保护范围。</td><td>被控侵权产品A和B均属于相同侵权。</td></tr>
</table>

可见，一审、二审对权利要求技术特征的划分方式存在很大差异，这种差异最终也造成一审、二审对于同一被诉侵权产品是否侵权而得出截然不同的结论。

三、分析

从上表可以清楚地看出，一方面，二审对于权利要求 1 技术特征的划分更为细致，一审认为权利要求 1 包括三大技术特征："固定框架"、"接插连接模块"和"接插连接壳体"，二审时将一审中的"固定框架"和"接插连接模块"分别划分成了两个技术特征；另一方面，对于"接插连接壳体"，二审则没有将其列入技术特征比对中，这也是造成一审和二审对于是否侵权得出截然不同结论的主要原因。

根据涉案专利说明书的记载，涉案专利的发明目的在于制造一种固定框架，确保接插连接模块可以方便地装拆等。而涉案专利权利要求 1 前序部分中，主题名称为"用来固定接插连接模块和装入接插连接壳体或拧紧在壁板上的固定框架"，接插连接模块和接插连接壳体系涉案专利前序部分的特征，该两个技术特征在确定专利保护范围时应予考虑，但实际限定作用在于该两个特征对于技术方案产生了何种影响。

权利要求 1 前序部分进一步记载："接插连接模块装入固定框架，接插连接模块上的固定装置和设在固定框架相互面对面的壁板即侧壁上的凹槽共同作用，凹槽（11）做成固定框架（1）侧壁（8）上的各个方向都封闭的孔"，由此可见，接插连接模块与固定框架相互配合，对于固定框架发挥其作用、实现发明效果具有密切作用，况且涉案专利从属权利要求 2 对接插连接模块进一步限定其备有卡紧钩，在嵌入固定框架时起预先固定接插连接模块的作用。因此，接插连接模块对涉案专利的保护范围具有限定作用。

但接插连接壳体仅在主题名称中出现，未在前序部分及特征部分出现，而且也未对专利技术方案产生任何影响，由"装入接插连接壳体或拧紧在壁板上"这一修饰语可知，其仅仅是对涉案专利的固定框架的装入或紧固位置进行说明，而接插连接壳体或壁板既不是涉案专利的固定框架的组成部分，也没有对涉案专利的固定框架的结构产生影响，因此，接插连接壳体对专利权利要求 1 的保护范围没有限定作用。

基于上述分析，二审中没有将“接插连接壳体”列入需比对的技术特征中，被控侵权产品 B 中具有二审列入的四个技术特征并一一对应，构成相同技术特征。因此，被控侵权产品 B 构成相同侵权，落入专利权利要求 1 的保护范围。

四、评述

技术特征的划分是侵权比对的第一步，不同的划分方式会对侵权比对的结果造成实质性影响。在判断权利要求中的主题名称、环境特征等技术特征是否应纳入侵权比对的比较范围时，应考察该特征是否会对技术方案产生实质性影响，而不宜简单机械地依照文字表述的表面形式来判断。如该特征与技术方案中的其他特征具有配合关系，对于实现发明效果具有密切作用，则应当认为其对专利的保护范围具有限定作用而作为技术特征进行侵权比对，反之则不应列为技术特征，决定被诉侵权产品是否落入专利权利要求的保护范围。

西电捷通诉索尼的900万判赔案

——谈司法实践中由标准必要专利引发的禁令问题

专利行政专业组　杜立东律师

2017年3月22日，北京知识产权法院就西安西电捷通无线网络通信股份有限公司（以下简称西电捷通）诉索尼中国公司（以下简称索尼）侵害发明专利权纠纷一案作出判决，索尼被判停止侵权及3倍侵权赔偿近900万。

索尼在2009年与西电捷通就WAPI技术合作进行了咨询并签订了保密合同，但双方对专利许可没有达成共识，其中，西电捷通要对索尼就涉及WAPI技术的51项专利进行许可，索尼要求西电捷通提供详细的权利要求对照表（也就是业界所谓的侵权对照表CC），将专利的范围与索尼的产品进行比较对照，经过多轮谈判，西电捷通同意提供权利要求对照表但是要求将其加入保密协议之中，索尼坚持在没有保密协议的情况下得到权利要求对照表，协商从2009年一直持续到2015年未果。2015年7月2日，西电捷通起诉索尼侵害其发明专利权。

北京知识产权法院判决结果中的“停止侵权”行为意味着产品将被禁止销售，由于涉案专利是一件中国标准必要专利，这也是中国法院针对标准必要专利（SEPs）发布的首例产品禁售令。该案的宣判，引起了业内外法律人士以及诸多企业的关注。

涉案专利ZL02139508.X（一种无线局域网移动设备安全接入及数据保密通信的方法）于2002年申请、2005年授权，为GB15629.11－2003/XG1－2006《信息技术系统间远程通信和信息交换局域网和城域网特定要求第11部分：无线局域网媒体访问控制和物理层规范第1号修改单》（简称涉案标准）的标准必要专利，西电捷通是标准起草单位之一。

该标准属于国家强制标准，意味着任何在中国市场上流通的手机，都要具有标准也即涉案专利涉及的WIFI联网功能，需要通过WAPI检测才能获得入网许可。按此逻辑，被控侵权产品必然落入该标准必要专利的保护范围。索尼在该案中的败诉，除了900万巨额赔偿之外，“停止侵权”意味着该公司之前生产的相关具有WIFI功能的产品在中国禁售，对于一个通信公司而言，即使仅是“停止侵权”这样的判决结果，也不啻于900万的赔偿。

下面，笔者将从本案出发，对标准必要专利涉及的原则、禁令以及禁令的适用做出简要分析。

（一）标准必要专利涉及的原则

标准必要专利是指因实施技术标准所规定的技术方案，不可避免且无可替代地使用到的专利。

目前，标准必要专利纠纷较多地发生在计算机、移动通信、互联网等技术发展较为迅速、利益冲突比较明显的技术领域。标准必要专利的权利人和实施人均必须遵守FRAND原则进行谈判和许可，即双方在许可谈判中均应恪守“公平、合理、无歧视”（FAIR，REASONABLE，AND NON-DISCRIMINATORY）原则；标准必要专利纠纷中存在“善意实施人”的概念，即“对于愿意支付合理使用费的善意的标准使用者，标准必要专利权人不得径直拒绝许可，既要保证专利权人能够从技术创新中获得足够的回报，同时也避免标准必要专利权利人借助标准所形成的强势地位索取高额许可费率或附加不合理条件”。

由于标准必要专利在该技术领域所具有的不可替代性，其可以为专利权人带来市场支配地位。具有市场准入权的专利权人，可以排除不愿接受其FRAND许可条件之竞争对手在相关市场中的市场份额，享有绝对或相对的市场控制权以及定价优势。因此，如果缺乏相关的规制，很容易造成垄断局面，必须要有规制机制。目前涉及标准必要专利规制的法律主要包括专利法、反垄断法和合同法等。

（二）标准必要专利中的禁令

从司法实践来看，涉及标准必要专利的诉讼案由通常包括侵犯专利权、滥用市场支配地位和标准必要专利许可费三种。据统计，涉及标准必要专利的诉讼总体数量不多，其中以侵犯专利权纠纷案件居多。通常情况下，技术标准往往会成为市场主体进入相关市场的必然要求。因为标准的开放性，与 SEPs 相关的技术许可就具有公共性，涉及社会公共利益。

但同时，SEPs 与一般专利一样，也是私人财产权。SEPs 权利人不仅仅可凭借这种优势地位就专利许可设定不合理条件，更有能力决定第三人能否进入相关市场。因为一旦一个标准成为通用标准，在标准兼容设备的使用者产生巨大沉没成本的情况下，实施者再更换另外一种替代性技术就不那么容易了。标准实施者将会被锁定在标准效应中。所以，基于 SEPs 的这种特性，对待 SEPs 的态度应较之于普通专利更为审慎。

关于禁令，虽然学者多有论述，但在我国当前的正式法律文本中并没有出现“禁令”一词。“禁令”是专利法为了保护专利权人利益而赋予其核心救济手段，然而许多企业试图通过申请禁令来达到限制竞争对手或取得许可谈判优势地位的目的。禁令通常是指“法庭要求实施某种行为或禁止实施某种行为的命令”。当然，我国法律中规定的诉前和诉中责令停止侵权的规定，其含义或者说效果也类似于英美法系的禁令制度。

在我国，标准必要专利禁令救济，尽管具有特殊性，但其仍属于专利侵权禁令救济制度的组成部分，因此，对于标准必要专利禁令救济法律制度的评析，应当结合我国专利侵权禁令救济制度来分析。我国《专利法》第 66 条的规定涉及专利侵权禁令救济问题。根据该条规定，当专利权人或者利害关系人有证据证明其合法权益将因他人的侵权行为遭受难以弥补的损失时，可以在起诉前，向人民法院申请采取责令停止有关行为的措施。该条规定为标准必要专利权人申请禁令救济提供了法律依据，但该规定并没有涉及标准必要专利禁令救济滥用的法律规制。

最高人民法院发布的《关于审理侵犯专利权纠纷案件应用法律若干问题的

解释（二）》第24条对标准必要专利的禁令救济进行了规定，即将专利许可条件与禁令颁发联系起来，且基于标准必要专利的法律性质，根据标准必要专利权人、被诉侵权人在专利许可谈判过程中所处的不同地位，对标准必要专利权人和被诉侵权人的过错程度予以区分，前者的“故意违反”、“导致无法达成合同”和后者的“无明显过错”，使注意义务与法律责任基本上相对称，且与权利性质相匹配。

（三）关于禁令的适用

中国在针对标准必要专利发布禁售判决的问题上，基于标准必要专利权利人在专利许可授权时的“合理的无歧视原则”，合理的前提是双方的善意协商，在协商无果的情况下，考虑的是双方在许可谈判过程中的过错，其中包括以下几点：

（1）如果双方均无过错或者权利实施人无过错，那么将不可能获得产品禁售。

（2）如果权利实施人无过错，权利人有过错，从事不合理专利授权行为，那么不仅不可能获得产品禁售，还有可能被反垄断法制裁，可以具体参考高通的案子。

（3）如果双方均有过错，则应基于专利权人和实施人的过错大小平衡双方的利益，决定是否支持专利权人有关停止侵权的诉讼请求。

（4）如果专利权人无过错，权利实施人有过错，那么将会获得产品禁售令。

（四）判决的结果以及反思

回到前面提及的案件，被告作为涉案专利的潜在被许可方，基于对原告承诺的“合理的无歧视的期限和条件”进行专利授权许可的信赖，而实施涉案专利有其合理性基础。但是，该合理性基础的前提是双方善意协商。在双方协商未果的情形下，被告实施涉案专利能否绝对排除原告寻求停止侵害救济的权利，仍需要考虑双方在专利许可协商过程中的过错。

具体来讲，在双方均无过错，或者专利权人有过错，实施人无过错的情况下，对于专利权人有关停止侵权的诉讼请求不应支持，否则可能造成专利权人滥用其标准必要专利权，不利于标准必要专利的推广实施；在专利权人无过错，实施人有过错的情况下，对于专利权人有关停止侵权的诉讼请求应予支持，否则可能造成实施人对专利权人的“反向劫持”，不利于标准必要专利权的保护；在双方均有过错的情况下，则应基于专利权人和实施人的过错大小平衡双方的利益，决定是否支持专利权人有关停止侵权的诉讼请求。（摘自判决书）

具体到本案，关于索尼要求西电捷通提供权利要求对照表是否合理以及西电捷通要求索尼签署保密协议是否合理，法院认为：

1. 标准必要专利的实施人有权获得专利权人主张侵权行为的相关信息，例如：关于权利要求对照表，并不是必须要提供给实施人的，如果专利实施人在已有条件下能够做出是否侵权评估的情况下，本案涉案专利是 WAPP 核心专利，且为标准必要专利，2009 年已经事实上强制许可，索尼在不需要权利要求对照表的情况下就已经能够做出判断，索尼在协商过程中反复否认产品涉及 WAPI 专利具有拖延谈判的故意。

2. 权利要求对照表需要与被控侵权产品的技术特征进行比对，其中可能包含专利权人的相关主张和观点，专利权人要求签署保密协议具有合理性。

由此，索尼和西电捷通未能进入正式的专利许可谈判过错方在索尼不在西电捷通，西电捷通要求索尼停止侵权具有事实和法律依据。

在 SEPs 权利人寻求禁令救济时，围绕禁令救济适用产生的核心问题，即在于如何寻求各方利益（包括：SEPs 权利人的利益、标准实施者的利益及社会公共利益）的平衡。解决 SEPs 禁令救济规则中的利益平衡问题，实际上需要在反垄断法与知识产权法之间寻求平衡点。一方面，如果无限制地允许禁令救济，又可能导致专利劫持，使权利人可以排除、限制市场竞争，损害标准实施者利益及公共利益。另一方面，如果过分限制禁令救济，则会损害权利人的利益，导致专利反向劫持，最终损害公共利益。

权利用尽，间接侵权，SEPs 专利禁售令

——西电捷通 VS. 索尼案判决要点总结兼评论

专利无效专业组　彭燕律师

作为我国涉及标准必要专利（SEPs）侵权诉讼第一案，西电捷通诉索尼的WAPI 专利侵权案件，北京知识产权法院以壮观的合议庭阵容进行了审理，并于2017 年 3 月 22 日作出（2015）京知民初字第 1194 号判决，判决被告索尼公司停止侵害该专利权的涉案行为，并赔偿原告西电捷通公司经济损失 8629173 元以及合理支出 474194 元，总计 910 万元。

由于合议庭阵容的强大，本案在专利界无疑产生了不小的震动，在判决中对包括使用方法的权利用尽、间接侵权，以及 SEPs 专利禁售令等一些颇具争议的问题做出的解读，无疑将会对后续的专利诉讼带来一定影响。

下面本文将对判决中的相关观点进行梳理，并提出一点浅见。

一、判决的主要观点

（一）使用方法不适用权利用尽

判决指出：根据专利法第六十九条的规定可以看出在我国现行法律框架下，方法专利的权利用尽仅适用于“依照专利方法直接获得的产品”的情形，即“制造方法专利”，单纯的“使用方法专利”不存在权利用尽的问题。并指出：结合专利法第十一条规定可以看出，在立法者看来，“使用方法专利”不存在权利用尽的问题或者没有规定权利用尽的必要，故“使用方法专利”不属于我国

专利法规定的权利用尽的范畴。

（二）专利间接侵权行为不以直接侵权行为的成立为前提

判决指出：一般而言，间接侵权行为应以直接侵权行为的存在为前提。但是，这并不意味着专利权人应该证明有另一主体实际实施了直接侵权行为，而仅需证明被控侵权产品的用户按照产品的预设方式使用产品将全面覆盖专利权的技术特征即可，至于该用户是否要承担侵权责任，与间接侵权行为的成立无关。之所以这样解释，是因为在一些使用方法专利中，实现“全面覆盖”涉案专利权利要求技术特征的主体多为用户，而用户因其“非生产经营目的”不构成专利侵权，此时如果机械适用“间接侵权行为应以直接侵权行为的存在为前提”，将导致涉及用户的使用方法专利不能获得法律保护，有违专利法针对该类使用方法授予专利权的制度初衷。故本案的被告明知被控侵权产品中内置有 WAPI 功能模块组合，且该组合系专门用于实施涉案专利的设备，未经原告许可，为生产经营目的将该产品提供给他人实施涉案专利的行为，已经构成帮助侵权行为。

（三）我国首个 SEPs 专利禁售令的发布

判决指出：“禁令救济”在我国法律体系中体现为“停止侵害”。根据侵权责任法第十五条的规定可以看出，在我国现行法律框架中，专利侵权案件中适用停止侵害的侵权责任承担方式是一般规则，不适用是例外。本案中，原告和被告之间的谈判由于双方就提交是否签署保密协议的权利要求对照表而产生分歧，考虑到被告要求提供权利要求对照表具有合理性但并非必需，原告要求签署保密协议具有合理性，故认定本案中被告的行为明显具有拖延谈判的故意，许可谈判中的过错在被告，判决支持原告的停止侵权的请求。

二、对以上判决观点的一点浅见

（一）使用方法专利也同样应适用权利用尽

法院依据专利法第六十九条的规定认为单纯的“使用方法专利”不存在权利用尽的问题，其机械地使用体系解释方法，认为使用方法专利不属于我国专利法规定的权利用尽的范畴，却忽视了立法目的，属于对权利用尽的不当解读。

专利权用尽原则也称为专利权穷竭，其与默示许可理论有密切联系。专利法第六十九条规定的立法目的是平衡私人利益和社会利益，在保护专利权人合法权益的前提下，维护正常的市场交易秩序，保护经营者和一般消费者的合法利益，便于贸易活动的正常开展，防止专利权对国内商品的市场流通造成阻碍。使用方法专利和其他专利一样，都不应该让专利权人在其售卖其实施方法专利的专利设备之后还能对其施加控制，以谋取多重利益。从专利法立法目的而言，事实上专利权人已经在售卖方法专利的专用设备时获取了足够激励其创造的利益，无需另行给专利权人设置权利以增加社会负担。将使用方法专利与其他专利区别开来，没有正当理由。因此专利法第六十九条第一款第（一）项的规定中的“专利产品”可以理解为包含实施使用方法专利的专用设备。

就国外司法实践而言，美国最高法在 2008 年的“Quanta Computer，Inc.，et al. v. LG Electronics，Inc. 一案”判决中首次指出专利权用尽原则适用于方法专利，方法专利因体现该方法的产品的售出而用尽，理由在于方法专利虽不能以产品或装置同样的方式进行销售而用尽，但是方法可以具体化于产品中，方法专利可以通过体现该方法的产品销售而用尽；如果方法专利排除适用专利权用尽原则，专利权人可以将专利权利要求撰写为一种方法而不是一种装置规避该原则，这将严重削弱专利的权利用尽原则的作用。

因此，使用方法专利应当也可适用权利用尽。由此，原告销售 AP/AS 设备的行为属于权利用尽，被告在被控侵权产品的设计研发、生产制造、出厂检测等过程中测试 WAPI 功能的行为未侵犯原告专利权，被控侵权产品的用户使用 WAPI 功能由于连接的是已经权利用尽的 AP/AS 设备，也未侵犯原告专利权。

（二）法院判决对本案属于独立存在的间接侵权行为的认定欠妥

首先，间接侵权行为应以直接侵权行为的存在为前提是业界通说，在北京市高级人民法院 2001 年发布的《专利侵权判定若干问题的意见（试行）》中即有明确规定；在 2003 年最高人民法院《关于审理专利侵权纠纷案件若干问题的规定（讨论稿）》中也明确了应在“共同侵权”法律框架中规定专利间接侵权问题。以上并不能因为本案“用户不构成专利侵权”而被任意打破。即不能因为涉案专利的使用方法看似无法在被诉产品上体现出专利保护作用，而任意打破“间接侵权行为应以直接侵权行为的存在为前提”，导致侵权判定中对“全面覆盖”原则的全面违背。

不可否认，学术界中，专利间接侵权行为是否独立存在一直是有争议的，司法实践中也出现有相反的判决。但是，更多的学者仍然是支持间接侵权行为不能独立存在的，该规则在学术界被认为属于变相的“多余指定原则”的翻版、是变相的中心限定原则，有学者指出：独立存在的专利间接侵权理论违反了我国专利法的基本原理，破坏了专利法理论体系的结构，我国目前尚没有专利间接侵权理论的适用空间。

退一步讲，即使采用学术界的少数派理论，认为专利间接侵权行为可以不以直接侵权行为为前提，本案仍然不属于间接侵权。这是因为：单独存在的专利间接侵权行为，尤其是提供专用品之行为，实际是侵权违法行为的准备阶段。大部分学者认为：此类专利间接侵权的规制对象应限于同时满足该产品是“专门用于实施该专利的产品”和是“实施该专利的关键产品”两个要件。在支持单独成立的间接侵权行为的相关判决中，也指出：“且其销售的该产品是用于实施涉案专利的关键部件，故被告的销售行为间接侵犯涉案专利权。”（即使是这样的判决，在学术界仍然饱受争议）

回到本案，被告制造、销售的被控侵权产品作为 MT 一方，需要与 AP、AS 共同实施涉案专利。以涉案专利的权利要求 1 为例进行分析，作为方法权利要求，权利要求 1 限定了该方法包括 7 个步骤，其中步骤 1 由 MT 完成，步骤 2 由 AP 完成，步骤 3 由 AS 完成，步骤 4 由 AS 完成，步骤 5 由 AP 完成，步骤 6 由 MT 完成，步骤 7 限定了方法结束的效果。在该方法所包括的 7 个步骤中，仅仅步骤 1、步骤 6 是由移动终端 MT 一方来完成的，方法步骤中的大部分步骤均非 MT 端完成，而是由 AP、AS 端完成。在此情况下，可以看出，被控产品并非实施涉案专利的关键部件。法院的判决仅仅落在“构成帮助侵权行为”，据此认定被告侵权有明显不当。

（三）判决中认为被告存在过错，判定停止侵权显失公平

首先，从侵权责任法第十五条的规定中，不能当然得出我国专利侵权案件中的一般规则与例外。更重要的是，本案所涉专利是标准专利，不能与普通专利案件等同。在涉及标准必要专利时，专利权人与实施人均必须遵守FRAND原则进行谈判和许可，即双方在许可谈判中均应恪守“公平、合理、无歧视”原则。

《最高人民法院关于审理侵犯专利权纠纷案件应用法律若干问题的解释（二）》第二十四条第二款明确规定：推荐性国家、行业或者地方标准明示所涉必要专利的信息，专利权人、被诉侵权人协商该专利的实施许可条件时，专利权人故意违反其在标准制定中承诺的公平、合理、无歧视的许可义务，导致无法达成专利实施许可合同，且被诉侵权人在协商中无明显过错的，对于权利人请求停止标准实施行为的主张，人民法院一般不予支持。

对于本案，原告与被告之间一直在进行协商。基于前述的各项理由，被告认为自己从原告处购买了专用于检测WAPI技术的IWN A2410设备，且从高通公司以合法途径购买了专用于WAPI技术的芯片，被告仅仅在手机中预装了相关软件，并未完整实施对应于涉案专利的权利要求1、2、5、6的方法，被告有充分的理由相信自己并未侵害原告的专利权。被告正是基于以上合理的自信，在协商过程中要求原告提供权利要求对照表以与被告的行为进行侵权比对参考，该要求完全合乎情理。判决中认为被告“理应能够判断”的认定值得商榷。

原告与被告的谈判因为要求提供的权利要求对照表是否需要保密而陷入僵持。对此，基于标准必要专利在许可谈判中应遵循的“公平、合理、无歧视”原则的考虑，即使权利要求对照表中可能包含专利权人的相关观点和主张，也应公开透明，而不应属于专利权人的保密范围，否则专利权人在各项谈判中对此均予以保密，将有滥用其市场支配地位的嫌疑，也难以保证谈判的“公平”“无歧视”的进行。因此，被告要求以非保密形式提供权利要求对照表是非常合理的要求。原告一直拒绝提供非保密形式的权利要求对照表，其行为违反了“公平、合理、无歧视”的谈判原则。

因此，本案属于原告“故意违反其在标准制定中承诺的公平、合理、无歧视的许可义务，导致无法达成专利实施许可合同，且被诉侵权人在协商中无明显过错的”的情形。根据《最高人民法院关于审理侵犯专利权纠纷案件应用法律若干问题的解释（二)》的规定，不应支持权利人请求停止标准实施行为的主张。

综上，西电捷通 VS. 索尼案的判决确定了使用方法不适用权利用尽、在专利间接侵权行为可以不以直接侵权行为的成立为前提的规则，判决以谈判过程中被告明显拖延的故意为由支持了 SEPs 专利权人的禁令救济请求，属于较为严厉的判决，以上审判标准尽管存在争议，但不可否认其会对后续类似案件的审理形成一定影响。

专利侵权诉讼中，权利要求中功能性特征的解释

专利行政专业组　白凯园律师

在专利侵权诉讼中，特别是涉及发明或实用新型的专利侵权诉讼，必须确定专利权的保护范围。因为专利权是一种无形财产权，其不同于有形财产的保护范围那样直观和明确，因此必须对专利权的保护范围进行确定，这是审理发明或实用新型专利侵权纠纷的前提。

专利权保护范围的确定涉及诸多方面，仅在对权利要求进行解释以确定其保护范围时就涉及专利权推定有效原则、折中原则以及整体原则。可以毫不夸张地说，专利权保护范围的确定是一项高度专业、复杂的系统工程。因此本文仅探讨如何解释权利要求中出现的功能性特征。

功能性特征指的是在权利要求中对产品的部件或部件之间的配合关系或对方法的步骤采用其在发明创造中所起的作用、功能或者产生的效果来限定的技术特征。

2010 版《专利审查指南》中规定：“通常，对产品权利要求来说，应当尽量避免使用功能或者效果特征来限定发明。只有在某一技术特征无法用结构特征来限定，或者技术特征用结构特征限定不如用功能或效果特征来限定更为恰当，而且该功能或者效果能通过说明书中规定的实验或者操作或者所属技术领域的惯用手段直接和肯定地验证的情况下，使用功能或者效果特征来限定发明才可能是允许的。对于权利要求中所包含的功能性限定的技术特征，应当理解为覆盖了所有能够实现所述功能的实施方式。”

从上述的规定中可以看出，权利要求中的功能性特征应当解释为覆盖了所有能够实现所述功能的实施方式。但是，2009 年《最高人民法院关于审理侵犯专

利权纠纷案件应用法律若干问题的解释（一）》第四条规定：对于权利要求中以功能或者效果表述的技术特征，人民法院应当结合说明书和附图描述的该功能或者效果的具体实施方式及其等同的实施方式，确定该技术特征的内容。

也就是说，人民法院应当将功能性特征解释为说明书和附图描述的实现该功能或者效果的具体实施方式及其等同的实施方式，而并非审查指南中的“所有能够实现所述功能的实施方式”。

将功能性特征解释为说明书和附图描述的实现该功能或者效果的具体实施方式及其等同的实施方式，基于以下理由：

（1）侵权诉讼中，如果将功能性特征解释为“所有能够实现所述功能的实施方式”，对社会公众来说明显不公平。因为能够实现同一功能的所有实施方式有很多，其中既有与说明书中实现所述功能的具体实施方式相等同的实施方式，也有本质上与其不等同的实施方式。当今科技发展可以用日新月异来形容，随着时间的推移，会出现许多与上述不等同的实施方式，这些实施方式同样属于“能够实现所述功能的实施方式”，如果将这些不等同的实施方式也视为功能性特征的解释，那么将会挫败社会公众的创造热情，对社会公众显失公平，最终阻碍社会科学技术的进步。

（2）无效程序中，如果发明相对于现有技术的贡献在于结构改进，而权利要求中写的却是功能性特征，此时如果无效请求方提供的证据正好落入功能性特征的范围、但却不同于说明书描述的具体实施方式，在此种情况下，除非专利权人将功能性特征修改为说明书中的具体实施方式，否则专利权只能被宣告无效。

基于上述理由，将权利要求中的功能性限定解释为说明书和附图描述的实现该功能或者效果的具体实施方式及其等同的实施方式，能够使专利权人在侵权诉讼中不占便宜，也使其在无效程序中不吃亏，同时能够较好地平衡专利权人与社会公众之间的利益。

2016 年 4 月 1 日起施行的《最高人民法院关于审理侵犯专利权纠纷案件应用法律若干问题的解释（二）》第八条规定：

“功能性特征，是指对于结构、组分、步骤、条件或其之间的关系等，通过其在发明创造中所起的功能或者效果进行限定的技术特征，但本领域普通技术人员仅通过阅读权利要求即可直接、明确地确定实现上述功能或者效果的具体实施方式的除外。

“与说明书及附图记载的实现前款所称功能或者效果不可缺少的技术特征相比，被诉侵权技术方案的相应技术特征是以基本相同的手段，实现相同的功能，达到相同的效果，且本领域普通技术人员在被诉侵权行为发生时无需经过创造性劳动就能够联想到的，人民法院应当认定该相应技术特征与功能性特征相同或者等同。”

上述第八条的第一款是关于功能性特征的定义，但作了排除规定，即将一些用功能或者效果限定的技术特征排除在功能性特征之外，条件是本领域的普通技术人员仅通过阅读权利要求即可直接、明确地确定实现上述功能或者效果的具体实施方式，例如定位槽、定位孔、溢流孔等，上述特征均不被视为功能性特征。

第八条第二款是关于与功能性特征相等同特征的认定标准，该标准可以概括为“一个基本两个相同”，这与2015年修正的《最高人民法院关于审理专利纠纷案件适用法律问题的若干规定》第十七条所规定的等同特征的认定标准有所不同，其可以概括为“三个基本相同”，具体规定如下：“等同特征是指与所记载的技术特征以基本相同的手段，实现基本相同的功能，达到基本相同的效果，并且本领域普通技术人员在被诉侵权行为发生时无需经过创造性劳动就能够联想到的特征。”

从以上的论述可以看出，将功能性特征的等同特征认定标准从“三个基本相同”变为“一个基本两个相同”，明显提高了认定标准，从而将含有功能性特征的权利要求的保护范围缩小了。需要注意的是，《最高人民法院关于审理侵犯专利权纠纷案件应用法律若干问题的解释（二）》并未将所有等同特征的认定标准都从“三个基本相同”变为“一个基本两个相同”，而仅仅是对功能性特征的等同认定做出了改变。

上述第二款中还规定功能性特征的等同特征认定的时间点是“本领域普通

技术人员在被诉侵权行为发生时无需经过创造性劳动就能够联想到的"，之所以将时间点定在"被诉侵权行为发生时"而不定在"专利申请日或优先权日"，笔者认为出于以下因素考量：在一项权利要求中，功能性特征往往数量较少，这是由于专利审查指南对功能性特征撰写时机的苛刻要求造成的。这样经常会出现只包含一个功能性特征的权利要求，在专利公开后，专利权人的竞争对手会想方设法找到专利的替代方案，如果将上述认定的时间点设在专利申请日或优先权日，那么随着技术的快速发展，在"被诉侵权行为发生时"，其竞争对手可能很容易找到新的技术来替代功能性特征，即使新的技术改变很小，那么竞争对手也将不会构成侵权。这对专利权人明显有失公平，因此将等同认定的时间点定为"被诉侵权行为发生时"。

关于功能性特征在专利侵权诉讼中对权利要求保护范围的限定，下面结合一案例来具体描述功能性特征的解释，以便确定权利要求的保护范围。

宁波悦祥机械制造有限公司（以下简称悦祥公司）诉上海昶意机械制造有限公司侵害发明专利权纠纷一案①，历经上海二中院、上海高院以及最高院的初审、二审和再审，过程曲折。

原告悦祥公司主张的保护范围是涉案专利的权利要求1。权利要求1要求保护一种折叠车架，包括七个技术特征：1. 前车架。2. 后车架。3. 踏板。4. 控制前车架和后车架间夹角变化的锁定装置。5. 所述前车架的后端与后车架的前端与踏板的中部三处共同铰接在同一根铰轴上。6. 所述锁定装置的前部与前车架连接。7. 所述锁定装置的后部与后车架连接。

对于该技术特征4，法院认为：首先，没有相应的证据可以证明，在所属技术领域中，已经存在技术结构相对固定且为本领域的普通技术人员所熟知的，能够控制前车架和后车架间夹角变化的"锁定装置"；其次，在权利要求1中，只记载了该锁定装置要实现的"控制前车架和后车架间夹角变化"的功能，而没

---

① （2013）民申字第366号中华人民共和国最高人民法院裁定书。

有记载实现前述功能的锁定装置的结构。因此，技术特征 4 属于功能性特征。

涉案专利的说明书及附图显示锁定装置有 A1 至 A5 五个具体实施方式，其折叠/打开操作方式相同，即折叠车架时，拉动插销拉手体，插销从插销孔中抽出，锁定装置被解锁，下压踏板，前车架和后车架间的夹角增大，车架进入折叠状态；展开车架时，前车架和后车架间的夹角减小，锁定装置被锁定，车架进入稳定的展开状态。由此可见，说明书及其附图中记载的 A1 至 A5 均能实现"控制前车架和后车架间夹角变化"的功能，A1 至 A5 的前部、后部分别与前车架、后车架连接，A1 至 A5 的具体实施方式及其等同实施方式均在技术特征 4 涵盖的范围之内。因此，权利要求 1 的保护范围为由技术特征 1 至 7 组成的折叠车架的技术方案，其中技术特征 4 的内容为说明书及其附图中描述的 A1 至 A5 的具体实施方式及其等同实施方式。

由此可见，当权利要求中出现功能性特征时，将其解释为说明书和附图描述的实现该功能或者效果的具体实施方式及其等同的实施方式。

综上所述，作为从事专利业务的律师，在专利文件的撰写过程中无可避免地会用到功能性特征，但是要时刻牢记功能性特征的解释方法，不要滥用该技术特征。同时，在专利侵权纠纷中，也要能够熟练地运用上述方法对功能性特征作出正确合理的解释，以便确定专利权的保护范围。

合法来源抗辩成立后，承担责任方式的变化

专利侵权专业组 雷电律师

合法来源抗辩的定义

合法来源抗辩是被诉专利侵权后，被告常用的抗辩方式之一。根据《中华人民共和国专利法（2008）》第七十条的规定，合法来源抗辩是指："为生产经营目的使用、许诺销售或者销售不知道是未经专利权人许可而制造并售出的专利侵权产品，能证明该产品合法来源的，不承担赔偿责任。"

那么，根据上述法条，是否意味合法来源抗辩成立以后，被诉侵权者不用承担侵权责任了呢？

以往承担责任的方式

由北京市高级人民法院制定并下发的《专利侵权判定指南（2013）》第一百三十三条明确规定："为生产经营目的，使用、许诺销售或者销售不知道是未经专利权人许可而制造并售出的专利产品或者依照专利方法直接获得的产品的行为，属于侵犯专利权行为。使用者或者销售者能证明其产品合法来源的，不承担赔偿责任，但是应当承担停止侵害的法律责任。合法来源是指使用者或者销售者从合法的进货渠道，以合理的价格购买了被诉侵权产品，并提供相关票据。"

可见，法条并未规定合法来源抗辩成立以后，被诉侵权者即可摆脱侵权责任。合法来源抗辩成立与不侵权抗辩成立仍然存在本质上的区别。即使合法来源抗辩成立，仍然认为被诉侵权方存在侵权行为，但是由于被诉侵权方的善意，而

免除了被诉侵权方的赔偿责任，但是原告方仍然可以要求被诉侵权方承担停止侵权的法律责任。

新的责任承担方式

《最高人民法院关于审理侵犯专利权纠纷案件应用法律若干问题的解释（二）（2016）》（以下简称《司法解释（二）》）对合法来源抗辩成立后的责任承担方式作了修改，其第二十五条规定："为生产经营目的使用、许诺销售或者销售不知道是未经专利权人许可而制造并售出的专利侵权产品，且举证证明该产品合法来源的，对于权利人请求停止上述使用、许诺销售、销售行为的主张，人民法院应予支持，但被诉侵权产品的使用者举证证明其已支付该产品的合理对价的除外。"

类似的，北京市高级人民法院《专利侵权判定指南（2017）》也作了相应修改，其第一百四十七条规定："使用者实际不知道且不应知道其使用的产品是未经专利权人许可而制造并售出，能够证明其产品合法来源且能够举证证明其已支付该产品的合理对价的，对于权利人请求停止使用行为的主张，不予支持。"

从上述法条的变化可以看出，善意侵权人要不承担"停止侵权"的责任，需要同时满足三个条件：

（1）不知道是未经专利权人许可而制造并售出的专利侵权产品。

（2）有证据证明涉案产品有合法来源。

（3）举证证明其已支付该产品的合理对价。

应当说明的是，"合理对价"并不仅指货款及支付的费用，还应当包括买卖协议涉及的双方权利和义务是否对等。如购买者虽然支付的费用明显较低，但与同等情况下交易相比，供货方的担保及维护义务也降低，也属于"合理对价"的范畴。

案例1. 山东艾德姆机电有限公司与山东宇豪工贸有限公司、兖州煤业股份有限公司济宁二号煤矿侵害实用新型专利权纠纷二审案

审级	法院	裁判要点	案号
一审	山东省济南市中级人民法院	济宁二号煤矿为生产经营目的使用被控侵权产品，属于侵犯艾德姆公司专利权的行为，虽然其不知道是未经专利权人许可而制造并售出的专利侵权产品，且能举证证明该产品合法来源，但其未向宇豪公司支付合理对价，应承担停止侵权的法律责任。	(2016) 鲁01民初8号
二审	山东省高级人民法院	驳回上诉，维持原判。	(2016) 鲁民终2359号

案例2. 长沙深湘通用机器有限公司与上海建冶重工机械有限公司、金正大生态工程集团股份有限公司侵害发明专利权纠纷二审案

审级	法院	裁判要点	案号
一审	山东省济南市中级人民法院	本案中，金正大公司作为涉案侵权产品的使用者，业已举证证明其与建冶公司签订了《锥形磨粉机采购合同书》，并支付合同价款110万元购买涉案侵权产品，涉案侵权产品具有合法来源。因此，在深湘公司未提供证据证明金正大公司知道或应当知道涉案侵权产品是未经专利权人许可而制造并售出的情况下，一审法院对深湘公司要求金正大公司停止侵权行为即停止使用涉案侵权产品的诉请不予支持。	(2015) 济民三初字第616号
二审	山东省高级人民法院	驳回上诉，维持原判。	(2016) 鲁民终1988号

从上述两个案例可以看出，根据《司法解释（二）》的规定，侵权人不一定要承担停止侵权的法律责任，并且对正在审理中的案件，该司法解释应当具有溯及力。

善意侵权人不停止使用时要支付的合理费用与侵权人对其侵权行为要承担的损害赔偿的性质不同。合法来源抗辩成立，不承担赔偿责任，但仍应就其不停止侵权部分支付合理费用。

在认定时，是否支付了合理对价是重要的考量因素。对于“合理对价”的标准，法条和案例均没有给出解释，笔者认为可以参考《最高人民法院关于适用〈中华人民共和国合同法〉若干问题的解释（二）》第十九条中对“明显不合理的低价”的定义：“对于合同法第七十四条规定的‘明显不合理的低价’，人民法院应当以交易当地一般经营者的判断，并参考交易当时交易地的物价部门指导价或者市场交易价，结合其他相关因素综合考虑予以确认。

“转让价格达不到交易时交易地的指导价或者市场交易价百分之七十的，一般可以视为明显不合理的低价；对转让价格高于当地指导价或者市场交易价百分之三十的，一般可以视为明显不合理的高价。”

参考文献：

1.《知产三国：对于善意专利侵权人不再适用停止侵权禁令》，网址：https：//tieba. baidu. com/p/4654012548.

2.《如何理解善意取得构成要件中的“合理的价格”》，网址：http：//blog. sina. com. cn/s/blog_ 99918d5a0100x0sq. html.

谁才是外观设计判断时的一般消费者

专利侵权专业组　雷电律师

一、引言

外观设计是否构成相同或近似，判断的主体是一般消费者。

《最高人民法院关于审理侵犯专利权纠纷案件应用法律若干问题的解释》第十条规定："人民法院应当以外观设计专利产品的一般消费者的知识水平和认知能力，判断外观设计是否相同或近似。"

《专利审查指南（2010）》第四部分第五章第4节规定：

不同种类的产品具有不同的消费者群体。作为某种类外观设计产品的一般消费者应当具备下列特点：

（1）对涉案专利申请日之前相同种类或者相近种类产品的外观设计及其常用设计手法具有常识性的了解。例如，对于汽车，其一般消费者应当对市场上销售的汽车以及诸如大众媒体中常见的汽车广告中所披露的信息等有所了解。

常用设计手法包括设计的转用、拼合、替换等类型。

（2）对外观设计产品之间在形状、图案以及色彩上的区别具有一定的分辨力，但不会注意到产品的形状、图案以及色彩的微小变化。

可见"一般消费者"的概念是进行外观设计相似与否判断时最基本的概念，是虚拟的"人"，从"他"的知识水平和认知能力出发，能够相对客观地得出外观设计的比对结果。

然而该虚拟的"人"是不存在的。在现实生活中，一件商品在制造、销售、购买、使用的过程中会接触到很多真实的人，那么从其中哪一方或哪几方的视角出发进行判断，才会更接近于“一般消费者”，才会更加客观真实呢？

二、案例

对于大部分的产品，购买、使用等不同阶段的消费者群体所观察到的产品外观没有明显区别，但是对于一部分特殊的产品，例如路灯，其购买者和使用者所能够观察到的视角差异很大，在这种情况下，外观设计的比对判断以哪方的视角为基准进行呢？试看以下几个判例。

判决时间	法院	案号	当事人	判决要点
2016年4月28日	甘肃省高级人民法院	(2016)甘民终142号	孔玮VS江苏泓杰照明器材有限公司、庆阳市西峰区市政公用事业管理局、庆阳市环宇路业有限公司	由于路灯的功能性特点，决定了一般消费者（即行人）对其外观的认识与把握大多来源于实际安装使用状态下其所呈现的外观特征。而在安装使用状态下，行人对路灯外观的感知主要是来源于在仰视及带有一定角度的主视状态下的视觉效果，因此，仰视图及主视图是本案外观设计专利侵权判断的比对重点。
2015年10月23日	最高人民法院	(2015)民申字第633号	童先平VS丹阳市盛美照明器材有限公司	作为外观设计侵权判断主体的一般消费者，应当对该类产品的外观设计及其常用设计手法具有常识性的了解，对于外观设计产品之间在形状、图案以及色彩上除微小变化之外的区别具有一定的分辨力。据此，作为LED路灯产品的一般消费者，不仅能够注意到该类产品的整体造型和轮廓、下灯盖上的透明灯罩，也能够注意到产品背部的格栅、灯槽以及内部反光板的形状等，并在整体观察的基础上，对两者是否相同或者近似作出综合判断。因此，盛美公司关于LED路灯的一般消费者是行人，行人施以“一般注意力”，不会注意到LED路灯内部设计以及散热格栅等设计的申请再审理由不能成立。

续表

判决时间	法院	案号	当事人	判决要点
2015 年 4 月 14 日	江苏省高级人民法院	（2014）苏知民终字第 00271 号	江苏托普照明有限公司 VS 丹阳市四通开来电子有限公司、江苏苏南建设集团有限公司	在界定路灯类产品的一般消费者时，应当包括不特定的过往行人，而并非仅仅是指专门从事路灯的制造、销售、购买、安装及维修人员。被控侵权路灯从整体外形观察，在十米左右的高度空间一般消费者施以普通注意力，均可注意到被控侵权路灯外观与涉案外观设计专利的图片，两者均为灯具头部呈椭圆形，后半部呈 V 字型，整体类似橄榄球，仰视图中路灯头的前部分设计为无柄乒乓球拍形状的发光区域，后半部分以若干竖线条加以装饰。两者不相同之设计特征，一者因为路灯安装后悬挂于十米左右高空，表现于灯头背面的锯齿状纹饰设计无法看到，二者靠近发光区域的内凹弧形与直线设计属于局部、细微差别，通常不会使一般消费者产生明显的视角差异。
2014 年 11 月 20 日	江苏省高级人民法院	（2014）苏知民终字第 00212 号	江苏贝尔照明电器有限公司 VS 丹阳市博源照明器材有限公司	博源公司上诉认为被控侵权路灯与涉案专利外观设计对比，存在诸多明显差别，两者的外观设计不相近似，如被控侵权路灯的发光区与椭圆形边框并不接触，而涉案专利的发光区与椭圆形边框相接触，导致两者发光区大小不同，被控侵权路灯和涉案专利的 LED 发光源数量分别为 2 个和 3 个，两者的散热孔的形状分别为长椭圆形与条状，被控侵权路灯由头部和手柄组成等，但从两者整体视觉效果观察，上述差别均属于局部的细微变化，并不足以导致两者在整体外观上产生显著差异。

可见，对于路灯这类特殊商品，专门从事路灯的制造、销售、购买、安装及维修的人员和路上的行人相比，视角差异很大。因此究竟将谁认定为一般消费者，对整体案件的结果会造成实质性的影响。从上述的多篇判例中看，各法院对于“一般消费者”在实际中应当对应哪方具体的人，并没有特别统一的意见，但是可以统一的是，各篇判决中均认为判断时应当遵循“整体观察，综合判断”的基本原则。在这个原则下，如果只考虑某一方的单方视角，得出的结论必然会有失偏颇。

三、观点

笔者认为，《专利法》和《审查指南》中提出以抽象的“一般消费者”代替实际的人，就是为了避免某个人或某一群体的人的视角的单一性，影响到“整体观察，综合判断”原则的公正性。那么在进行实际案件裁判时，也不应当再退回到具体的某个人的视角来进行判断。

“一般消费者”是抽象的“人”，在路灯的案例中，他应该既代表了实际使用路灯的不特定的行人，也代表了路灯的制造、销售、购买、安装及维修等人员。因此判断时既不应该对路灯背对道路部分的设计要点完全视而不见，也不应该对这部分设计过分强调，最终得出的判断结论，应该是在考虑了被对比的两件外观设计整体差异和比例，以及多方不同视角和权重之后，得出的综合判断结果。这样“一般消费者”的存在才能使比对跳出单方视角的局限，“一般消费者”的存在才有意义。

请求保护色彩反而构成对外观设计专利权的限制

——请求保护色彩对外观设计保护范围的影响分析

技术合同纠纷专业组　谷利云律师

一、请求保护色彩是否影响外观设计的保护范围

《专利法实施细则》中两处提到“请求保护色彩”，但并没有对“请求保护色彩”作进一步解释，其他法律法规和司法解释也没有对其作进一步规定或解释，而如何理解“请求保护色彩”，对于确定外观设计专利的保护范围具有决定性的影响。目前主要存在着4种观点：

（1）强调说。此种观点认为，申请人请求保护色彩只是重点强调请求保护该种色彩的外观设计，其可以看作是外观设计保护范围中的一个实施例，不能认为申请人只要求保护该种色彩的外观设计，请求保护色彩不构成对保护范围的限制。

（2）区别对待说。此种观点认为，请求保护色彩对外观设计的保护范围是否有限定作用，应当结合色彩在整个设计中的地位和功能来判定。如果去除色彩这一要素，外观设计仅靠形状或图案即产生了独特的视觉效果，则色彩不会对保护范围产生影响。反之如果去除色彩外观设计未产生独特的视觉效果，则色彩是对保护范围的限定。

（3）色彩限定说。此种观点认为，申请人只要请求保护色彩，即意味着对自己的外观设计作了色彩上的限定，其要求的是具有特定色彩的一种外观设计，色彩此时就相当于发明和实用新型中权利要求中的一个技术特征，请求保护色彩

的外观设计专利的保护范围小于未请求保护色彩的，请求保护色彩构成对保护范围的限制。

（4）保护范围偏移说。此种观点认为，请求保护色彩对于外观设计的保护范围而言不是缩小、扩大或维持不变，而是保护范围重心的迁移。只保护形状或图案与请求保护色彩两种情形下的保护范围有较大的重合，但两者之间并非全集与子集的关系。假设一个涉诉侵权产品的形状或图案与涉案专利的存在一定差异，当专利没有请求保护色彩时，可能不构成近似，但如果已请求保护色彩而且二者色彩相同或近似的情况下，则涉诉侵权产品可能落入涉案专利的保护范围。但是如果涉诉侵权产品的形状或图案与涉案专利的相同或类似，当涉案专利没有请求保护色彩时，两者构成近似，但如果已请求保护色彩二者色彩差异较大，则涉诉侵权产品可能不会落入涉案专利的保护范围。

笔者认为强调说则是认为色彩并非外观设计中的设计特征，无论色彩怎么样不影响外观设计的视觉效果。而色彩是外观设计中不可忽视的一个有机组成部分，在某些外观设计中甚至能与本不能产生独特视觉效果的形状或图案结合而产生独特的视觉效果。强调说忽略色彩作为外观设计的一个设计特征显然是错误的。

区别对待说虽然具有一定合理性，其能够更好地保护在形状或图案上具有较高独特性视觉效果的外观设计，但是会导致外观设计的保护范围不再明确，会给行使专利权和侵权判定增加难度，损害了公众利益。其实质是发明和实用新型领域的多余指定原则在外观专利领域的适用。而多余指定原则是在很多专利权人因经验不足撰写权利要求时写入非必要技术特征的历史背景下给予专利权人补救的机会，旨在鼓励发明创新，但正如前文所述，其损害了公众利益。随着 2009 年最高人民法院《关于审理侵犯专利权纠纷案件应用法律若干问题的解释》确立了全部覆盖原则，多余指定原则也正式退出了历史舞台。而外观设计相对于发明和实用新型创造性较低，在未对发明和实用新型适用多余指定原则的情况下，更无必要对外观设计适用多余指定原则。

事实上，北京市高级人民法院《专利侵权判定指南（2017）》第六十八条规定，“外观设计专利请求保护色彩的，应当将请求保护的色彩作为确定外观设计专利权保护范围的设计特征之一，即在侵权判定中，应当将其所包含的形状、图案、色彩及其组合与被诉侵权产品相应的形状、图案、色彩及其组合进行综合对比。”其否定了强调说和区别对待说，但是对于此条规定仍存在两种理解：即色彩限定说和保护范围偏移说。

色彩限定说认为请求保护色彩会缩小外观设计的保护范围，即使形状或图案相同或近似，但只要色彩不相同和不近似，被诉侵权产品就不会落入请求保护色彩的外观设计的保护范围之内。根据最高法 2010 年开始实施的司法解释的规定，判断被诉侵权产品是否落入保护范围应当根据整体视觉效果进行综合判断。色彩限定说在形状或图案相同或相似的情况下只考虑色彩是否相同或相近似，并可能仅仅因为色彩不相同或不相近似而认定被诉侵权产品不落入保护范围，无疑违背了“整体观察、综合判断”的原则。同时色彩限定说也不利于保护专利权人，因为只要对外观设计专利进行相对简单的色彩改变即可规避侵权。因此，色彩限定说也是违背专利法立法宗旨的。

而保护范围偏移说从“整体观察、综合判断”的原则出发，认为请求保护色彩不过是移动了保护范围，更有利于对专利权人的保护。因此，保护范围偏移说是更合理的观点。

二、司法实践中请求保护色彩对外观设计侵权判定的影响

在目前司法实践中，对于未请求保护色彩的外观设计，大部分法院不会考虑对色彩进行比较。以（2013）汕中法民三初字第 12 号判决为例，判决指出：“至于被告主张两者色彩不同，由于本案专利没有申请色彩保护，该主张本院不予采纳。”即色彩差异对未请求保护色彩的外观设计的侵权判定一般不产生任何影响。但也有法院在涉案外观设计未请求保护色彩的情况下，对涉案外观设计和被诉侵权产品的色彩进行了比较，比如（2012）甘民三终字第 00090 号判决。

而对于请求保护色彩的外观设计，法院通常会将色彩作为要素纳入考量范

围。但是对于请求保护色彩究竟构成对保护范围的何种影响，法院并无统一的标准，有的法院支持色彩限定说，也有的法院支持保护范围偏移说。

在浙江省宁波市中级人民法院作出的（2015）浙甬知初字第680号判决中，法院认为“涉案专利简要说明中明确请求保护色彩，而请求保护色彩是对专利权的保护范围进行限定，将形状和图案相同或相近似、色彩不相同或不相近似的排斥在专利权保护范围之外”，在涉案专利和涉案产品形状与图案基本相同的情况下，法院主要进行了色彩的比较，法院认为“以一般消费者的知识水平和认知能力来看，被诉侵权设计与授权外观设计的色彩区别明显，即使以立体图来进行比对，其大体为灰白色，边缘透出较浅的红色，也与被诉侵权产品较深的粉红色差异较大，在整体视觉效果上已存在实质性差异”。法院仅因色彩差异认定整体视觉效果存在实质性差异从而认定被诉侵权产品并未落入涉案专利的保护范围。

与之类似的是，在上海市高级人民法院作出的（2013）沪高民三（知）终字第37号判决中，虽然迈驰公司的两款产品的区别仅在于第三层阶梯状面板左侧盖子颜色，但法院最终认定其中一款产品由于只与外观设计存在形状上的细微差异而构成相近似，但另外一款产品不构成相同或相近似，理由是“根据专利简要说明中的标注，请求保护的外观设计包含有色彩，而涉案专利外观设计的色彩涉及底部箱体呈黑色、上部箱体呈白色，三层阶梯状面板上分别有蓝色透明盖板、蓝色插座和红色插座，且从主视图和立体图来看，三层阶梯状面板上的蓝色透明盖板、蓝色插座和红色插座占整体视图的较大部分比例。而被控侵权产品与授权外观设计相比，将第三层阶梯状面板左侧插座的颜色由红色替换成蓝色，在整体色彩上形成了一定反差，难以认定两者在整体视觉效果上不存在实质性差异，故被控侵权设计与授权外观设计不构成近似设计”，并且认为“原告在专利简要说明中明确标注了请求保护的外观设计包含有色彩，即以色彩对外观设计进行了限定”。

与以上两个案例形成鲜明对比的是，在广州市中级人民法作出的（2013）

穗中法知民初字第304号判决中，涉案外观设计请求保护色彩，法院也认可被诉侵权产品与涉案外观设计相比存在左右截面的形状不同、图案不同、文字标志与内容不同，以及被诉侵权产品以红色、米黄色及特有的蓝色为主色彩，而涉案外观设计专利图片是以橘红色及白色为主色彩，并没有蓝色，但法院仍然认为“上述区别只是细微的区别，该区别对产品的整体视觉效果并没有产生显著的影响，两者从形状的构造、图案的布局、色彩的配合上看，在整体视觉效果上无实质性差异，构成近似，故被诉侵权产品落入涉案专利权保护范围”。

在广州知识产权法院作出的（2015）粤知法专民初字第2355号判决中，在承认形状基本相同的前提下，被告认为“被控侵权产品与原告专利设计存在以下不同：（1）关于色彩，被诉侵权产品的颜色比较浅，呈现粉红色，涉案专利呈紫色，色泽比较深。（2）从产品主视图的电源开关、水滴图案、水果图案、水波图案来看，被诉侵权产品都是白色，涉案专利是深蓝色。（3）电源开关部分不相同”。但法院认为“虽然存在图案和色彩不同，两者构成相似”。在涉案专利与被诉侵权产品的色彩存在较大差异的情况下，法院依然认为两者构成相似。

由此可见，请求保护色彩造成保护范围的限定还是保护范围的偏移会较大程度上影响侵权的判定，而目前司法实践中并未统一认识，不同法官对此的认识还存在较大差异。笔者建议应当尽快在司法实践中树立统一的标准，以免出现上述相似案情判决相反的情况，影响司法公正。

参考文献：

①陈建民：《外观设计色彩保护的法律思考》，载《中国发明与专利》2008年第4期。

②朱娟：《外观设计专利保护客体研究》，湖南大学2014年硕士学位论文。

③北京市高级人民法院知识产权审判庭编：《北京市高级人民法院〈专利侵权判定指南〉理解与适用》，中国法制出版社2014年版，第257页。

④岳利浩：《色彩对外观设计专利保护范围的影响》，载《中国知识产权报》2007年9月26日。

（四）专利权属及合同纠纷

专利权权属的认定

——试分析雷神机电与弘讯科技专利权权属纠纷案

技术合同纠纷专业组　李娜娜律师

随着科技的日益更新以及国家对知识产权保护的重视，专利权权属纠纷也随之增加，笔者通过雷神机电科技（宁波）有限公司（以下简称雷神机电）与宁波弘讯科技股份有限公司（以下简称弘讯科技）专利权权属纠纷一案[①]与大家探讨一下专利权权属的认定。

一、雷神机电与弘讯科技的纠纷

2009 年 2 月 26 日，雷神机电科技（宁波）有限公司与宁波弘讯科技股份有限公司经协商签订了《代理合同》。双方约定：

1. 雷神机电授权弘讯科技为塑料机械产业唯一（独家）代理销售商，销售产品为雷神机电生产的直流无刷伺服电机。

2. 雷神机电向鸿讯科技传授必要的知识和经营技术、提供各种必备产品手册和销售支持，同时雷神机电为弘讯科技免费提供一套新产品样机。

3. 弘讯科技自觉维护雷神机电的知识产权和企业、产品品牌形象。

4. 弘讯科技对雷神机电提供的经营、技术、售价等相关的资料保密，未经

① （2015）浙甬知初字第 694 号。

雷神机电同意，不得随意泄露于第三方。

弘讯科技于2012年12月12日向国家知识产权局申请名称为“一种电机油泵总成及其电机端盖”的实用新型专利，并于2013年6月12日获得公告授权，专利号为ZL201220685047.2，该专利至案件审理时有效。

2014年6月9日，雷神机电向法院提起诉讼，请求将弘讯科技申请的上述实用新型专利的专利权归属于雷神机电。

二、庭审焦点与法院认定

由于庭审过程中弘讯科技认可雷神机电提交的技术方案与涉案专利构成实质性相同，根据双方诉辩的理由，雷神机电和弘讯科技在该案中的焦点主要有：

1. 双方是否存在委托技术开发关系

对于双方之间是否存在委托技术开发关系，雷神机电主张双方签署的代理合同构成弘讯科技委托雷神机电进行技术开发的委托开发合同关系，但该份代理合同的内容主要体现的是双方的买卖关系，并不具备委托技术开发合同的内容及形式要件：

一是从形式上看，代理合同并不具备委托技术开发合同的一般要件，例如研发的内容、研发的预期成果、交付时间、研发经费的数额及支付结算方式、技术及资料的保密流程、技术成果的归属、验收方式及违约责任等。

二是从内容上看，代理合同的主要内容均与采购相关，虽然雷神机电主张代理合同中的采购比例等内容可以体现出研发经费的支付，但代理合同无法体现出具体的委托技术开发内容，仅凭代理合同无法得知弘讯科技究竟委托雷神机电开发了何种技术、研发经费几何、权利如何归属等信息，这些与我国合同法关于技术合同应采用书面形式的规定不符。

2. 如果双方的委托技术开发关系无法认定，则雷神机电主张涉案专利的权利归属是否具有法律依据

首先，从双方提供的证据方面看，由于双方对于涉案专利技术的研发过程

均未提供充分的证明，仅从技术开发过程的角度无法认定涉案专利技术的实际来源。

其次，雷神机电在与弘讯科技签订代理合同时并未明确雷神机电向弘讯科技提供的哪些具体技术方案属于商业秘密，没有明确内容也没有明确具体的方法措施，此外，雷神机电在代理合同中又与弘讯科技约定其应向弘讯科技提供相应的技术和产品实物，且双方于2009年已完成部分电机设备交易，该约定使相关技术在专利申请日前已面临被公开的巨大风险，很可能导致无论哪一方申请了专利，最终专利技术都需承担进入公有领域的不利后果。

最后，根据我国专利法的规定，我国专利权应授予“最先申请的人”，而并非最先发明人或最先创造人。在专利授权后，如果先发明人或先创造人遭到专利权人的专利侵权诉讼，专利侵权诉讼被告可以主张先用权抗辩、现有技术抗辩或者申请专利无效宣告请求的救济方式。

3. 关于雷神机电主张相关邮件是否符合民事诉讼证据的一般要求

虽然相关邮件经我国公证机构公证，但邮箱服务器位于境外，邮箱内容在我国境内无法打开，公证过程中使用的特定软件及其账号密码均来自雷神机电，该过程使公证内容的真实性存在一定瑕疵，之后雷神机电提交的香港公证件符合我国相关法律法规关于中国委托公证人公证及转递的形式要件，可视为对证据证明力瑕疵的补正，因此，法院对相关邮件证据的真实性依法予以认定。

三、法院结论

驳回原告雷神机电科技（宁波）有限公司的诉讼请求。

四、结语

纵观上述案例，笔者认为，不管是否为技术委托开发合同，合同双方都要在专利申请前做好对技术方案的保护，避免违反审查指南的规定①，防止辛辛苦苦获得的劳动成果付之东流。

如果要合作开发，务必根据《中华人民共和国合同法》第三百三十条②的规定签署技术开发合同。

技术开发合同是指当事人之间就新技术、新工艺和新工艺的新材料及其系统的研究开发所订立的合同，包括委托开发合同和合作开发合同。

在签订技术开发合同时，还应特别注意：

1. 拟制研究开发计划，该条款也可另签协议。

2. 约定风险责任，需约定风险责任的承担方式，明确当事人所应承担的风险责任。

3. 明确成果的归属和收益，在合同中应约定技术或技术秘密成果的使用权、转让权以及利益的分配办法。

4. 约定开发取得的发明创造的专利申请权，签订委托开发合同时，应约定委托开发完成的发明创造由谁来申请专利；如当事人没有约定，则申请专利的权利属于研究开发人，研究开发人取得专利权后，委托人可免费实施该专利；签订合作开发合同时，应约定合作开发完成的发明创造由谁来申请专利。如当事人没有约定，则申请专利的权利属于合作开发的当事人共有。

5. 明确验收标准和失败时的判断标准，合同条款的技术指标和参数应明确载明开发的技术在该技术领域内所要达到的技术标准和参数，明确约定在何种情况下开发项目失败属于技术风险，认定的标准是什么，如果是技术风险，则应约定如何分担损失。

6. 报酬的计算和支付报酬，双方当事人应在本款中明确约定报酬的总金额

① 《中华人民共和国专利法》第八条、第九条第二款、第二十二条、第四十五条、第六十二条、第六十九条第一款第二项。

② 《中华人民共和国合同法》第三百三十条第一款、第二款、第三款："技术开发合同是指当事人之间就新技术、新产品、新工艺或者新材料及其系统的研究开发所订立的合同。技术开发合同包括委托开发合同和合作开发合同。技术开发合同应当采用书面形式。"

和报酬来源。

7. 确定研究开发经费或者项目投资的数额及其支付、结算方式。

8. 避免引起侵权纠纷，在开发前进行专利文献检索。

9. 利用研究开发经费购置的设备、器材、资料的财产权属，双方当事人应在合同中约定清楚。

职务发明如何界定

技术合同纠纷专业组　李娜娜律师

随着科技的日益更新以及国家对知识产权保护力度的不断加强，专利权权属纠纷也随之增加，其中，涉案专利权是否属于职务发明的纠纷占据了很大比例，那么职务发明究竟怎么界定呢？与工作内容相关的发明都属于职务发明么？笔者通过以下几个案例一一阐明。

一、在退职、退休或者调动工作后一年内做出的、与在原单位承担的本职工作或原单位分配的任务有关的发明创造

案例1：陈维汉与郑州豫兴耐火材料有限公司专利权权属纠纷民事判决书①

1. 基本案情

陈维汉自2003年起与郑州豫兴耐火材料有限公司开始合作，2008年1月1日正式入职郑州豫兴耐火材料有限公司，并于2012年4月30日离开郑州豫兴耐火材料有限公司。陈维汉于2012年10月30日向国家知识产权局提交了申请号为201210422700.0、名称为“一种预混气流单股喷射回流预热蓄热体中燃烧的热风炉”的发明专利。从申请时间可以看出，专利的申请日在陈维汉离开郑州豫兴耐火材料有限公司一年之内。郑州豫兴耐火材料有限公司于2013年4月1日向法院提起诉讼，要求认定郑州豫兴耐火材料有限公司是上述发明专利的申请人。

---

① （2014）豫法知民终字第19号。

2. 法院认定

陈维汉与郑州豫兴耐火材料有限公司签有《聘用陈维汉教授为技术指导的协议》，陈维汉按照协议约定为郑州豫兴耐火材料有限公司提供热风炉技术参数与结构参数的设计、热风炉技术创新与技术改进的研究，担任热风炉项目推介的技术顾问、热风炉工程项目的技术指导，参与豫兴公司其他创新项目的前期研讨等工作，并实际参与采用环形气流上喷预混燃烧回流加热的顶燃式热风炉、环形交错均流喷射预混稳焰燃烧器、格孔互通均流均压格子砖的改进和研究，且以郑州豫兴耐火材料有限公司为发明人之一向国家知识产权局申请了专利，陈维汉作为郑州豫兴耐火材料有限公司热风炉模型试验装置工程负责人代表豫兴公司签订多份《制作施工协议》《订购合同》《设备买卖合同》《工业产品购销合同》。

由此可见，陈维汉所申请的专利与其在郑州豫兴耐火材料有限公司的工作内容是紧密相关的。

最后，法院支持了豫兴公司的诉讼请求，确认郑州豫兴耐火材料有限公司是专利的申请人。

3. 案件分析

由于前员工申请的专利与其在原单位一直从事的工作内容是紧密相关的，即使员工从原单位离开，那么从原单位离开一年内得到的成果依然是职务发明。在该案例中，单位对此进行了有利的举证，从与前员工签订的合同、前员工参与的工程项目及项目协议，到之后前员工要申请专利时与其的来往信函，单位都提供了有力的证据。

另外，从员工角度，如果想要规避一年的时间，那么也要注意，专利法遵循的是先申请原则，避免赢得了时间但却丧失了新颖性的被动局面。

二、是否为履行单位交付的工作任务

案例2：深圳市和宏实业有限公司、敖某华、敖某平专利权权属纠纷二审民事判决书[①]

1. **基本案情**

2005年11月至2008年1月，敖某平在深圳市和宏实业有限公司（以下称为和宏实业）作为公司的插座结构工程师从事插座产品的开发工作。2008年1月2日，中华人民共和国国家知识产权局就“一种多联插座”的实用新型向敖某华授予专利权，专利号为ZL200720003944.X，申请日为2007年1月23日，申请人敖某华系敖某平的兄弟。和宏实业向法院提起诉讼，要求认定敖某平所获得的发明为职务发明。

2. **法院认定**

和宏实业提交的证据仅能证明敖某平自2005年11月至2008年1月期间曾经在和宏实业工作，并担任结构工程师、产品组经理、插座板工程师等职务，主要为公司设计系列防触电转换器。和宏实业并未提交证据证明其曾向敖某平下达过关于涉案专利方面的开发性研究任务，其提交的证据亦不足以证明敖某平利用了和宏实业的物质技术条件完成涉案的实用新型专利。

最终，法院没有支持和宏实业的诉讼请求。

3. **案件分析**

如果公司的诉讼理由是发明创造属于员工的工作任务，那么公司负有举证责任，需要提供充分的证据来证明，比如曾经下达的工作指令或者明确限定过工作范畴的工作手册等，否则只能承担不利后果。在该案例中，因为和宏实业没有能够提供向员工敖某平下达过关于涉案专利方面开发性研究任务的证据来支持其诉讼请求，因而没能获得法院支持。

---

① （2012）川民终字第207号。

三、是否为履行本职工作完成的发明创造，是否为主要利用了本单位的物质技术条件所完成的发明创造

案例3：北京市三一重机有限公司与王某专利权权属纠纷二审民事判决书[①]

1. 基本案情

2008年1月1日，三一重机公司与王某签订劳动合同，聘用王某为国际售后工程师，合同期限为2008年1月1日至2010年12月31日。在国际售后部期间，王某曾经接受三一重机公司组织的旋挖钻机施工技术、钻具的使用与维修等理论知识的培训。2009年5月，王某申请了名称为“一种旋挖钻机的双底钻斗”、申请号为200920108170.6的实用新型专利。三一重机公司向法院提起诉讼，要求认定上述专利的专利权归三一重机公司所有。

2. 法院认定

王某进入三一重机公司从事售后服务工作，与具体从事研发和设计工作并不是一回事。三一重机公司未提供证据证明国际售后工程师的工作职责还包括新产品的设计和开发任务。因此，不能认定王某在担任国际售后工程师期间还有新产品的开发和设计职责，三一重机公司关于诉争专利系王某在完成本职工作任务中所做出的发明创造的主张不能成立。

王某没有主要利用三一重机公司的物质技术条件。主要理由是：专利法所称“主要利用本单位的物质技术条件”是指职工在完成技术成果的研究开发过程中，全部或者大部分利用了法人或其他组织的资金、设备、器材或者原材料，并且这些物质条件对形成该技术成果具有实质性影响，或者该技术成果的实质性内容是在法人或者其他组织尚未公开的技术成果、阶段性技术成果或者关键技术的基础上完成的。

---

① （2014）鲁民三终字第31号。

三一重机公司未提供任何证据证明王某利用了其何种物质技术条件进行技术成果的开发研究。三一重机公司曾对王某等人进行的业务培训，包括旋挖钻机电气、液压及发动机的相关技术，仅能证明王某可能从中学到些胜任本职工作的技能，但不能证明其为王某研发涉案专利提供过研发资金、设备、零部件、原材料或不对外公开的技术资料，故不属于利用三一重机公司的物质技术条件完成的职务发明创造。

最后，法院认为涉案专利应系王某个人的发明创造，而非职务发明创造。

3. 案件分析

在该案例中，专利法中所称的发明人的“本职工作”是指根据法人或其他组织的规定，职工所在岗位的工作任务和责任范围。即使前员工通过原单位学习到了所在岗位之外的很多技能，这也是该员工自己努力的结果，该单位可以通过调岗充分发挥该员工的潜能。如果单位没有做到，那么该员工通过单位之外的资金、设备或者材料做出的发明创造，单位也不能强求；对于职工是否主要利用了本单位的物质技术条件，也需公司一方举证证明。

四、结语

实践中，如果单位想要保护知识产权，一定要落实好制度建设，制定有效的奖励措施；界定好员工本职工作的内容和范畴、对于员工使用单位主要物质技术条件的情况要有使用记录等凭证。对于员工而言，如果确实属于非职务发明创造，也应该做好相应的界限切割，避免不必要的麻烦。

技术合同纠纷的管辖权异议

商业秘密专业组 樊培伟律师

一、技术与市场的桥梁——技术合同

2017 年 3 月 24 日，山东理工大学与补天新材料技术有限公司签订专利技术独占许可协议，对毕玉遂教授的研究团队发明的无氯氟聚氨酯化学发泡剂，学校授予公司 20 年专利独占许可使用权，公司需总计支付 5 亿元人民币。如此高昂的独占许可费可谓一石激起千层浪。

科学技术可以说是人类社会的最强点子，正在不断改造着我们的世界，影响我们的生活。然而科学技术之力能否跨越思想与现实之间的鸿沟，常常需要一座桥梁——技术合同。在科学技术的转化、应用和推广过程中，当事人就技术开发、转让、咨询或者服务订立的确立相互之间权利和义务的合同称之为技术合同。

2008 年国务院颁布实施了《国家知识产权战略纲要》，提升我国知识产权创造、运用、保护和管理能力，充分发挥技术市场的作用。在我国市场经济的发展过程中，技术合同是将技术与市场相连接的不可或缺的桥梁，技术成果交易不断增加，技术合同纠纷的数量也随之增加。技术合同纠纷的方方面面不同，本文仅就管辖稍作讨论。

二、技术合同纠纷管辖的一般原则

一旦出现技术合同纠纷，首要就是确定技术合同纠纷的管辖。对于技术合同纠纷，管辖的确定同样是能否有效解决现实纠纷的首要和关键环节。

管辖，要从两个维度上加以确定，其一是级别管辖，其二是地域管辖。在级别管辖上，根据《中华人民共和国民事诉讼法》（以下简称《民事诉讼法》）、《最高人民法院关于审理技术合同纠纷案件适用法律若干问题的解释》（法释［2004］20号）的规定，技术合同纠纷案件一般由中级以上人民法院管辖；各高级人民法院根据本辖区的实际情况并报经最高人民法院批准，可以指定若干基层人民法院管辖第一审技术合同纠纷案件。

在地域管辖上，我国采用的是原告就被告的一般原则以及特殊地域管辖原则。根据民事诉讼法的规定，因合同纠纷提起的诉讼，由被告住所地或者合同履行地人民法院管辖（参见《民事诉讼法》第二十三条）；合同的当事人可以书面协议选择被告住所地、合同履行地、合同签订地、原告住所地、标的物所在地等与争议有实际联系的地点的人民法院管辖（参见《民事诉讼法》第三十四条）。

三、我国司法实践中技术合同纠纷管辖异议的常见情况

司法实践中，技术合同纠纷管辖权异议产生的原因众多，包括利用管辖权异议争取充分的诉讼准备时间、通过管辖权决定诉讼成本、由于合同履行地多重含义导致管辖权冲突、司法实践中确定案由的标准不统一[①]。技术合同纠纷管辖权异议的增多，在一定程度上阻碍了整个诉讼程序的顺利进行，损坏了诉讼的效率价值。

通过对我国司法实践中技术合同纠纷管辖权异议的案件进行搜集分析，我国的司法实践中，对于技术合同纠纷的管辖权异议，主要有以下三种情况：

1. 针对合同中相关管辖约定、合同效力产生的管辖权异议。在帝斯曼江山制药（江苏）有限公司与南京汉岐医药科技有限公司技术合同纠纷管辖权异议上诉案[②]中，上诉人与被上诉人之间的《香菇多糖项目合作合同》及《补充合

---

① 王铜琴：《浅谈技术合同纠纷司法管辖权》，载《法制与社会（上）》2010年3月。

② （2017）苏民辖终61号、（2017）鲁民辖终122号、（2016）浙民辖终288号。

同》已经被依法解除，自动失去法律效力。上述合同中管辖地的约定是否相应地失效成为影响该技术合同纠纷管辖的关键因素。在该案的终审裁定中，明确“合同中的协议管辖条款具有独立性”。也就是说，虽然技术合同被解除，但合同中关于解决合同争议方法的条款，并不因此而失效。究其根本，技术合同作为基于当事人真实意思表示的协议，管辖地的约定与实体权利义务的约定有所不同，合同的效力主要的是针对合同的实体权利义务而言。

诚然，如果技术合同中关于争议解决方式不明确，属无效约定，这与上述案件中技术合同无效但其中争议解决方式明确，是完全不同的情况。对于存在无效约定的情况，根据民事诉讼法及其相关司法解释确定管辖即可。相关案例如“湘北威尔曼制药股份有限公司与济南嘉舜医药科技开发有限公司技术合同纠纷管辖权异议上诉案”“用友网络科技股份有限公司嘉兴分公司等与嘉兴好育儿企业管理咨询有限公司技术合同纠纷上诉案”①。

2. 原告起诉时选择的管辖法院级别错误，一般表现为选择基层人民法院作为一审起诉法院。这种案件尽管数量较多，但处理比较简单。在相应的民事裁定书中，由于纠纷类型为技术合同纠纷，基层人民法院常见的两种做法为：裁定不予受理②或者裁定移送至中级人民法院审理③。该种情况，更多的是由于当事人不熟悉民事诉讼法、合同法相关规定造成的。

3. 基于技术合同纠纷中诉讼请求产生的管辖异议。在技术合同纠纷诉讼中，常有诉讼请求人认为诉讼请求与技术内容无关，否认双方之间存在技术合同关系，由此对技术合同纠纷的管辖产生异议。

“大连江申计算机网络科技有限公司与达科信息科技（北京）有限公司技术合同纠纷上诉案”④ 中，被上诉人诉求为请求上诉人支付货款，依据的是报价

---

① （2017）苏民辖终 61 号、（2017）鲁民辖终 122 号、（2016）浙民辖终 288 号。

② （2017）津 0103 民初 5318 号、（2016）冀 10 民终 4734 号、（2016）云 0111 民初 10115 号。

③ （2017）黑 0103 民初 639 号、（2017）苏 01 民终 2310 号、（2017）苏 01 民终 2311 号、（2017）粤 08 民初 1 号。

④ （2016）辽 02 民辖终 277 号、（2016）云 0111 民初 10115 号。

单，不涉及任何与技术成果有关的内容，双方之间不是技术合同关系，应由被告住所地人民法院管辖。辽宁省大连市中级人民法院在裁定书中确认双方之间存在技术合同关系，本案为技术合同纠纷，属于知识产权纠纷。

类似的，在云南巨无霸网络科技有限公司诉云南才众信息技术有限公司一案中，云南省昆明市官渡区人民法院认为：虽然原告的诉讼请求不涉及具体的技术标准、权利归属等内容，但诉讼请求不等同于合同性质，原告提出何种具体诉求不影响合同性质的认定①。

合同约定的权利义务内容是确定合同性质和案由的根本。2008 年实施的《民事案件案由规定》规定民事案件案由应当依据当事人主张的民事法律关系性质来确定，案由的表述方式一般不再包括争议焦点、标的物、侵权方式等要素。技术合同的标的是技术，合同双方的权利义务亦由此产生。这也是仅以诉讼请求不涉及技术内容为由否认技术合同无法得到法院支持的原因。

四、结语

结合我国的司法实践看来，管辖权能够给当事人带来的诉讼利益不同。尽管技术合同纠纷管辖异议不断增多，但也并非无计可施。对于技术合同，约定明确的争议解决方式，能够有效减轻管辖权异议导致的诉累，也能尽量避免地方保护主义对于诉讼审理的影响。这正是花落谁家自有知，约定明晰少诉累。

① （2016）辽 02 民辖终 277 号、（2016）云 0111 民初 10115 号。

专利实施许可合同是否需要备案

专利行政专业组　王清亮律师

近期收到一个客户有关专利实施许可方面的咨询，主要问题包括：专利实施许可是否需要改变许可方的专利所有权，专利实施许可合同是否必须备案，备案有什么好处，如何办理备案以及在办理备案时需要注意哪些问题。考虑到很多人可能也会遇到类似的问题，笔者将上述问题的答案归纳如下，希望对大家能有所帮助。

首先，在回答上述问题之前，先简单介绍一下什么是专利实施许可合同，以及什么是专利实施许可合同备案

专利实施许可是指专利权人将其所拥有的专利技术许可他人实施的行为，其中，专利权人为许可方，允许实施专利的一方为被许可方。根据《专利法》第十二条①和《合同法》第三百四十二条②规定，许可方与被许可方应当签订书面的专利实施许可合同，与专利转让合同的区别在于，专利实施许可合同只允许被许可方实施许可方拥有的发明创造专利技术，而不以转移许可方的专利所有权为前提，因此专利实施许可合同不需要改变许可方的专利所有权。

专利实施许可合同备案是指国务院专利行政部门（即国家知识产权局）或

---

① 《专利法》第十二条："任何单位或者个人实施他人专利的，应当与专利权人订立实施许可合同，向专利权人支付专利使用费。被许可人无权允许合同规定以外的任何单位或者个人实施该专利。"

② 《合同法》第三百四十二条："技术转让合同包括专利权转让、专利申请权转让、技术秘密转让、专利实施许可合同。技术转让合同应当采用书面形式。"

者受其委托的部门对当事人已经缔结并生效的专利实施许可合同加以留存，并对外公示的行为。

其次，关于是否必须备案，以及备案有什么好处

专利实施许可合同本质上是一种民事合同，只要符合《合同法》第四十四条①规定的法定要件，并且没有《合同法》第五十二条②规定的导致合同无效的情形，就是合法有效的。

在专利法及其实施细则的规定中，并没有关于专利实施许可合同必须备案才能生效的强制性规定，仅在《专利法实施细则》第十四条③规定了办理备案手续的时间要求，以及在《专利法实施细则》第八十九④和九十

---

① 《合同法》第四十四条："依法成立的合同，自成立时生效。法律、行政法规规定应当办理批准、登记等手续生效的，依照其规定。"

② 《合同法》第五十二条："有下列情形之一的，合同无效：

（一）一方以欺诈、胁迫的手段订立合同，损害国家利益；

（二）恶意串通，损害国家、集体或者第三人利益；

（三）以合法形式掩盖非法目的；

（四）损害社会公共利益；

（五）违反法律、行政法规的强制性规定。"

③ 《专利法实施细则》第十四条第二款："专利权人与他人订立的专利实施许可合同，应当自合同生效之日起3个月内向国务院专利行政部门备案。"

④ 《专利法实施细则》第八十九条："国务院专利行政部门设置专利登记簿，登记下列与专利申请和专利权有关的事项：

（一）专利权的授予。

（二）专利申请权、专利权的转移。

（三）专利权的质押、保全及其解除。

（四）专利实施许可合同的备案。

（五）专利权的无效宣告。

（六）专利权的终止。

（七）专利权的恢复。

（八）专利实施的强制许可。

（九）专利权人的姓名或者名称、国籍和地址的变更。"

条[①]中分别规定将专利实施许可合同的备案内容作为专利登记簿副本的登记事项以及将专利实施许可合同的备案内容作为专利行政部门定期出版的专利公报的公告内容。

因此，无论是否将专利实施许可合同进行备案，都不会影响合同本身的效力。也就是说，专利实施许可合同备案并不是法律的强制要求，备案只是国家对专利许可行为的一种管理方式。那么，备案对于许可人和被许可人有什么作用（或者好处）呢？

第一，可以保障被许可人利益。

从《专利法实施细则》第八十九条和第九十条的规定可以看出，只有办理专利实施许可合同备案手续后，专利实施许可的相关内容才能在专利登记簿副本上登记，并在国家知识产权局定期出版的专利公报上公告，如果不办理备案手续，对于被许可人来说，在发生专利侵权纠纷时不能对抗善意第三人。

第二，专利实施许可合同备案证明可以作为海关知识产权备案等相关手续的证明文件。

第三，在发生专利侵权纠纷时，已备案的专利实施许可合同可以作为被许可

---

① 《专利法实施细则》第九十条："国务院专利行政部门定期出版专利公报，公布或者公告下列内容：

（一）发明专利申请的著录事项和说明书摘要；

（二）发明专利申请的实质审查请求和国务院专利行政部门对发明专利申请自行进行实质审查的决定；

（三）发明专利申请公布后的驳回、撤回、视为撤回、视为放弃、恢复和转移；

（四）专利权的授予以及专利权的著录事项；

（五）发明或者实用新型专利的说明书摘要，外观设计专利的一幅图片或者照片；

（六）国防专利、保密专利的解密；

（七）专利权的无效宣告；

（八）专利权的终止、恢复；

（九）专利权的转移；

（十）专利实施许可合同的备案；

（十一）专利权的质押、保全及其解除；

（十二）专利实施的强制许可的给予；

（十三）专利权人的姓名或者名称、地址的变更；

（十四）文件的公告送达；

（十五）国务院专利行政部门作出的更正；

（十六）其他有关事项。"

人要求诉前停止侵犯专利行为的重要依据。

根据《最高人民法院关于对诉前停止侵犯专利权行为适用法律问题的若干规定》第四条第（二）项[①]规定，申请人提出要求诉前停止侵权行为的申请时，应当提交下列证据：利害关系人应当提供有关专利实施许可合同及其在国务院专利行政部门备案的证明材料，未经备案的应当提交专利权人的证明，或者证明其享有权利的其他证据。

再次，关于如何办理备案手续以及在办理备案时需要注意的问题

既然备案有这么多的作用，那如何办理备案手续呢？

《专利实施许可合同备案办法》第八条规定，申请专利实施许可合同备案的，应当提交下列文件：

（一）许可人或者其委托的专利代理机构签字或者盖章的专利实施许可合同备案申请表；

（二）专利实施许可合同；

（三）双方当事人的身份证明；

（四）委托专利代理机构的，注明委托权限的委托书。

自提交备案申请之日起7个工作日内，国家知识产权局将对上述备案申请文件进行审查，在审查合格后出具《专利实施许可合同备案证明》，并在定期出版的专利公报中公告。

---

① 《最高人民法院关于对诉前停止侵犯专利权行为适用法律问题的若干规定》第四条："申请人提出申请时，应当提交下列证据：

（一）专利权人应当提交证明其专利权真实有效的文件，包括专利证书、权利要求书、说明书、专利年费交纳凭证。提出的申请涉及实用新型专利的，申请人应当提交国务院专利行政部门出具的检索报告。

（二）利害关系人应当提供有关专利实施许可合同及其在国务院专利行政部门备案的证明材料，未经备案的应当提交专利权人的证明，或者证明其享有权利的其他证据。

排他实施许可合同的被许可人单独提出申请的，应当提交专利权人放弃申请的证明材料。

专利财产权利的继承人应当提交已经继承或者正在继承的证据材料。

（三）提交证明被申请人正在实施或者即将实施侵犯其专利权的行为的证据，包括被控侵权产品以及专利技术与被控侵权产品技术特征对比材料等。"

下面，分别就上述需要提交的文件具体内容及其需要注意的问题说明如下：

第一，关于专利实施许可合同备案申请表，可以从国家知识产权局网站下载标准表格，并根据填表要求填写相关内容后签字或盖章即可。

需要注意的是，关于许可专利的专利名称、专利（申请）号以及合同信息中的许可种类（独占许可/排他许可/普通许可/交叉许可/分许可）、专利许可的地域范围、使用费用、支付方式、生效日期和终止日期等内容，需要与专利实施许可合同的内容一致。其中：

独占许可是指许可方规定被许可方在合同约定的期限、地域范围内独自实施该专利的权利，其特点是许可人本人和任何被许可人以外的单位或个人都不得实施该专利。

排他许可是指许可人许可被许可人在合同约定的期限、地域范围内实施该专利的同时，许可人保留实施该专利技术的权利，但不得再许可被许可人以外的任何单位或个人实施该专利。

普通许可是指许可人许可被许可人在合同约定的期限、地域范围内实施该专利的同时，许可人保留实施该专利的权利，并可以继续许可被许可人以外的任何单位或个人实施该专利。

交叉许可也称互惠许可或相互许可，是指当事人双方相互允许对方使用各自的专利。

分许可也称再许可或从属许可，是指原专利许可合同的被许可人经许可人的事先同意在一定的条件下将专利权或者其中一部分权利再授权给第三人在一定条件下实施该专利；未经许可人事先同意，被许可人无权与任何第三方签订分许可合同。

第二，关于专利实施许可合同。

订立专利实施许可合同可以使用国家知识产权局统一制订的合同范本，也可以采用其他合同文本，采用其他合同文本应当符合《合同法》的规定。其中，合同内容至少应该包括：

（一）许可人和被许可人的姓名（或者名称）、地址。

（二）专利权项数以及每项专利权的名称、专利号、申请日、授权公告日。

（三）实施许可的种类和期限。

关于实施许可的种类，主要包括独占许可、排他许可、普通许可、交叉许可和分许可，需要注意的是，实施许可的期限务必在专利的有效期内。

另外，需要提醒注意的是，许可人和被许可人在签订专利实施许可合同后，应当在合同生效之日起3个月内到国家知识产权局指定的部门办理备案手续。

侵害他人技术成果的技术合同相关问题分析

——由重庆市长奔汽车标准件制造有限公司与重庆生祥工贸有限公司技术合同纠纷上诉案展开

专利侵权专业组　谷利云律师

一、引言

2011 年，重庆市长奔汽车标准件制造有限公司与重庆生祥工贸有限公司技术合同纠纷上诉案中，渝安公司为东风 EQ6380 汽车零部件产品的 11 个技术资料的权利人。长奔公司与渝安公司签订的东风小康 2007 年度零部件采购合同书第八章维护知识产权协议明确约定，长奔公司不得将渝安公司提供的技术资料向第三方扩散。长奔公司与生祥公司签订东风小康汽车 2007 年度零部件采购合同书，授权生祥公司生产加工“东风”微车的零部件，并将本案所涉的 EQ6380 汽车零部件产品的 11 个技术资料提供给生祥公司的行为违反了长奔公司与渝安公司签订的采购合同书，侵害了渝安公司的技术成果。

重庆市第五中级人民法院经审理认为，根据合同法第三百二十九条的规定，非法垄断技术、妨碍技术进步或者侵害他人技术成果的技术合同无效，因此该采购合同书中有关长奔公司向生祥公司提供技术资料的约定应为无效。由于长奔公司无权擅自向生祥公司扩散涉案技术资料，原告和被告签订的东风小康汽车 2007 年度零部件采购合同书第八章“维护知识产权协议”第 1 条关于生祥公司不得将长奔公司提供的技术资料向第三方扩散且依此生产的产品只能供给原告的约定同属无效。依照合同法第三百二十九条、最高人民法院《关于审理技术合同纠纷案件适用法律若干问题的解释》第四十四条、《关于民事诉讼证据的若干规定》第三十五条以及《民事诉讼法》第一百二十八条之规定，法院判决驳回原告长奔公司的全部诉讼请求。

笔者以为法院的判决存在一定瑕疵，法院依据《合同法》第三百二十九条“非法垄断技术、妨碍技术进步或者侵害他人技术成果的技术合同无效”认定合同无效。但笔者以为，技术合同侵害他人技术成果并不当然无效。

二、侵害他人技术成果的技术合同的效力问题

《合同法》第三百二十九条中，非法垄断技术、妨碍技术进步或者侵害他人技术成果的技术合同三类合同虽并列在一起，将此三类合同一律认定为无效。但实际上它们侵害的是不同法益，非法垄断技术和妨碍技术进步都是侵害了社会的公共利益，而侵害他人技术成果更多的是侵害个人利益。将前者直接认定为无效，与《合同法》第五十二条第（四）项“损害社会公共利益”的立法精神相符。而后者并非侵害公共利益，只是损害第三人的利益，而根据《合同法》第五十二条第（二）项的规定，单是损害第三人利益，合同并不因此无效，还需满足合同双方恶意串通的要件。依此对比可以看出，《合同法》第三百二十九条对于他人的技术成果采取了过于家长主义的保护方式。

由于侵害他人技术成果属于侵害个人利益，应当依意思自治，尊重权利人的自由意志，由权利人来决定该技术合同的效力，故应将此类合同认定为效力待定。如果技术成果权利人追认的，可以认定为有效；拒绝追认的，合同则无效。但有证据证明技术合同双方恶意串通的，可以认定合同无效。

最高人民法院《关于审理技术合同纠纷案件适用法律若干问题的解释》第四十四条规定：“一方当事人以诉讼争议的技术合同侵害他人技术成果为由请求确认合同无效，或者人民法院在审理技术合同纠纷中发现可能存在该无效事由的，人民法院应当依法通知有关利害关系人，其可以作为有独立请求权的第三人

参加诉讼或者依法向有管辖权的人民法院另行起诉。”有观点认为，该司法解释为权利人行使追认提供了可能。

而《全国法院知识产权审判工作会议关于审理技术合同纠纷案件若干问题的纪要》第十四条规定：“除当事人另有约定或者技术成果的权利人追认的以外，技术秘密转让合同和专利实施许可合同的受让人，将合同标的技术向他人转让而订立的合同无效。”未经授权的技术秘密转让合同和专利实施许可合同显然侵害了技术成果权利人的技术成果，该规定认为，此类合同可经技术成果权利人追认，因此并不当然无效，而是处于效力待定的状态。此处可类推解释，其他侵犯他人技术成果的技术合同也应当类似处理，将此类合同认定为效力待定。

因此，笔者以为，结合立法精神以及上述司法解释，侵犯他人技术成果的技术合同应当认定为效力待定。

三、技术成果受让人在合同无效后是否仍能使用技术秘密

如果技术成果权利人不予追认，则侵犯技术成果的技术合同无效。此时技术成果受让人是否还能使用技术秘密呢?

《全国法院知识产权审判工作会议关于审理技术合同纠纷案件若干问题的纪要》第二十条规定：“侵害他人技术秘密成果使用权、转让权的技术合同无效后，除法律、行政法规另有规定的以外，善意、有偿取得该技术秘密的一方可以继续使用该技术秘密，但应当向权利人支付合理的使用费并承担保密义务。除与权利人达成协议以外，善意取得的一方（使用人）继续使用该技术秘密不得超过其取得时确定的使用范围。当事人双方恶意串通或者一方明知或者应知另一方侵权仍然与其订立或者履行合同的，属于共同侵权，应当承担连带赔偿责任和保密义务，因该无效合同而取得技术秘密的当事人不得继续使用该技术秘密。”

依据该条规定，如果受让人与转让人恶意串通或受让人非善意，则受让人和转让人属于共同侵权，受让人不得继续使用该技术秘密。如果受让方善意、有偿，无论技术成果权利人是否追认，均可在原有范围内使用技术秘密。

有观点认为，如果合同无效，在发生返还和恢复原状之后，受让人即无权再继续使用该技术秘密，无论受让人取得技术秘密时是否善意或有偿；受让人有权按其取得技术时的使用范围继续使用该技术秘密应是在认定合同有效的前提下，依据有效合同所享有的权利。笔者不赞同此观点，此举为维护交易安全和保护善意第三人的信赖利益，在实践中，受让方往往付出一定成本比如购买相关装置等以实施技术成果，如果因为合同无效而失去使用，则受让方可能会遭受重大损失。另外，技术成果是无形财产，难以返还，即使返还如载有技术秘密的纸质文档，一方面受让人可能已掌握了技术成果，另一方面对权利人也并无价值，而允许受让人继续使用技术秘密，则可能对双方均有利。

参考文献：

①赵克：《侵害他人技术成果的技术合同的效力》，载《人民司法（案例）》2012年第16期。

②汤茂仁、沈兵：《技术合同中侵害他人技术成果的法律问题》，载《人民司法》2003年第10期。

三

著作权领域

网络图片是否受著作权法保护

著作权专业组 何月红律师

随着互联网信息技术的兴起和广泛使用，微博、微信、公众号等自媒体成为人们表达自我的主要渠道，但是每位用户在微博、微信、公众号等自媒体上表达自我的同时，也引发了一系列的知识产权风险。例如当网络用户在自己经营的微博中使用他人网络图片时，是构成侵权还是合理使用？这值得每一位网络用户思考。

一、案情介绍：

2017 年原告北京美好景象图片有限公司（以下简称美好公司）诉被告上海悠哉国际旅行社有限公司（以下简称悠哉公司）、被告北京微梦创科网络技术有限公司（以下简称微梦公司）侵害著作权纠纷一案，原告诉称："原告是一家专业图片公司，通过许可他人有偿使用摄影作品获得合理收入，被告悠哉公司在微梦公司所管理的新浪微博上使用了一幅原告享有著作权的摄影作品，二被告的行为未获得原告授权，也未向原告支付使用费，侵害了原告享有的著作权，要求被告停止侵权，赔偿损失、赔礼道歉等。"

被告悠哉公司辩称："被告使用涉案图片并非商业使用，被告微博中的图片均来源于互联网中已发表的图片，被告系为个人学习、研究或欣赏目的合理使用，涉案图片不具有独创性，不构成摄影作品。原告并未在涉案图片上署名，并非涉案图片的著作权人，本案诉争内容为著作权财产权，不适用赔礼道歉等法律责任。综上，不同意原告的诉讼请求。"

法院认为：第一，涉案图片为摄影作品，具有独创性。第二，涉案微博内容发布于2013年，侵权持续时间较长。第三，涉案图片的拍摄不具有较高的创作难度。第四，美好公司未提交证据证明涉案图片存在较高的市场收益。第五，悠哉公司使用涉案图片并非直接用于商业宣传。第六，涉案微博转发、评论、点赞量极低，受关注程度低。综合以上因素，法院酌情判定悠哉公司赔偿经济损失2500元，驳回原告北京美好景象图片有限公司的其他诉讼请求。①

二、从以上案例可以看出，使用网络图片需注意以下几点：

第一，使用权利不明的图片，涉嫌侵犯他人的著作权或信息网络传播权，很可能要承担侵权的赔偿责任。

第二，使用未经著作权人许可的图片，如果侵权人在其经营网站上向公众提供了权利人的摄影作品，未给著作权人署名，侵犯了原权利人对摄影作品所享有的署名权和信息网络传播权，应当承担相应的法律责任。

第三，使用人如果仅仅是为了个人学习、研究，或为了评论某一作品、说明某一问题，或者为了报道时事新闻，引用已经发表的图片作品，那么就属于合理使用的范畴，可以不经图片作者的许可使用图片，但是需要说明图片作者以及作品名称。

第四，网络图片如果被作为商业性使用，就需要取得图片作者的许可，并依照约定或者《著作权法》有关规定支付原作者一定费用，才可以予以使用，否则将构成著作权侵权。

因此，使用人以盈利为目的使用网络图片时应经著作权人的许可，如果仅仅是个人学习、研究使用，不构成侵犯著作权，但是应署名作者以及作品出处。

① （2017）京0108民初7963号北京美好景象图片有限公司诉北京微梦创科网络技术有限公司等著作权权属、侵权纠纷一案一审民事判决书。

三、近些年常见的微商盗用他人的网络产品图片是否属于合理使用?

著作权中的合理使用是著作权重要的限制机制，它是指在特定的条件下，法律允许他人自由使用享有著作权的作品，而不必征得权利人的许可，不向其支付报酬的合法行为。我国《著作权法》第二条规定了12种不经著作权人许可，不向其支付报酬而使用其作品的情况。而微商盗用他人的产品图片是不属于合理使用的范畴的。

首先，从使用行为的性质和目的来看，微商盗用他人的产品图片，往往是因为自己销售同类的商品，所以其盗用他人产品图片是作为商业性使用，是以盈利为目的。因此不属于著作权法所规定的合理使用的情形。是否因为使用行为而获利，并不是合理使用考虑的重点。如果使用人确为商业使用，但是使用人通过使用产品图片未获利，也不能视为合理使用。

其次，从被使用作品的数量、时间以及被使用作品的质量来看，如果微商未经许可使用了大量的产品图片，且持续使用的时间较长，说明微商具有明显的主观过错。如果微商使用的产品图片独创性较强，创作难度非常高，说明产品图片价值较大，这种使用也对原权利人利益损害更严重。

最后，从产品图片的潜在市场价值来看，如果产品图片具有较高的市场价值，微商如果盗用他人的产品图片来宣传自己的同类型商品，这势必会影响原权利人的商品销售，损害了著作权人的合法利益，不属于合理使用的范畴。

综上所述，微商盗用他人产品图片不属于著作权法上的合理使用，而是属于侵犯他人著作权的行为。

播放正版 CD 也侵犯著作权

商标诉讼专业组　王宇律师

当我们进入商场、咖啡厅、美发店这些消费场所，经常会听到商家播放的背景音乐，对这种司空见惯的现象，大家已习以为常。很多商家都没有意识到，如果这种播放行为未获得著作权人许可，就已经构成著作权侵权。

2006 年 11 月，中国音乐著作权协会一纸诉状，将朝阳大悦城告上法庭，理由就是朝阳大悦城未经著作权人许可在其经营场所播放协会管理之下的音乐作品。此事最终以和解了局，朝阳大悦城背景音乐和设备提供商主动与协会沟通，并向协会赔偿了一年的作品使用费及相关诉讼费用共计 7 万元。

此案虽已解决，但问题并未讲透。面对著作权侵权问题，仅仅停留在判断某种行为是否侵权是远远不够的。对于很多作品来说，尤其是音像制品等复合作品，具有多个著作权人和邻接权人，而各个权利人所享有的具体权利又是不同的，此种情况下，就需要明确地判断某种行为究竟侵犯了哪个著作权人的什么权利。

试举一例：假如某商场购买了歌手周杰伦的正版 CD，并在营业场所播放该 CD 中由方文山作词，周杰伦作曲、周杰伦演唱，某唱片公司录制的某首歌曲，如果该商场未获得任何著作权人或邻接权人的许可，构成侵权是肯定的，但究竟侵犯了以上哪位著作权人或邻接权人的权利，又具体侵犯的是何种权利呢？

著作权人和邻接权人的区分

著作权人指创作作品的作者或者其他依据法律规定或者合同约定享有著作权

的主体，主要包括自然人作者、视为作者的法人或其他组织、职务作品中的单位、影视作品中的制片人以及其他通过继受取得作品著作财产权的个人或单位。而邻接权人指为作品的传播付出劳动从而对其劳动成果享有权利的自然人或单位。邻接权人主要包括作品的表演者、录音录像制作者及广播组织者等。

结合以上案例，歌曲的词曲作者分别为方文山和周杰伦，二人是该歌曲的著作权人；周杰伦演唱该歌曲，是表演者，同时还是该歌曲的邻接权人；唱片公司将周杰伦的演唱录制成 CD，是录音制作者，也是邻接权人。

著作权人与邻接权人的具体权利差异

著作权人和邻接权人所享有的具体权利内容有极大的差异，这也是法律将二者区分开来的重要原因。《著作权法》第十条规定了十七项具体的著作权，其中前四项为著作人身权，后十二项为著作财产权，最后一项为兜底条款。其中，部分权利，如出租权、放映权、展览权，因其行为性质的特殊性，仅适用于部分作品。而全部的著作人身权以及大多著作财产权，如复制权、信息网络传播权、表演权等，则几乎适用于所有的作品。

而邻接权人的具体权利内容则根据邻接权的性质不同而各有不同。如表演者权，包含七个具体的权利内容：即表明表演者身份权、保护表演形象不受歪曲权、现场直播权、首次固定权（主要指首次录音录像）、复制权、发行权以及信息网络传播权。而录音制作者则仅享有四项权利：复制权、发行权、信息网络传播权和出租权（录像制作者还享有许可电视台播放权，但录音制作者并无此项权利）。

依据以上论述，就很容易对表演权和表演者权进行区分了。所谓表演权，是著作权人的其中一项著作财产权，即许可他人表演其作品并收取报酬的权利。而表演者权，则是作品的表演者所享有的邻接权，具体包含上述列举的七个权利内容。

播放唱片的行为定性

认定某种行为侵犯什么主体的何种权利，首先要确定行为的性质。播放唱片的行为，是对作品的机械表演，属于一种表演行为。对照上述权利人的权利内容可知，未经许可在经营场所播放唱片的行为侵害了词曲作者的著作权（具体为著作权中的表演权），但并未侵犯表演者以及录音制作者的邻接权，因为表演者权及录音制作者的权利中，并不包含能够控制机械表演行为的具体权利。虽然表演者权中规定了现场直播权，但这仅说明表演者对其现场表演进行直播的许可及获取报酬权，而对于已经被刻录入唱片的表演的再次机械表演，表演者无权禁止。

对于录音制作者，道理是一样的，著作权法同样没有赋予录音制作者对于机械表演的控制权，因此，对于已经出售的唱片，录音制作者的权利已经用尽，无权限制他人播放。

因此，上述问题的答案就非常清晰了。商场未经许可播放该音乐的行为，侵害的是作词人方文山、作曲人周杰伦的著作权中的表演权，但并未侵犯作为表演者的周杰伦的表演者权以及唱片公司的录音制作者权。

委托开发计算机软件存在的著作权权属风险

软件著作权专业组　王清亮律师

计算机软件委托开发是现有社会中比较常见的一种经济行为，笔者在工作生活中经常会被客户或朋友问到有关委托开发软件的纠纷问题，特别是对于委托人来说往往存在一定的认识误区：一是在委托合同中没有涉及知识产权归属方面的条款，甚至根本就没有签署书面委托合同，待出现纠纷时才发现自己并不属于维权的适格主体；二是认为既然在合同中约定了权利归属，就可以高枕无忧了。

本文将结合几个案例说明委托开发的计算机软件可能存在的著作权权属风险及其规避建议，希望能帮助到面临相关问题的人们。

计算机软件的委托开发是指，计算机软件用户根据自己的特殊需求，在无法从公开市场上获得其所需产品的情况下，通过个别法律关系的达成而促使软件开发者为自己开发专用或通用软件的交易；在软件的委托开发关系中，委托方须向开发方提供完备的开发需求及必要技术资料，其所要获取的关键目标是开发方能够提供特殊的技术与服务。

关于委托开发的计算机软件的著作权归属，无论是《著作权法》还是《计算机软件保护条例》，都体现了鼓励作品创作与传播或鼓励计算机软件开发与应用，从而作出了有利于受托人的规定。其中，《著作权法》第十七条“受委托创作的作品，著作权的归属由委托人和受托人通过合同约定。合同未作明确约定或者没有订立合同的，著作权属于受托人”；《计算机软件保护条例》第十一条“接受他人委托开发的软件，其著作权的归属由委托人与受托人签订书面合同约定；无书面合同或者合同未作明确约定的，其著作权由受托人享有”。

但对于委托人来说，一方面，并非只要签订书面委托合同并约定了著作权归属就可以规避任何权属纠纷风险；另一方面，没有签署书面合同或在合同中没有约定权属就必然会失去任何法律救济途径。下面，将结合案例进行进一步的分类说明。

案例1：四川康甲医疗设备公司诉四川康乙医疗设备公司、第三人余XX著作权权属纠纷案①

基本案情：

2004年9月16日，康甲公司与余XX签订《协议书甲》约定，康甲公司聘请余XX主持设计B超产品，产品知识产权归康甲公司所有，余XX不得转让给第三方使用。康甲公司将余XX为其开发的两个版本的软件命名为C20版和C30版B超软件，其中C20版于2004年上半年开发完成，C30版于2009年9月或10月开发完成。

2004年12月28日，康乙公司与余XX签订《协议书乙》约定，康乙公司聘请余XX主持康乙公司设计工作并负责B超项目的研制与开发，知识产权归康乙公司所有，余XX不得随意转移给第三方使用。2006年3月29日，康乙公司向国家版权局申请B型超声诊断仪软件V1.1版本的著作权登记，申请表中填写的开发完成和首次发表日期均为2004年8月18日。2008年1月10日，康乙公司向版权局申请B型超声诊断仪软件V1.2版本的著作权登记，申请表中填写的开发完成日期为2006年11月10日、首次发表日期为2007年1月18日。上述V1.1版、V1.2版B型超声诊断仪软件开发者均为余XX。

法院认定：

上述《协议书甲》和《协议书乙》均系协议签署双方当事人之间的真实意思表示，且不违反相关法律法规的规定，为合法有效的合同。但上述合同中关于

---

① （2008）成民初字第267号、（2010）川民终字第387号民事判决书。

对合同订立主体之外的第三方设定义务的条款在第三方未认可并接受的情况下，对第三方无约束力。

根据康甲公司与余XX的一致陈述，C20版软件系2004年上半年开发完成；而V1.1版软件著作权登记资料中载明的开发完成时间为2004年8月18日，可以认定C20版较V1.1版软件研发完成时间更早，且在《协议书甲》和《协议书乙》订立之前，余XX即已完成了C20版及V1.1版软件的研发工作。根据《计算机软件保护条例》第11条规定以及《协议书甲》约定，C20版软件的著作权归属于康甲公司所有，余XX不得再将上述软件转让给第三方使用。V1.1版与C20版软件属相同作品，故康甲公司关于V1.1版软件著作权归属于康甲公司的主张成立。因该软件系余XX重复授权，康乙公司在后受让，且著作权登记证书仅是著作权初步证据，有相反证据（即上述《协议书甲》的约定）予以推翻，故康乙公司关于其与余XX之间有著作权归属约定以及有著作权登记证书作为拥有V1.1版软件作品著作权的主张不能成立。

根据V1.2版软件著作权登记资料所载明的开发完成时间2006年11月10日及康甲公司与余XX关于C30版软件系2009年9月或10月开发完成的陈述，可以认定V1.2版较C30版软件研发完成时间更早，且均在《协议书乙》订立时间之后。根据《计算机软件保护条例》第11条的规定及上述《协议书乙》约定，V1.2版软件著作权应当归属于康乙公司。而2004年9月16日签订的《协议书甲》未对委托开发软件的具体内容、是否存在后续开发项目及合同有效期限作出明确约定，且在交付其研发的C20版软件之后，双方亦未对之后是否继续开发新版本软件及其著作权归属作出补充约定，故康甲公司关于其基于《协议书甲》的约定仍应享有C30版软件著作权的主张不能成立。

从上述案件可以看出，对于约定有著作权权利归属的委托开发合同，如果开发获得的软件为原始取得，一般来说风险会相对较小。但需要注意的是，委托人在与受托人签署委托合同时，为避免上述案例1中因他人在先权利导致不能获得著作权的风险，建议在合同中增加相关受托人责任条款。

案例2：北京中X公司与北京亿X公司著作权侵权纠纷案①

基本案情：

2003年9月9日，亿X公司委托罗XX开发“满意通企业短信服务（2.0版）”软件。2004年3月，亿X公司与中X公司签订《满意通系列产品及服务项目代理协议》，约定由中X公司作为上述软件产品的代理商。

2005年6月21日，中X公司与罗XX签订计算机软件开发合同，约定：由罗XX开发用于电信增值业务方面的短信客户管理系统软件，中X公司拥有该软件的源代码和软件著作权。上述合同已履行完毕，开发成果为“XX企业短信中心V3.3”软件。

一审期间，罗XX出具证明称：中X公司要求其对为亿X公司开发的“满意通”软件进行修改，罗XX考虑到可能会产生侵权问题，故主张重新开发，但中X公司要求必须和“满意通”产品相差不大，否则会影响现有客户的使用，因此在开发时尽量保留“满意通”软件的风格。

亿X公司、中X公司、罗XX均认可“XX企业短信中心V3.3”软件与“满意通企业短信服务（2.0版）”软件基本相同，在罗XX为亿X公司开发的“满意通企业短信服务（2.0版）”软件的版权信息中显示有亿X公司的企业名称、标识及版权标记。

法院认为：

亿X公司与罗XX虽未明确约定“满意通”软件著作权的归属，但罗XX为亿X公司开发的该软件的版权信息中注明该软件的著作权归属于亿X公司的行为表明双方已经就该软件的著作权归属达成一致意见，且罗XX出具的证明也可以印证这一问题，故亿X公司是涉案“满意通企业短信服务（2.0版）”软件的著作权人。“XX企业短信中心V3.3”软件未给亿X公司署名，并对“满意通”软件进行了修改，因此中X公司侵犯了亿X公司对涉案软件所享有的署名权、

① （2005）二中民初字第13417号、（2006）高民终字第960号民事判决书。

修改权；中X公司未经亿X公司许可，发布、销售、通过计算机网络供他人下载与“满意通”软件基本相同的“XX企业短信中心V3.3”软件等行为侵犯了亿X公司对“满意通”软件所享有的复制权、信息网络传播权和获酬权。

从上述案例中可以看出，虽然有委托合同并约定著作权权利归属，但对于非原始开发取得，而是基于他人享有著作权的软件为基础改进后形成的新版本软件，为规避因著作权侵权导致的经营风险，需事先取得在先权利人的许可。

另外，对于委托合同中没有约定著作权归属的情况，如果在软件的版权信息中能够注明著作权的归属，也可以根据《计算机软件保护条例》第9条“软件著作权属于软件开发者，本条例另有规定的除外。如无相反证明，在软件上署名的自然人、法人或者其他组织为开发者”的规定主张自己的权利。

案例3：乙交易所与甲电子公司著作权权属纠纷案[①]

基本案情：

甲电子公司与乙交易所于2010年2月5日签订《软件委托开发合同》约定，乙交易所委托甲电子公司设计、开发“乙交易所网上交易系统软件”，该系统软件包括属于第三方的软件、属于甲电子公司拥有的软件和乙交易所委托甲电子公司开发的软件（交易撮合系统软件部分）三部分。其中，对于乙交易所委托甲电子公司开发的软件部分，甲电子公司应向乙交易所提供核心应用系统中业务功能实现部分的技术文档和源代码，乙交易所、甲电子公司共同拥有该部分软件的知识产权，并且乙交易所拥有独占的使用权。

2011年7月25日，甲电子公司向国家版权局申请名称为“某交易系统软件V1.0”的软件著作权登记，著作权人为甲电子公司，权利范围为全部权利，开发完成时间为2010年10月20日。

法院认定：

甲电子公司与乙交易所签订的《软件委托开发合同》系双方当事人真实意

---

① （2012）和民知初字第36号、（2013）一中民五终字第41号民事判决书。

思表示，符合法律规定。该合同明确约定，乙交易所委托甲电子公司开发的软件部分，双方共同拥有该部分软件的知识产权，我国知识产权类型主要包括著作、专利、商标等权利，因此著作权应属知识产权的一类，本案涉诉合同约定的知识产权应当包含交易软件的著作权。甲电子公司主张“知识产权不包括著作权”缺乏事实及法律依据。关于甲电子公司诉称乙交易所违约在先，知识产权转让或共有并未发生的主张，与本案非同一法律关系，本案不予涉及。

从上述案例可以看出，合同履行情况并不能对著作权的归属产生直接影响，对于案例中甲电子公司来说，如果想获得法院对于其独自享有软件著作权的支持，需要首先根据合同条款及其执行情况请求撤销合同。

最后，对于没有签署书面委托合同或在合同中没有约定著作权归属，也没有在软件版权信息中注明著作权的归属情况，还可以根据计算机软件著作权区别于一般作品的特点方面寻找法律救济途径。

与《著作权法》采用“作者”概念不同，在《计算机软件保护条例》中使用的是“开发者”的概念，《计算机软件保护条例》第三条第（三）项规定“软件开发者，是指实际组织开发、直接进行开发，并对开发完成的软件承担责任的法人或者其他组织；或者依靠自己具有的条件独立完成软件开发，并对软件承担责任的自然人”，而第九条规定，除法律另有规定外，软件著作权属于软件开发者。

而软件的开发过程一般分为三个大的阶段：一是需求分析阶段，对软件系统的需求、功能、性能、用户运行方式等进行分析并作出确切的定义；二是设计阶段，主要包括如何实现需求阶段定义的具体功能、性能，并将需求转换成详细的流程；三是编程测试阶段，主要由程序员将软件的设计流程转换为计算机程序代码并对代码进行测试。这三个阶段中，前二个阶段往往包括最具创造性的劳动，一般需要占用50%～70%的精力；而第三个阶段实际上是工艺性的，仅占有很少的创造性成分，这一工作对技术要求相对较低，只需熟悉所使用的编程语言即可。从软件开发工作的分工看，包括需求分析师、总体设计师、模块详细设计人员、程序员、测试工程师、用户手册编写人员等，所有人员都从不同角度对软件开发作出贡献。

因此，对于委托人来说，即便没有在委托合同中约定著作权归属，也没有在软件版权信息中注明著作权的归属，还是可以根据其在软件开发过程不同阶段的贡献来主张自己的权利的。

结合“葫芦娃”“黑猫警长”美术作品著作权侵权纠纷案

——浅谈转换性使用下的合理使用问题

著作权专业组 邵长平律师

日前，上海高院发布2016年上海法院知识产权司法保护十大案件，其中之一为“葫芦娃”“黑猫警长”美术作品著作权侵权纠纷案，笔者结合本案对著作权合理使用目的之“转换性使用”作简要分析。

一、本案案情简介

一审被告浙江新影年代文化传播有限公司（以下简称新影年代公司）在其制作的电影《80后的独立宣言》宣传海报上使用了原告上海美术电影制片厂（以下简称美影厂）拥有著作权的“葫芦娃”和“黑猫警长”角色形象美术作品，一审被告华谊兄弟上海影院管理有限公司（以下简称华谊兄弟）在其新浪官方微博上发布了关于电影《80后的独立宣言》的介绍，并同时发布了该电影的涉案海报。

原告美影厂认为，被告新影年代公司未经许可，使用“葫芦娃”和“黑猫警长”角色形象美术作品用于电影《80后的独立宣言》宣传推广，包括网络环境中的宣传，已经构成对原告修改权、复制权、发行权、信息网络传播权的侵犯；被告华谊兄弟在其官微中发布涉案海报，加大了涉案海报的传播，构成对原告信息网络传播权的侵犯，并与被告新影年代公司构成共同侵权。

本案主要争议焦点：新影年代公司在电影宣传海报上使用“葫芦娃”“黑猫警长”美术作品是否构成合理使用。

二、法院判决

一审法院认定：涉案被引用作品属于已经发表的作品；被告引用涉案作品是为了说明涉案电影主角的年龄特征这一问题；“葫芦娃”“黑猫警长”两个形象与其他二十余个表明“80后”时代特征的元素均作为背景使用，占海报面积较小，且比例大致相同，“葫芦娃”“黑猫警长”的形象并未突出显示，属于适度引用；涉案海报的使用未对原告作品的正常使用造成影响。

二审法院在上述基础上进一步阐述：为说明某一问题，是指对作品的引用是为了说明其他问题，并不是为了纯粹展示被引用作品本身的艺术价值，而被引用作品在新作品中的被引用致使其原有的艺术价值和功能发生了转换，且转换性程度较高，属于我国著作权法规定的为了说明某一问题的情形。最后，一、二审法院均认定新影年代公司的使用行为属于著作权法所规定的合理使用。

三、结合本案分析合理使用的判定

本案两审法院对于合理使用的判断采用了包括被引用作品的性质、引用作品的目的、被引用作品占整个作品的比例、是否会对原作品的正常使用或市场销售造成不良影响四个要素进行检验，其中二审裁判明确了转换性使用属于合理使用的审查判断标准，即在转换性使用的情况下，不影响原作品的正常使用，也没有不合理的损害著作权人合法权益的，构成对原作品的合理使用。转换性使用是对合理使用四要素检验法的进一步发展。笔者结合本案着重阐述以下三个问题：

1. 合理使用是否必须为非商业性使用？

如本案中法院的认定，涉案电影是被告新影年代公司的产品，从海报配合电影市场推广的功能属性来看，在海报中使用涉案美术作品，确属商业性使用，但合理使用制度并不天然排斥商业性使用的可能，即便是商业性使用，只要该行为符合法律规定的相关要件，仍然可以构成合理使用。

关于这一点，美国的 Campbell 案早已给出了示范，美国巡回上诉法院认为被告的商业性使用行为不符合美国著作权法第 107 条关于合理使用四要素中的第一个要素，但美国联邦最高法院最终判定被告的商业性使用性质因转化性使用而构成合理使用，Souter 大法官在该案指出，“使用的商业属性固然是判定合理使用的重要因素，但仍需视情况而定，在转换性使用的情况下，就不宜根据使用的商业属性判定侵权。”①

2. 合理使用是否以不可避免为前提?

本案美影厂二审上诉理由之一为：涉案电影主角的年龄特征不需要通过涉案作品来说明，因为通过海报上的电影名称，电影主角的年龄特征一目了然，其使用目的不属于“为说明某一问题”。

从中可以看出，大家对于合理使用制度中使用目的的理解和使用产生了混淆。事实上，被引用作品在新作品中不是以必需为前提，即使在新作品中引用原作品不属于不可避免的情形，也可能构成合理使用。

《中华人民共和国著作权法》第二十二条规定了四种使用目的下的相应使用行为，不同的使用目的对应的是附着不同条件的使用行为，“不可避免”针对的是“为报道时事新闻，在报纸、期刊、广播电台、电视台等媒体中不可避免地再现或者引用已经发表的作品”，而本案适用的是“为介绍、评论某一作品或者说明某一问题，在作品中适当引用他人已经发表的作品”，不以“不可避免”为前提。

3. 如何判断是否属于转化性使用?

关于作品的转换性使用，目前尚没有一套确定的判定标准，本文仅以 Campbell 案和本案进行个案说明。

Campbell 案中，法院认为涉案行为属于对前作的揭示并产生了新的、具有创

---

① Campbell v. Acuff – Rose Music, Inc. , 510 U. S. 591 (1994) .

造性的作品，而非单纯的复制或延续其创造目标，不合理地利用前作已经或者可能产生的影响力①。在适用转换性检验时主要考察以下问题：“新作品是否仅仅取代了原作品，还是给原作品增加了一些新的内容，比如不同的目的和性质，或者用新的表达、意思和信息对原作品进行了改进。”

本案中，二审法院认为涉案海报中引用“葫芦娃”“黑猫警长”美术作品，不再是单纯的再现其艺术美感和功能，而是反映一代共同经历八十年代少年儿童期，曾经经历“葫芦娃”“黑猫警长”动画片盛播的时代年龄特征，亦符合电影主角的年龄特征。“葫芦娃”“黑猫警长”美术作品被引用在电影海报中具有了新的价值、意义和功能，其原有的艺术价值功能发生了转换，而且转换性程度较高，最终认定属于著作权法上的合理使用。

从上述案例可以看出，Campbell 案中通过给原作品增加新的内容，用新的表达、意思或意义对原作品进行改进，属于对原作品内容的“转换性使用”；而本案中，被告并未给原作品增加新内容，而是通过将涉案美术作品使用在电影海报中，使原作品具有了新的价值、意义和功能，即属于对原作品功能的“转换性使用”。也即，对于原作品内容和功能的转换，都可能构成著作权法上的“转换性使用”。

① 祁温瑶：《转换性使用原则的分析及在我国法律体系中的生存空间探索》，载《法制与社会（上）》2017 年 2 月。

未经许可对他人计算机软件保密措施进行解密行为的法律责任问题

软件著作权专业组　王清亮律师

计算机软件作为一种智力劳动成果，以作品的形式受到著作权法的保护。法律赋予软件开发者或其他著作权人一定的精神权利和财产权利，并保护合法权利不受侵害。软件开发者为防止软件被非法复制、使用，通常以软件加密的方式，限制对软件的任意复制和使用，从而使软件从技术上获得保护。

近年来，钥匙盘、加密狗、逻辑锁等加密手段技术获得了广泛应用，并一度取得了显著的效果。但盗版者基于利益的驱使，常对加密软件进行解密，并在破坏技术保护措施后使用、复制和销售他人具有著作权的计算机软件。下面，结合案例说明未经许可擅自对他人计算机软件保密措施进行解密需要承担的法律后果。

案例1：邹某某破译、销售某培训教程案①

基本情况：2013年8月，A网络科技有限公司推出某培训教程，获得了广东省版权局颁发的《作品著作权登记证书》。同年11月，被告人邹某某通过参加A网络科技有限公司网上远程培训获得该课程。2014年1月，被告人邹某某为了获取非法利益，破解了该套课程软件的密匙，随后在网上进行销售，至案发时止，非法获利共计人民币65305.03元。2014年11月19日，被告人邹某某在湖南省新化县向警方投案。

① （2015）深罗法知刑初字第26号。

法院认定：被告人邹某某以营利为目的，未经著作权人许可，复制发行其制作的培训教程，非法经营额为五万元以上，其行为已构成侵犯著作权罪①，依法应判处三年以下有期徒刑或者拘役，并处或者单处罚金。公诉机关对被告人邹某某的行为构成侵犯著作权罪的指控，事实清楚，证据确实、充分，应予以支持。

案例1中的邹某某的行为不仅包括对涉案课程软件进行解密的行为，还包括对解密后的课程软件进行复制后通过网络销售的行为，解密行为只是其违法复制销售行为的手段，其以营利为目的侵犯他人著作权的事实清楚，证据确实、充分，满足刑法第二百一十七条规定的有其他严重情节的构成要件，被处以有期徒刑并处罚金也在意料之中。

案例2：刘某某非法破解并销售盗版软件产品及非法提供解密设备案②

基本情况：B公司是小微企业财务软件市场占用率较高的软件企业，在行业内具有很高的商业声誉，是T6企业管理软件的计算机软件著作权人。被告刘XX未经许可，擅自通过非法破解手段，故意避开或破坏B公司为保护软件著作权而采取的技术措施并通过某宝开设网店对外销售涉嫌侵犯B公司软件著作权的盗版软件产品及非法解密设备。

法院认定：根据B公司公证取证的涉案软件安装过程中的提示显示，该软件

① 《高院、最高检关于办理侵犯知识产权刑事案件具体应用法律若干问题的解释》第五条第一款："以营利为目的，实施刑法第二百一十七条所列侵犯著作权行为之一，违法所得数额在三万元以上的，属于'违法所得数额较大'；具有下列情形之一的，属于'有其他严重情节'，应当以侵犯著作权罪判处三年以下有期徒刑或者拘役，并处或者单处罚金：（一）非法经营数额在五万元以上的；（二）未经著作权人许可，复制发行其文字作品、音乐、电影、电视、录像作品、计算机软件及其他作品，复制品数量合计在一千张（份）以上的；（三）其他严重情节的情形。"

第二款："以营利为目的，实施刑法第二百一十七条所列侵犯著作权行为之一，违法所得数额在十五万元以上的，属于'违法所得数额巨大'；具有下列情形之一的，属于'有其他特别严重情节'，应当以侵犯著作权罪判处三年以上七年以下有期徒刑，并处罚金：（一）非法经营数额在二十五万元以上的；（二）未经著作权人许可，复制发行其文字作品、音乐、电影、电视、录像作品、计算机软件及其他作品，复制品数量合计在五千张（份）以上的；（三）其他特别严重情节的情形。"

② （2015）杭余知初字第308号。

的著作权人为B公司，虽然B公司提供的著作权登记证书上的版本与原告主张权利的软件版本有所不同，但根据软件行业的惯例，软件在开发完成投入运营后，根据运营情况需适时更新以修复软件中的系统漏洞等事宜，因此会存在版本更新问题，版本号的差异不足以否认B公司的著作权。刘XX未经权利人B公司许可，在其网店销售涉案的T6企业管理软件，侵犯了B公司对涉案软件享有的发行权；因刘XX未就其销售的盗版软件的来源提供相关证据，故应推定其侵权行为还包括复制，应承担赔偿损失的民事责任。

案例2中，刘XX以解密涉案软件并提供非法解密设备为手段实施销售盗版软件的营利目的，虽然原告B公司没有举证被告实施了复制行为，但由于刘XX未能就其销售的盗版软件的来源提供证据，故法院推定其还实施了复制行为，同时承担相应的民事责任。

案例3：霍XX等销售计算机软件加密锁侵犯著作权罪案①

基本情况：被害人C公司为软件开发公司，其公司官网向公众免费提供正版软件的下载，使用者下载软件后，需从C公司购买软件加密锁方能正常使用。自2013年4月起，被告人霍XX身为D电子商务有限公司法定代表人及实际负责人，雇佣被告人吴XX等5人，未经著作权人许可，利用互联网销售C公司享有著作权的软件加密锁和软件破解驱动程序，以达到销售C公司享有著作权的软件的实质目的，非法经营数额为274，944元。被告人刘XX于2013年6月起参与上述犯罪，非法经营数额为189，436元。2013年10月28日，被告人霍XX、吴XX等6人被公安机关抓获归案。

法院认定：被告人霍XX、吴XX等6人身为D电子商务有限公司直接负责的主管人员或直接责任人员，以营利为目的，未经著作权人许可，以公司名义发行他人享有著作权的计算机软件，侵犯他人著作权，其中霍XX、吴XX等5人

① （2015）海刑初字第01741号。

的行为情节特别严重，刘XX的行为情节严重，其行为均已构成侵犯著作权罪，应予惩处，公诉机关指控罪名成立。对于被告人霍XX及其辩护人关于应以销售侵权复制品罪[①]追究被告人霍XX刑事责任的辩护意见，在案证据显示，被告人通过销售软件加密锁和软件破解驱动程序，达到销售C公司享有著作权的计算机软件的目的，实质为发行他人作品之行为，符合侵犯著作权罪的犯罪构成，应认定为侵犯著作权罪，故对以上辩护意见不予采纳。判处被告人霍XX有期徒刑并处罚金，判处吴XX等5人缓刑并处罚金。

案例3中的被告人通过销售加密锁的方式控制软件的使用渠道获取对价收入，而盗版加密锁的功能和目的是使他人正常使用正版软件，虽然形式上没有对C公司享有著作权的计算机软件本身进行复制发行，但上述利用盗版加密锁绕开著作权人的技术保护措施，变相销售他人享有著作权的软件作品，实质上受侵害的客体是软件的著作权，故法院将其认定为刑法上的“发行”行为，构成侵犯著作权罪。

本案是2015年度北京市法院知识产权十大典型案例之一，属于典型的新型计算机软件侵权犯罪案件，在犯罪认定过程中突破原有“作品发行”之内涵，锁定犯罪行为本质，在犯罪对象和侵权方式方面均有一定的代表性，可在一定程度上对于类似侵权方式的盗版者产生威慑作用，维护著作权人的利益。

从上述几个案例可以看出，盗版者往往是以营利为目的对加密软件进行解密，破坏技术保护措施后再实施复制、销售的行为，对这类盗版案件的处理，一般根据著作权法关于“非法复制发行”的禁止性规定，在查清盗版者非法复制发行行为的事实后，判定盗版者承担侵权责任。

但在我国著作权法及其实施条例、计算机软件保护条例等相关法律、法规中，没有对加密软件进行解密等相关行为的明文规定，由此，对于不是以营利为目的，仅涉及解密行为本身的情况如何定性，业界争议较大，以往的判例很少涉及。

---

① 《最高院、最高检关于办理侵犯知识产权刑事案件具体应用法律若干问题的解释》第六条：“以营利为目的，实施刑法第二百一十八条规定的行为，违法所得数额在十万元以上的，属于‘违法所得数额巨大’，应当以销售侵权复制品罪判处三年以下有期徒刑或者拘役，并处或者单处罚金。”

笔者认为，对于擅自对他人计算机软件保密措施进行解密结果并扩散（如通过互联网公开）帮助不特定多数人实施侵权的情况，可以通过以下方式寻求法律救济：

第一，对于恶意解密者，可以适用《最高人民法院关于贯彻执行〈中华人民共和国民法通则〉若干问题的意见（试行）》第148条第1款规定，“教唆、帮助他人实施侵权行为的人，为共同侵权人，应当承担连带民事责任”。

第二，对加密软件进行恶意解密的行为往往直接或间接地侵犯了著作权，即使行为人采用规避法律的手段，恶意解密并向他人传播，但不直接从事复制发行，也可以把为实现侵权目的实施的解密行为与在此基础上的复制行为作为完整的侵权行为综合考虑，视为为侵权提供便利的间接侵权，可以参考伪造著作权人许可文件的情形追究其侵权责任①。

---

① 《最高院、最高检关于办理侵犯知识产权刑事案件具体应用法律若干问题的解释》第十一条第二款：“刑法第二百一十七条规定的‘未经著作权人许可’，是指没有得到著作权人授权或者伪造、涂改著作权人授权许可文件或者超出授权许可范围的情形。”

从猴子状告摄影师侵权案
看人工智能生成作品的著作权归属问题

软件著作权专业组　王清亮律师

猴子会告状？这不是一个玩笑，而是一个在全球引起广泛关注的真实的案例。

情况大概是这样的：大卫・斯莱特是一名英国摄影师，常年在野外拍摄，2011 年，大卫来到印度尼西亚苏拉威西岛的热带雨林，被当地的一群黑冠猕猴吸引，发现猴子们有时候会模仿他的动作，这个发现给摄影师带来一个灵感，可否教猴子们自拍呢？但想让猴子学会自拍谈何容易，为此他用差不多一周时间在这群猴子面前拼命自拍，或是摆出自拍的姿势，想让猴子看着自己的样子学会按快门。

等到时机成熟，大卫就"故意"把调好拍摄参数的相机丢在地上，自己回帐篷休息。猴子们在观察了一阵之后，还真跳下来对着相机研究，然后照着大卫的样子按下快门。一番努力下来，虽然劳心伤神，不过总算有一只猴子拍出了令他满意的照片。

这几张猴子自拍照让大卫一时声名大噪，由于在全球范围传播的实在太火，引起了美国"善待动物组织"PETA 的注意，该组织负责人认为大卫大量散播猴子自拍照片的行为损害了猴子的肖像权和著作权，于是代表这只猴子向法院提起诉讼，要求大卫赔偿损失。

美国地区法院依据 2014 年美国版权局出版的法案判处猴子败诉，因为法律规定各种自然界的动植物都不能享有版权；不过同时法院认定猴子是照片的创作者，其版权同样不属于大卫，所有人都可以免费使用。

据美国国家公共电台（NPR）2017 年 9 月 12 日报道，PETA 与摄影师大卫已经达成和解，并请求第九上诉巡回法院撤销案件并撤销下级法院的决定。PETA 和大卫在联合声明中声称双方均认可这一案件引起了法律上重要而前沿的问题，涉及人类之外的动物法律权利的扩张，双方均支持动物权利扩张这一目标。

与美国类似，多数国家或地区的现行著作权法律都仅对自然人的著作权进行保护，最多也就延及法人或其他组织上。因为根据传统著作权法理论，作品是作者人格的体现，只有自然人才能创作作品，只有在特殊情况下，尤其是在反映拟制人意志时，法人和其他组织才可以被视为作者。

以中国的著作权法为例，《著作权法》第十一条规定："著作权属于作者，其中创作作品的公民是作者，由法人或者其他组织主持，代表法人或者其他组织意志创作，并由法人或者其他组织承担责任的作品，法人或者其他组织视为作者。"对动物和机器来说，哪怕其创作物具备了文学、艺术、科学等作品的其他特征，因不具备人格而不能成为作者。

如今，人工智能技术的发展向这一法律体系发起了挑战，因为人工智能不同于传统工具型机器之处在于，人工智能已经介入一些领域作品的创作环节：在新闻写作领域，人工智能已经利用其在大数据和大规模分析数据等方面的优势介入创作过程中，其中美联社与 Automated Insights 公司合作研发的人工智能新闻写作平台 WordSmith，如今已可以达到每季度几千篇新闻稿件的产量；我国腾讯公司开发的新闻写作机器人 Dreamwriter 不仅能批量撰写财经类新闻报道，还能根据不同受众群体生成差异化的风格和版本。

在文学创作领域，日本公立函馆未来大学教授松原仁率领的"任性的人工智能之我是作家"团队研发的人工智能创作的作品《电脑写小说的那一天》参加了"星新一"奖比赛；导演 Oscarsharp 和纽约大学人工智能研究者 Ross Goodwin 合作创作的一部 9 分钟的短片《Sunspring》，编剧是一个名叫 Benjamin 的人工智能机器人。在音乐和视觉艺术领域，人工智能介入自然人的创作行为也早已出现，在人的指导下，如谷歌公司的人工智能设备 DeepDream 所生成的绘画已拍卖成功。

不难看出，人工智能发展到今天，已经脱离了单纯作为工具使用的范畴，而是可以通过不断的学习，获得人类的智慧，模拟人的学习、推理、思考、规划等思维过程和智能行为，创作出具备著作权独创性标准的作品。在没有法律条款认定人工智能作品可以被法律保护之前，就如同前述案件的黑冠猕猴自拍照的情况一样无法得到保护，人工智能生成作品将成为新类型的任何人都可以随便使用的“孤儿作品”和“无主作品”，必然不利于激励新作品的创作和新人工智能的研发。

对于如何对人工智能作品进行保护，目前主要有以下两种不同的观点：一是以拟制自然人主体或者类似法人的形式赋予人工智能以法律地位；二是基于现有法规框架将人工智能产生的作品归属于人工智能的设计人或使用人。

持前第一种观点的人认为：

如今大量事实表明，人工智能生成内容与人类创作的作品相比，在没有标明来源的情况下已很难区别，既然已无法根据表象区分人与人工智能生成内容的差别，就意味着人工智能生成的内容应被认定为著作权意义上的作品。

可以预见的是，未来的人工智能将具备更高级的判断、理解能力，虽然是否能够具有科幻电影中的思想情感还未可知，但人工智能借助于其智能化的数据库，经过对存储的海量数据模拟人类大脑的运行进行取样、加工，经过分析、组合、排列、筛选整合形成作品的过程，已经不是仅仅基于既定的算法、程序做出的指令性输出，而是在没有预先算法或者规则设定的情况下，通过主动学习来进行创作。人类虽然能够控制人工智能的设计和制造，但对于人工智能本身的数据获取与输出却无法完全控制，甚至将相同的数据信息提供给人工智能，也能够输出不同的结果。

人工智能在创造上已逐步脱离人的预先设计，可以根据自身所获取的数据来实施创作，其所表现出的深度学习能力，能够初步模拟人脑神经网络的构造，使程序算法和独立思考的界限进一步模糊。因此，有必要以拟制自然人或类似法人的形式给予人工智能以法律地位，由其作为独立主体承担作品的责任并享有作品的权利。

持第二种观点的人认为：

首先，人工智能不是具有生命的自然人，也区别于具有自己独立意志并作为自然人集合体的法人，将其作为拟制之人以享有法律主体资格，在法理上尚有商榷之处。

其次，从人工智能作品生成的过程来看，所谓“智能”，指的是通过机器学习从数据中发掘和整理出有价值的信息，并以此作为未来内容生成或解决其他问题的基础，虽然从创作行为的角度看，人的参与已不会出现在机器学习的阶段，但从数据本身的取舍来看，取舍需要具备一定的价值评判标准，才能在之后内容生成时体现出最低限度的创造性，该取舍标准并非是机器自动具备的，而是需要由人类在机器初期的学习过程中向其提供。人工智能在内容生成和其他领域得以适用之前，需要经过大量的训练以实现数据建模，上述建模结果是后续人工智能在生成作品时形成人类可以理解且具有逻辑性表达的基础。

也就是说，人工智能生成作品的前提，仍然是在机器学习过程中作为训练者的人将数据筛选的价值观传达给机器。人工智能超越人类之处，更多的是来自其穷尽一切可能性路径的超强计算能力，而非创新能力，创新的根本还是人在数据建模过程中通过训练赋予人工智能的价值取舍。

对于人工智能生成的内容，在肯定其最低限度创造性的基础上，完全可以将人工智能的所有者视为作者，因为从机器学习的训练角度看，所有者即为向人工智能注入其意志的主体，人工智能则可视为代表所有者的意志创作。在此情况下，人工智能的所有者被视为作者，完全没有任何制度上的障碍。

最后，从产业保护的角度看，人工智能产业与企业资金投入紧密相连，像谷歌、微软、百度、腾讯等科技企业，都高度重视人工智能技术的发展，并以此为目标进行企业发展战略布局，著作权法在权利归属问题上，应充分考虑保护投资者利益、促进产业可持续发展方面的因素。结合我国著作权制度的实际，应当否认人工智能本身成为作者的可能，只有人工智能的设计者才具有创作意图，可以成为作者。

当然，无论哪一种观点，都是认可人工智能产生的作品应该受到法律保护的，为了人工智能产业的健康可持续发展，在权利归属认定问题上，有必要通过专门制度设计予以保障，为人工智能创作作品的纠纷解决提供法律依据。

违禁作品也享有著作权

著作权专业组　王宇律师

先来看一条“旧闻”。“香港海关方面证实，接获艺人陈某希举报，指他拥有版权的照片涉嫌被刑事侵权，会跟进调查。海关发言人说，根据版权条例，任何人如未获版权持有人特许，制作复制品，以做出租或出售用途，即属犯罪。任何人士如分发侵权制品而达到损害版权人权利，也属违法，一经定罪，最高刑罚是入狱 4 年，每件侵权复制品罚款 5 万元。”

“艳照门”当年轰动一时，而今已逐渐淡出公众视野。当年，公众或将其当作娱乐事件以消遣，或当其以社会事件以批判，当然也有当其以法律问题来论述的。翻出这条旧闻，是想厘清一下著作权法中的一个基础问题：违禁作品是否享有著作权？

从以上旧闻可知，依据香港的版权条例，陈某希所拍摄之照片享有版权（著作权），他人未经其许可不得复制、传播。但在大陆，这一问题曾一度存在争议和模糊之处。

2001 年的《著作权法》第 4 条规定：“依法禁止出版、传播的作品，不受本法保护。著作权人行使著作权，不得违反宪法和法律，不得损害公共利益。”而 2010 年《著作权法》（即现行《著作权法》）第四条则改为：“著作权人行使著作权，不得违反宪法和法律，不得损害公共利益。国家对作品的出版、传播依法进行监督管理。”可见，违禁作品是否享有著作权，法律的态度有一个明显的转变。在 2010 年之前，鉴于《著作权法》的明确规定，违禁作品不受《著作权法》保护，即违禁作品不享有著作权。但 2010 年《著作权法》修订之后，这一款被删去，意味着违禁作品也是可以享有著作权的。

违禁作品为何能够享有著作权？

很多人会有疑惑，一个法律明确禁止其传播的违法作品，为何能够享有著作权呢？这岂不是法律的自相矛盾吗？实际上，这种疑问源于对著作权性质的误解。王迁教授在其《知识产权法教程》一书中提到，著作权，乃至所有的知识产权，其本质上是一种“禁止权”，而非“自用权”。著作权的权利内容是禁止他人在未经权利人许可的情况下复制、传播作品，至于权利人自己是否能够使用、传播，则并非著作权本身的内容。

因此，违禁作品享有著作权，仅表示著作权人可以依据著作权法之规定，禁止他人复制、传播其作品，而并不代表权利人自己可以不受限制地复制、传播。该作品是否能够传播，取决于该作品是否违反其他法律的规定。这也就是《著作权法》第四条中“著作权人行使著作权，不得违反宪法和法律，不得损害公共利益”的含义。

为何要赋予违禁作品著作权？

无论是著作权人还是一般公众，都不能够传播违禁作品，那么，赋予违禁作品著作权的意义又是什么呢？《著作权法》岂非多此一举？

2001 年《著作权法》中规定取得著作权的作品必须具备合法性要件，其目的在于保护公共利益，防止有不良影响的作品的传播。那么，在认清著作权的本质的情况下，赋予违禁作品作者著作权，实际上更加有利于公共利益的保护。仍以文章开头的旧闻为例，陈某希行使其著作权以制止其摄影作品的传播，这显然与公共政策、公共利益是相符的，并且是对公权力行使的一种有效的补充。倘若否认陈某希之著作权，其作为违禁照片之制作人，却对于该照片没有任何控制力及私权救济之手段，显然是不合理的。

违禁作品的著作权人的具体权利有何不同？

当然，违禁作品的权利人在行使著作权时，权能必然与一般著作权不同。一般著作权人，除可以禁止作品未经许可之传播外，还可以就侵权行为主张损害赔偿。但由于违禁作品的权利人自身也不能够传播作品，违禁作品不存在通过传播获取经济利益的可能性，故违禁作品的权利人只能主张侵权人停止侵害、销毁侵权复制品等，但无法主张损害赔偿。

下载观看盗版电影就不侵权吗

民事侵权专业组　何佳玲律师

在看电影贵、被剪片、资源被限制等各种因素的影响下，盗版电影产业逐渐兴起。沏壶茶，买点零食，下载个电影已成为大部分人平时消遣娱乐的方式。然而大家不知道的是，即使是下载电影也可能构成侵权，尤其是下载盗版电影的行为，在国外由于对知识产权保护尤为苛刻，下载人可能会面临巨额罚款。

一、下载观看盗版电影真的侵权吗?

1. 下载盗版电影符合《侵权责任法》的四大构成要件，构成侵权。

根据我国通行的侵权责任法的四大构成要件说，构成侵权需要满足：（1）该行为具有加害行为。（2）具有损害事实。（3）加害行为与损害结果具有因果关系。（4）行为人具有过错。具体到下载盗版电影中，对应如下：下载盗版电影——加害行为；著作权人票房降低，收入减少——损害事实；下载盗版电影使本应购买正版影碟的个人不再购买，也无需去电影院观看——因果关系成立；明知为盗版电影依旧下载——行为人具有过错。因此单就侵权责任法的构成要件来说，下载观看盗版电影构成侵权行为。

2. 为个人欣赏目的下载观看盗版电影难道不属于《著作权法》“合理使用”的范畴吗?

笔者认为：不属于。

尽管我国《著作权法》第二十二条规定：“为个人学习、研究或者欣赏，使用他人已经发表的作品，可以不经著作权人许可，不向其支付报酬，但应当指明作者姓名、作品名称，并且不得侵犯著作权人依照本法享有的其他权利。”

但《伯尔尼公约》第九条第二款对于录音、录像复制权的“合理使用”范围规定了“三步检验法”：第一，合理使用只能是在某些特殊情况下使用；第二，该复制不致损害作品的正常使用；第三，该复制不会无故损害著作权人的合法利益。

我国《著作权法实施条例》第二十一条也规定：“依照著作权法有关规定，使用可以不经著作权人许可的已经发表的作品的，不得影响该作品的正常使用，也不得不合理地损害著作权人的合法利益。”

按照上述要求，在网上下载盗版电影使电影公司丧失了大量的票房和收益，会给著作权人造成很大的损害，因此并不属于《伯尔尼公约》中的“合理使用”范畴。“个人下载盗版电影不侵权”的观点属于对“合理使用”范围的理解有误。

在美国，即使仅下载一首音乐也会构成侵权，更别说一部电影了。这就得说说 Napster 案件了，这是美国一个具有重大影响的案件，Napster 是一个提供音乐下载的软件，类似于我国的酷狗，在此案中，美国第九巡回法庭认为，Napster 软件用户为个人欣赏目的下载音乐，使其免费获得了他们本来需要购买的东西，属于商业性使用，且下载音乐属于对作品的全部复制，而且会对正版音乐市场造成严重影响，因此 Napster 用户下载音乐的行为不属于“合理使用”，而是构成对著作权人复制权的侵犯。

上述案件类比到电影作品中，我们可以得出如下结论：为欣赏目的而下载盗版电影，使个人免费获得了其本需要付费的电影，会对著作权人的利益造成影响，并不属于“合理使用”的范畴。

二、我国司法及实践中对下载、观看盗版电影的态度

我国《侵权责任法》第三十六条规定：“网络用户、网络服务提供者利用网络侵害他人民事权益的，应当承担侵权责任。”

在我国 POCO 案件中[①]（广州数联软件技术有限公司开发的 POCO 软件，可以下载北京慈文影视制作有限公司享有著作权的电影《七剑》），一审法院认为数联公司提供的该服务为 POCO 用户下载影片《七剑》的侵权行为起到了指引和帮助作用，构成侵权。

从一审判决中可以看出，一审法院认为广州数联软件技术有限公司构成侵权的理由是因为其为用户下载影片《七剑》的侵权行为起到了指引和帮助作用，因此用户下载影片的行为构成侵权行为。

但实践中，由于下载电影作品，实施侵权的成本很低，尤其是在迅雷、电驴等采用 P2P 技术的网站中（P2P 技术区别于传统的统一的服务器终端模式，每个用户可以共享他们的资源，在信息交互的过程中下载资源的同时也承担上传资源的任务，P2P 下载软件的工作原理就是边下载边上传），每个网络用户都可能在有意或无意间成为侵权行为的实施者和参与者，而根据 IP 地址定位到具体的个人存在一定的技术上的障碍，因此著作权人想针对个人用户侵权行为进行维权存在很大的成本和技术障碍，故而一般起诉网络视频提供商，寻求权利的救济，但这并不意味着个人下载电影不构成侵权行为。随着我国知识产权保护的加强，个人下载盗版电影被诉侵权的可能性也逐渐加强。

三、如何防范被诉侵权的风险？

1. 切勿使用 P2P 服务下载电影

如上所述，P2P 下载软件的工作原理就是边下载边上传，因此每个共享资源的 P2P 用户都会成为服务器的一部分。该技术诞生的时候就考虑到了大多数网友都只愿索取而不愿共享，因此 P2P 下载技术会强制下载者分享你所下载的文件，将已下载的文件上传给所有其他正在下载该文件的用户，这个过程需要不断地提供自己的 IP 地址使其他下载用户定位和下载在自己本地计算机中储存的资源，

---

① （2006）穗中法民三初字第 7 号“北京慈文影视制作有限公司诉广州数联软件技术有限公司信息网络传播权纠纷案”

这极大地提高了定位 IP 的概率，如此一来用户就会被不知不觉的盯上，加大了被诉侵权之风险。因此在遇到不知名的视频软件时，不要胡乱下载，说不定就会被冠上“侵犯信息网络传播权”的帽子。

2. 下载电影后不要上传至共享空间

很多人习惯在下载电影后上传到某一空间与他人进行共享，实际上，上传至共享空间的行为使不特定的多数人可以对该作品进行下载从而获得这些作品的复制权，侵犯了作者的信息网络传播权。根据我国《信息网络传播权保护条例》第二条规定“除法律和行政法规明文规定的特殊情况以外，任何组织或个人将他人的作品、表演、录音录像制品通过信息网络向公众提供，应当取得权利人许可，并支付报酬”，针对个人网上传播行为，《条例》第六条并没有将“为个人欣赏目的”纳入法定许可的范畴。

事实上在我国香港地区的确发生了因个人上传电影而被判侵权的案例。2005年陈某明利用 BT 技术[①]（也即 P2P 技术）非法在网上发放三部电影（《夜魔侠》《宇宙深慌》《选美俏卧底》）。在追查到发放者的身份及地址后，陈某明在家中被捕，后法院认定其违反《香港版权条例》，因发放电影时，曾有 30 - 40 人参与下载，下载后便不会购买正版光盘，使版权人及电影市场的利益受损，违反了法律规定。

以上是笔者的个人观点，笔者认为，照目前趋势，对于著作权人的保护只会越来越强，下载观看盗版电影的消遣方式可能会逐渐消失，且看且珍惜吧，为版权付费的意识需要大家的共同努力培养，我国的知识产权保护也需要大家的共同监督和努力。

① 陈乃明：《全球第一个使用 BT 技术被判刑的人谈 BT 下载》，载网易科技，网址：http：//tech. 163. com/05/1122/09/235CM4US000915HL. html。

四

不正当竞争领域

（一）商业秘密保护

老干妈、海天酱油……，那些舌尖上不可不说的“商业秘密”

商业秘密专业组 渠佩佩律师

一、事件背景

简直可以火到外星球的“老干妈”再一次因商业机密泄露案受到聚焦。

2016 年 5 月，贵阳南明老干妈风味食品有限责任公司（以下称老干妈公司）发现本地另一家食品加工企业生产的水豆豉产品与老干妈品牌同款产品相似度极高，2016 年 11 月 8 日向南明公安分局报案。经查，该企业从未涉足该领域，无此研发能力。司法鉴定中心的鉴定结果显示涉案水豆豉产品含有“老干妈牌”同类产品制造技术中不为公众所知悉的技术信息。而老干妈公司从未向任何一家企业或个人转让该类产品的制造技术。由此，警方初步断定，有人非法披露并使用了老干妈公司的商业机密。

经警方多方了解和仔细排查，最终将侦查重点放在老干妈公司离职员工贾某身上。据悉，贾某于 2003 年至 2015 年 4 月历任老干妈公司质量部技术员、工程师等职，由于职务工作需要，他掌握了老干妈公司专有技术、生产工艺等核心机密信息，包括水豆豉的生产工艺、原料配比等内容。但自 2015 年 11 月始，贾某以假名做掩护到涉案食品加工企业任职，从事质量技术管理相关的工作。随后，办案侦查人员依法搜查扣押了贾某随身携带的移动硬盘及内含的电子证据等资料，并在其台式电脑中发现大量涉及老干妈公司商业秘密的内部资料。

目前，嫌疑人贾某因涉嫌侵犯商业秘密，已被刑事拘留。

值得注意的是，贾某在老干妈公司任职期间，与老干妈公司签订了“竞业限制与保密协议”，约定贾某在工作期间及离职后需保守公司的商业秘密，且不能从事业务类似及存在直接竞争关系的经营活动。

可惜，“竞业限制与保密协议”却没能阻挡泄密的脚步，而此案绝非孤例，由员工离职而引发的侵犯商业秘密纠纷案近年来大有愈演愈烈之势。面对“前员工”，企业到底能做些什么来守护我们的“商业秘密”呢？或许下面这个经历了一审、二审和再审的案例可以带给我们一些启发。

中华人民共和国最高人民法院就《佛山市海天调味食品股份有限公司、佛山市海天（高明）调味食品有限公司（下合称海天公司）与寇某华侵害商业秘密纠纷案》再审申请作出（2015）民申字第2359号民事裁定，主要内容节选如下。

二、案情回顾

海天公司员工寇某华离职前因过失将工作电脑丢失，后发现其两台私人电脑（华硕和戴尔笔记本电脑）分别违规存储有海天公司涉嫌被侵犯的技术信息和经营信息文件10065份和1520份。由此海天公司起诉寇某华以不正当手段获取商业秘密，赔偿损失510万元。寇某华不服广东省高级人民法院作出的（2015）粤高法民三终字第85号民事判决认定其行为构成侵害商业秘密，向最高人民法院申请再审。

（一）争议焦点

1. 关于基本事实的认定

♦寇某华主张：离职前已将华硕电脑交给海天公司技术服务部门进行脱密处理。

♦海天公司主张：

（1）寇某华在离职前并非将华硕电脑交给公司处理，而是在其主管没有批准的情况下，违规向与公司合作的IT技术公司的派驻人员要求办理华硕电脑的入网许可。

（2）寇某华在离职前未向公司披露其私人电脑大量转存公司资料的事实，办理离职手续时也未曾删除其私人电脑中存储的公司信息。

2. 关于商业秘密的认定

◆寇某华主张：

（1）其离职前将华硕电脑交给公司进行脱密处理，公司对华硕电脑里能直接打开的文档未予删除，说明该文档不是商业秘密。

（2）戴尔电脑里无法直接打开的文件因缺乏实用性和经济价值，也不是商业秘密。

（3）海天公司在自己的文档目录“是否机密”处标注为“否”的文件资料不属于商业秘密。

◆海天公司主张：

（1）海天公司对商业秘密采取了严格的保密措施：与员工签订保密合同、制定保密制度、在2008年后对所有在公司使用的电脑安装了加密软件，并进行严格管控，制定了严格的电脑使用规定，严禁私自复制工作文件。因此即使公司文件不加密，也不免除寇某华的保密义务。

（2）经过加密后的文件，也不会因为暂时不能直接打开而失去实用性和经济价值。

（3）寇某华的配偶与海天公司存在纠纷，上述秘密信息已经处于失控的状态，有较大的泄密可能性，且涉及年销售额超过20亿元的老抽产品。一旦泄密，将会造成不可估量的损失。

（二）法院裁判观点

（1）关于寇某华是否将华硕电脑交给技术部门进行离职前的脱密处理，双方对此各执一词，在无其他证据予以佐证各自主张的情况下，原判决未认可寇某华将华硕电脑交技术服务部门作脱密处理的主张并无不当。

（2）员工在离职后未尽到合理注意义务，违反公司规定持有和掌握公司技术信息和经营信息，即便未披露和使用，仍然构成侵犯商业秘密的行为。

(3) 公司内部文档上“是否机密”的标注，系在公司内部保密措施所辖范围内对自身信息资料的管理标识，不属于认定商业秘密的判断要件。

(4) 对于包含公司技术信息和经营信息的文档，不因暂时无法直接打开而失去实用性和经济价值。

由此，最高人民法院认为原判决依据《反不正当竞争法》第十条第三款的规定，认定本案涉嫌被侵犯的技术信息和经营信息属于商业秘密，既有事实依据，也有法律依据。

三、建议

对于掌握商业秘密的企业来说，最根本的是在日常企业的管理工作中，加强对商业秘密的保护措施，可从以下几个方面入手：

1. 增强法律意识。如：熟悉国内外相关法律规范，定期对各级员工进行保护商业秘密的相关教育，增强员工对于商业秘密的敏感度及保护意识。

2. 完善商业秘密保护及管理制度。如：(1) 对商业秘密评定不同的级别，实行分级管理，限定各个等级的工作人员了解和掌握商业秘密的范围；(2) 对商业秘密进行分解，使各员工只能接触和掌握不能单独发挥作用的部分商业秘密信息；(3) 对涉密文件进行分类保管及严格的借阅管理制度；(4) 禁止员工互相探听与自己工作无关的技术或业务；(5) 与涉密员工签订保密合同、竞业限制等。

3. 加强企业计算机系统的监管。如：对企业办公电脑进行加密处理并加强对办公电脑的监控，禁止涉密人员使用个人电脑办公，禁止复制或下载公司涉密资料等。

4. 完善待公开企业信息的审查管理制度。如：对将要公开的信息内容进行审查，确保不涉及商业秘密。

5. 注意员工招聘、离职过程中商业秘密的保护。(1) 对应聘人员的背景资料进行审查，了解其工作经历中的涉密情况，是否与前单位签订保密协议等；（2）员工离职时，应立即收回并核对涉密资料，对其工作电脑进行脱密处理，与其签订离职保密协议、竞业限制等。

6. 对易泄露商业秘密申请专利保护。

7. 加强相关证据的留存。对企业日常生产运营及人员管理的相关资料，特别是与企业商业秘密相关的部分，进行收集保存，以备不时之需。

专利保护和商业秘密保护的比较

商业秘密专业组　樊培伟律师

当今世界，科学技术发展日益更新，企业之间的竞争更是愈发激烈。如何运用知识产权制度保持企业的竞争优势，选择专利保护还是商业秘密保护，已是每个企业所面临的不得不考虑的问题。

2017 年 10 月 1 日生效的《中华人民共和国民法总则》（下称民法总则）第一百二十三条规定民事主体依法享有知识产权，其中发明、实用新型、外观设计（以下统称为专利）和商业秘密作为并列的客体，权利人就上述客体依法享有专有的权利。可见，在我国，专利和商业秘密都是作为知识产权进行保护的。专利、商业秘密二者犹如知识产权中的“屠龙刀”“倚天剑”，在企业快速发展和国际化进程中，企业的决策者应该如何选择呢？笔者尝试对二者进行初步的比较分析，以期帮助决策者做出判断。

一、专利、商业秘密的概述

1）专利的概念

《中华人民共和国专利法》（2008 修正）（下称专利法）第二条规定：“本法所称的发明创造是指发明、实用新型和外观设计。”

发明，是指对产品、方法或者其改进所提出的新的技术方案。

实用新型，是指对产品的形状、构造或者其结合所提出的适于实用的新的技术方案。

外观设计，是指对产品的形状、图案或者其结合以及色彩与形状、图案的结合所作出的富有美感并适于工业应用的新设计。

专利法规定一项发明创造能否被授予专利权的形式要件和实质要件，其实质要求包括新颖性、创造性和实用性。

2）商业秘密的概念

《中华人民共和国反不正当竞争法》（下称反不正当竞争法）第九条第三款规定，本条所称的商业秘密，是指不为公众所知悉、具有商业价值并经权利人采取相应保密措施的技术信息和经营信息。

由此可见，商业秘密必须具有三个构成要件：即秘密性、实用性和采取保密性。

专利权和商业秘密权均具有相应的正当性①，对于专利权而言，“激励论”是被广泛接受的专利权制度正当性的理论，专利制度通过对发明的激励实现了与专利相关的主要的社会利益；对于商业秘密权而言，自20世纪50年代以来，财产权理论逐渐成为商业秘密保护法律理论的主流观点，这和我国民法总则将商业秘密列为知识产权的一种也是一致的。专利权和商业秘密权均是对于无形资产的保护，其保护的对象均是智力劳动成果，但二者的保护对象也并不完全一致，这一点将在后文详细论述。

“天下熙熙皆为利来，天下攘攘皆为利往”，不论是专利，还是商业秘密，二者的经济属性是相同的，都是通过一定形式的独占为权利人带来当下的或者将来的能够预期的经济利益。这种经济属性，造就了现代企业在其发展过程中必须对专利、商业秘密加以重视，否则轻则导致企业经营收入下降，重则导致企业破产出局。

二、专利保护、商业秘密保护的区别

尽管专利、商业秘密都是对权利人通过创造性的脑力劳动所获取的技术思想

① 技术发明的专利保护与商业秘密保护的法律比较研究，柴琳琳，北京工商大学硕士学位论文，第2-5页。

的专有权和支配权的保护，但二者却又“远近高低各不同”，存在着较多区别和差异。

1）二者保护范围不同

我国专利法规定的专利具体为发明、实用新型、外观设计，专利必须是新的技术方案或新设计，其应当是完整的技术信息。

我国的反不正当竞争法规定的商业秘密保护技术信息和经营信息，且技术信息可以是完整的也可以是具有实用性的部分技术要素。

可见，商业秘密的保护范围比专利更广，因为技术信息不仅包括有关设计、程序、产品配方、制作工艺、制造方法等完整的技术方案，还包括开发过程中的阶段性技术成果，取得的有价值的技术数据，以及针对技术问题的技术诀窍。经营信息主要包括经营战略、经营策略、管理诀窍、客户名单、货源情报、产销策略、招投标中的标底及标书内容等信息。①

对诸如经营战略、经营策略、管理诀窍、客户名单等经营信息，以及无法达到专利保护要求的技术信息，自然只能通过商业秘密的方式加以保护，此时专利和商业秘密之间并无冲突。但是对于已经达到专利保护要求的技术信息，既可以通过商业秘密进行保护，也可以通过专利进行保护，商业秘密和专利之间也就出现了明显冲突②。如何尽可能地化解这种冲突，或者说如何在这种冲突中做出尽可能最优的选择，更需要对专利和商业秘密的其他方面的差异加以分析。

2）二者取得方式不同

根据我国专利法的相关规定，一项发明创造，必须经过专利主管机关的授权，才能够产生专利权，其过程一般包括申请、公开、审查。在该过程中，发明创造的技术内容必须向社会公开，以其公开换取保护。

商业秘密，基于权利人的智力创造，无需向社会公布，已经产生即已获得。

---

① 刘金燕：《浅谈企业专利保护与商业秘密保护策略的运用》，载《中国发明与专利》2011年第7期。

② 何昕、于志远：《浅谈商业秘密保护与专利保护之关系》，载《人民司法》2001年第3期。

这是一种原始取得，如同著作权人自完成作品之时就享有著作权一样。商业秘密的所有人在创造出商业秘密之时也就取得了商业秘密的所有权。

比较专利和商业秘密取得方式的不同，显而易见，商业秘密的取得相比于专利的取得要简单和容易许多，并且取得方式差异中非常重要的方面在于是否公开。正是这种取得方式的不同，导致专利和商业秘密一系列的差异。

3）**二者保护强度不同**

对于一项技术内容，所采取的保护方式的强度如何，主要看保护期限的长短、保护力度的大小、保护过程是否稳定。对于专利和商业秘密，基于其取得方式的不同，二者保护强度也不尽相同，各有优劣。

在我国，专利经过专利主管机关的授权取得，专利法规定了专利权的保护期限，发明专利 20 年，实用新型专利和外观设计专利 10 年，均自专利的申请日起算。专利期限届满，专利权消失，专利权人不再独占专利技术，专利技术成为社会共有的资源，任何人都可以无偿使用。商业秘密保护中，只要商业秘密权利人采取的保护措施足以使商业秘密不被泄露，即可以无限期地得到保护。

作为国家专利主管机关授予的专利，其权利具有非常强的排他性，专利权人享有完全的独占权利，任何单位和个人不得未经其同意使用该专利。这种绝对的排他性的力度，一定程度上弥补了专利在保护期限方面的不足。商业秘密，其保护强度相比专利保护弱了很多，他人通过独立开发、反向工程、公开场合的观察、善意取得等手段均有可能获得同样的技术信息，甚至作为自己的商业秘密或者通过专利保护。专利和商业秘密相比，专利更像是一把长矛，其锋利的矛尖彰显其力量，既可以保护自己的领地，也能够发起攻击；商业秘密则像是一面盾牌，用其坚固之躯捍卫其所守之地。

在专利和商业秘密的保护过程中，权利人均有可能丧失其独占的权利。对于专利而言，丧失专利权的最大风险来自专利的无效宣告。我国专利法第四十五条规定，自国务院专利行政部门公告授予专利权之日起，任何单位或者个人认为该专利权的授予不符合本法有关规定的，可以请求专利复审委员会宣告该专利权无效。在企业之间的专利博弈过程中，一旦企业凭借其专利权发起侵权诉讼，其专利要常常经过无效宣告程序，确保其专利权的合法有效。

对于商业秘密而言，商业秘密一旦公开，丧失了其秘密性，就导致了反不正当竞争法规定的“商业秘密因公开而消灭”，商业秘密权利自然消失。我国相关法律规定商业秘密的公开包括权利人的公开和第三人的公开，其中第三人的公开又包括因第三人的侵权行为而公开和第三人通过独立开发、反向工程等合法手段获得商业秘密后公开。

4）二者的法律举证责任不同

对于专利而言，其具有独占排他性，专利权的保护范围以权利要求书（外观设计是照片或者图片）为准，同时说明书、附图具有说明的作用。专利侵权之诉中，专利的权利人仅仅需要证明对方当事人实施侵权行为即可，而不需要提供证据证明专利符合法律规定的专利条件。被控侵权人一般主张专利无效或者现有技术抗辩，通过提起无效请求宣告撤销专利或者证明其所实施的技术属于现有技术的范畴。

对于商业秘密而言，商业秘密权利人不仅要提供证据证明对方当事人使用的信息与其商业秘密相同或者本质相同、对方当事人采取了不正当手段的事实，还应当证明该商业秘密符合法律规定的条件，且为其合法所有。也就是说权利人必须证明自身享有商业秘密权，同时证明存在商业秘密的侵权行为。商业秘密权的被控侵权人如果能够证明自身是通过独立研发而享有该技术信息或不满足反不正当竞争法所规定的情形，则免责。

三、专利保护、商业秘密保护的选择策略

通过对专利、商业秘密的概述、区别的分析，我们可以看到，专利保护规范严格，犹如屠龙刀刚劲有力、气势逼人，商业秘密保护灵活任性，犹如倚天剑凌厉飘忽、变幻莫测。对于企业的技术信息，哪种保护能够风险最小、获益最大呢？此时还需要细细分析所欲保护的技术信息的特点，与专利保护、商业秘密保

护的特点进行合理的匹配，才能将技术信息的最终效用发挥至极致。

综合技术信息本身属性、市场预期、反向工程难易程度等，专利和商业秘密两种保护方式应尽量实现相互补充，实现一致的目的。

1）以专利保护为核心的策略

技术信息本身开发难度高，市场认可的可能性高，并且行业竞争激励，能够通过反向工程获知技术信息的具体内容，如西药药物研发领域，其较好的策略是选择专利保护。通过专利获得保护力度强、排他性高的竞争优势，并最终实现市场获利。

2）以商业秘密保护为核心的策略

技术信息本身开发难度高，市场认可的可能性高，但很难通过反向工程获知技术信息的具体内容，如中药配方①，则可以通过商业秘密的方式加以保护。在我国，云南白药的商业秘密保护当属典范，其配方被列为国家机密，成功实现了商业秘密的保护。

3）专利和商业秘密并用的策略

对于一项技术信息的保护，专利和商业秘密存在着竞争关系。但对于现代企业而言，其往往涉及多项、甚至成千项的技术信息，这当然不能简单的一言以蔽之。专利和商业秘密保护对于企业而言也并非不可兼得的择一关系，二者更应该是互补关系，甚至可以在一定的阶段进行相互的转换。

技术研发的初期，犹如在黑暗中摸索，竞争对手对其研发情况更是不明就里，可以通过商业秘密进行保护。当技术研发进行到一定程度，初具成果，结合对市场的合理预期，则可以通过专利进行保护，实现由商业秘密保护到专利保护的转换。在市场需求和竞争对手的驱动下，技术研发将进入一个新的轮回过程，也便可以进行由专利保护到商业秘密保护的另一种转换过程。技术发展如此往复循环，专利、商业秘密两种保护策略也实现往复循环，并达到二者的最优化。

---

① 周蕾、王艳翚：《中药专利保护与商业秘密保护的思考》，载《医学与社会》2015年第5期。

面对技术创新的成果，专利保护和技术秘密保护作为两种保护方式，并不存在谁是谁非的问题。企业只有充分了解专利保护和商业秘密保护的特点，结合对创新技术自身性质的分析，将专利的“屠龙刀”和商业秘密的“倚天剑”同握在手，使二者相互补充，建立符合自身的知识产权保护策略，才能提供企业核心竞争力，实现企业可持续发展和利益最大化。

《员工手册》能否成为约定竞业限制的形式

商业秘密专业组　伍波律师

出于自身管理的考虑，企业往往会制定《员工手册》来指导、规范企业员工的行为。《员工手册》一般包括：企业概况、企业文化、组织结构、人力资源制度、员工行为规范、岗位职责等。

《中华人民共和国劳动合同法》第二十三条规定："用人单位与劳动者可以在劳动合同中约定保守用人单位的商业秘密和与知识产权相关的事项。对负有保密义务的劳动者，用人单位可以在劳动合同或者保密协议中与劳动者约定竞业限制条款，并约定在解除或者终止劳动合同后，在竞业限制期限内按月给予劳动者经济补偿。劳动者违反竞业限制约定的，应当按照约定向用人单位支付违约金。"那么，企业能否在《员工手册》中约定竞业条款，以及《员工手册》能否成为约定竞业限制的形式是本文探讨的问题。

我们看下面这样一个真实的案例：

一、基本案情

左某某系舞蹈专业毕业，并从事舞蹈教学工作。2011 年 7 月 1 日，左某某与音之舞公司签订了书面《劳动合同书》及《保密协议》。双方的劳动合同约定，左某某从事舞蹈老师岗位工作，每月工资 4500 元。2012 年 2 月 16 日，左某某以个人原因为由向音之舞公司申请离职，并于同月 23 日提交了《员工离职审批表》。当日，音之舞公司综合办在《员工离职审批表》上填写"自离职之日起启动竞业禁止条款，公司按月支付经济补偿金……"，音之舞公司总经理意见栏则签署“同意”。《员工离职审批表》左下角员工签字确认处有左某某的签名。

左某某离职以后，从同年五六月份起到利姿舞蹈学校从事舞蹈教学工作。2012年3月1日音之舞公司通过工商银行向左某某的账号汇入3000元，在其保留的转账凭证用途一栏注明“竞业禁止补偿金”，备注一栏注明“2012年3月竞业禁止补偿金”。此后，左某某注销了该账号。

2012年3月30日、5月30日音之舞公司两次向杭州市钱塘公证处办理了“左某某2012年4月至6月竞业禁止补偿金”的提存，并在浙江法制报上进行领取提存物通知公告。

2012年5月10日，杭州市滨江区劳动争议仲裁委员会对音之舞公司要求对被申请人左某某继续履行竞业限制义务及支付违约金的仲裁请求作出不予受理案件通知书。音之舞公司不服该通知，于2012年5月15日向法院提起诉讼，请求依法判决左某某履行竞业限制的义务并判决左某某支付违约金100000元。

二、法院审理

在本案审理期间，音之舞公司提交的证据包括劳动合同书、保密协议、《员工手册》、员工离职审批表等，其中，音之舞公司拟用劳动合同书证明与左某某的劳动合同关系事实；拟用双方签订的保密协议证明左某某应该受竞业限制的约定。

法院认可了音之舞公司与左某某的劳动关系，然而，法院认为保密协议中只涉及保密的约定，没有涉及竞业限制的约定，不认可双方对竞业限制进行了约定。其中，对于竞业限制的约定，音之舞公司主要提交了《员工手册》、确认书、意见反馈单，拟证明被告对规章制度没有提出任何异议，被告已收到并确认《员工手册》，以及被告在职期间和离职后应该遵守竞业限制义务的事实。

左某某认为其是2011年7月1日入职，而员工手册修改的时间是8月11日，并不是其入职时候的员工手册，意见反馈单填写时被告还在学校。音之舞公司所提交的《员工手册》（2011年8月份修订）第27页关于《保密制度及竞业限制》第九条确实规定了竞业限制条款，但在《员工手册》最末一页“员工手册确认书”这一页内容中并无左某某的签名；而音之舞公司提交的员工手册确认书与其提交的《员工手册》是独立的，该确认书上虽然有左某某的签名，但从确认书的格式及页面图案等来看，两份确认书并不同一。

法院最终认定，音之舞公司与左某某签订的劳动合同书与保密协议中均无竞业限制条款；音之舞公司的证据亦不足以证明载明有竞业限制条款的《员工手册》就是左某某在确认书中所确认查收、阅读并声明遵守的那份《员工手册》；左某某离职后，音之舞公司在《员工离职审批表》上填写“自离职之日起启动竞业禁止条款”，及之后以竞业禁止补偿金名义向左某某账户汇款，均系音之舞公司单方行为。

综上，音之舞公司的证据不足以证明其与左某某存在竞业限制条款的约定，该院对音之舞公司请求判决左某某履行竞业限制的义务并判决支付音之舞公司违约金 100000 元人民币的诉讼请求不予支持。

三、分析

竞业限制的约定有两种形式，一种是在劳动合同中，一种是在保密协议中。《中华人民共和国劳动合同法》第二十四条第一款规定：“竞业限制的人员限于用人单位的高级管理人员、高级技术人员和其他负有保密义务的人员。竞业限制的范围、地域、期限由用人单位与劳动者约定，竞业限制的约定不得违反法律、法规的规定。”

《员工手册》本身并不是约定竞业限制的形式。竞业限制的前提条件是必须有可保护的商业秘密，如没有需要保护的商业秘密，竞业限制的条款就缺乏设立的依据。左某某作为一名舞蹈老师，不具有掌握商业秘密的可能。再者，竞业限制的人员限于用人单位的高级管理人员、高级技术人员。舞蹈老师不属于这个范畴。

如何给企业商业秘密加上保险锁

商业秘密专业组　伍波律师

【摘要】

人才流动是社会发展的趋势，而人才流动，尤其是向竞争企业的流动，引发泄密等侵犯商业秘密的事件屡见不鲜。掌握企业核心商业秘密的高管、技术人员离职后如果短时间内再次进入同一行业，尤其是在前企业的竞争者那里就业，极有可能使其拥有的资源迁移到新的企业中，跳槽到竞争对手企业甚至会给前企业带来灭顶之灾。由离职引发的商业秘密的外泄与保护，是企业需要高度重视的问题。

当今世界，人才流动非常大，企业随时都要面对人才离职的危机。关键员工的重要性不言自明，一个企业能否持续健康成长的一个重要前提就是其能否留住关键性人才。正因为关键员工对企业稳定、发展具有重要意义，企业对这些员工去留的关注超出寻常。许多员工常常基于各种原因，愿意挪挪窝，移移地，人往高处走，无可厚非。但是，有的关键员工却在离开企业的时候，顺手牵羊地“牵走”了企业的商业秘密，给原企业造成了经济损失。我们一起来看下面这个案例。

一、基本案情

原告A实业有限公司（以下简称A公司）成立于1999年5月，住所地在韶山高新技术产业开发区，享受省级高新区政策。主要从事矿山运输机械设备的开发、制造、销售。公司研制开发的矿山架空乘人索道（俗称猴车），技术含量高。A 公司制定了保密制度，且与能接触公司商业秘密的职工签订了保密协议，在协议中明确公司商业秘密的范围，并发放保密费。

驱动轮是煤矿架空乘人装置中必不可少的重要部件之一，其质量的好坏对猴车的安全运行起着至关重要的作用。从 2006 年 7 月开始，A 公司组织技术人员讨论焊接驱动轮制造方案，经详细分析，多方论证、试制、检测和试验，2007 年 12 月焊接驱动轮已定型并投入生产，完全取代铸造轮。

李某某（被告一）于 2006 年 7 月至 2008 年 12 月，2009 年 2 月到 2010 年 7 月在 A 公司从事机械技术员工作，熟悉掌握 A 公司矿山用架空乘人装置的各项技术。朱某某（被告二）于 2008 年在 A 公司从事销售工作。两被告人均与 A 公司签订了劳务合同、保密协议，并领取保密费，其中，李某某还与 A 公司签订《商业秘密保护和竞业禁止协议》，协议明确约定了商业秘密的范围及离职后三年内不得到生产经营相同产品的竞争行业和企业任职。2009 年 3 月，被告人朱某某跳槽到 B 公司任经理。2010 年 7 月，被告人李某某跳槽到 B 公司任技术员。2010 年 8 月左右，被告人朱某某出于考虑 B 公司的实际需要和市场的需求，问被告人李某某是否能设计焊接驱动轮的猴车，李某某答复可以，并单独做了一个焊接驱动轮的设计图，于 2010 年 8 月 14 日将设计图纸通过李某某使用的晴天邮箱发给朱某某在 B 公司所使用的细雨邮箱。2010 年 10 月李某某离开 B 公司，2011 年 2 月又重新回到 B 公司任技术部长，主要设计了猴车用的焊接驱动轮，且投入了实际生产。

经某司法鉴定中心鉴定：A 公司的煤矿架空乘人装置用焊接驱动轮等产品 23 张设备图纸中的 10 张图纸载有不为公众所知悉的技术信息（其中有 3 张焊接驱动轮图纸）。B 公司的相关产品的 10 张图纸载有的部分技术信息与 A 公司的相对应图纸中不为公众所知悉的技术信息具有同一性。

法院判决认为，被告人李某某违反商业秘密权利人 A 公司有关保守商业秘密的要求，应被告人朱某某要求，披露其所掌握的由 A 公司采取保密措施的技术信息；被告人朱某某明知被告人李某某与A公司签订了保密协议，有保守商业秘密的义务，而要求其披露商业秘密，并获取该商业秘密，给权利人A公司造成特别严重后果，两被告人的行为均已构成侵犯商业秘密罪。

笔者认为，从上述案件中可知，A公司已经制定了保密制度，并且与两被告签订了保密协议，在协议中明确公司商业秘密的范围，并且向两被告发放了保密费，也就是说A公司已经采取了签订保密协议、制定保密制度等措施对其商业秘密进行保护。李某某、朱某某两名被告在A公司工作期间掌握其技术秘密，且均与A公司签订了保密协议，就应当遵守公司制定的保密制度。本案中，两名被告显然违反了保密协议，其中，李某某与A公司签订过保密协议，保密协议约定从李某某离开后三年内不得到猴车生产相关行业从事工作，而被告朱某某明知李某某与A公司签订了保密协议，有保守商业秘密的义务，而要求其披露商业秘密，并获取该商业秘密，两被告人的行为均已构成侵犯商业秘密罪。

二、建议与思考

据有关资料显示，我国商业秘密刑事案件中，60%与人才跳槽有关，而在商业秘密侵权的民事案件中，90%与人才流动有关。在职人员的“跳槽”行为，是目前企业的商业秘密流失的主渠道。企业如何做好自身商业秘密的保护呢？笔者认为可以从以下几个方面着手：

1. 将每一个重要的商业秘密分割成若干部分，不同的部分安排不同的人员进行操作、管理，将员工权限进行分级，对员工能接触到的企业秘密进行分类，限制能够接触到企业核心秘密的员工数量。笔者再拿可口可乐举例，据称，可口可乐全上下公司能够接触到“7x号货物”秘方的人数不到10人，且秘方保管库的开启程序非常谨慎，比如首先要提出开启申请，经过董事会批准之后，才能打开保管库门，其次，开启的时间也是有严格规定的，且保管库门要在有官员在场的情况下在能打开。

2. 签订保密协议 + 支付必要保密费用。从企业自身保护知识产权角度出发，企业要做到规范管理，比如，及时与有可能知悉企业商业秘密的工作人员签署保密协议、竞业禁止协议。企业在发放薪酬的时候，应当适当给涉密员工发放保密费用，这样保密义务就与享有保密费的权利成对等，从而能增强员工的保密意识。

中国、日本、美国商业秘密侵权判断比较

商业秘密专业组　张玉瑞律师　高级事业合伙人

一、中国存在争议的“接触 + 相似规则”

“接触 + 相似规则”是中国法院判断商业秘密侵权的主要方法之一。

所谓“接触 + 相似”，指审理商业秘密案件时，如果原告可以证明：(1) 原告有商业秘密；(2) 被告的技术或经营信息与原告的商业秘密，相同或实质相同；(3) 被告接触过原告的商业秘密；(4) 被告对其技术或经营信息，不能证明有合法来源，在这样的情况下，法院就判决被告侵犯了原告的商业秘密。所以这一原则，还可以进一步限定为“接触 + 实质性相似 – 合法来源”。

为适应商业秘密侵权行为隐蔽性的特点，国家工商局于 1998 年颁布的《关于禁止侵犯商业秘密行为的若干规定》第五条第二款，最早规定了“接触 + 相似 – 合法来源”原则：“权利人能证明被申请人所使用的信息与自己的商业秘密具有一致性或者相同性，同时能证明被申请人有获取其秘密的条件，而被申请人不能提供或者拒不提供其所使用的信息是合法获得或者使用的证据的，工商行政管理机关可以根据有关证据，认定被申请人有侵权行为。”

国家工商局这一规定，在我国受到一定诟病，有些专家认为其违反了“谁主张、谁举证”的基本证据法原则，使原告不用证明被告如何使用，就能胜诉。

但令人想不到的是 1998 年我国出现的“接触 + 相似”原则，居然在 2015 年成为日本法的明文规定。

二、日本式的特别规定：推定使用

2015 年日本《不正当竞争防止法》修改后第五条之二规定“对技术秘密获取者，使用该秘密行为的推定”。

（一）适用的技术范围

1. 技术秘密当中的生产方法。

2. 该法授权日本内阁以政令形式，规定某些特定技术秘密。

（二）适用的侵权行为

1. 以盗窃、欺诈、胁迫或其他不正当手段获取商业秘密的行为。

2. 知道或因重大过失未能知道商业秘密已存在不正当获取行为，仍获取该商业秘密的行为，及商业秘密的使用或披露行为。

3. 知道或因重大过失未能知道商业秘密属不正当披露，或商业秘密曾属不正当披露，而获取该商业秘密的行为，及该商业秘密的使用或披露行为。

（三）适用的条件

有明显生产该技术秘密产品，或其他使用秘密的行为。

（四）适用的效果

只要被告销售以上产品，或者提供了以上服务，即可依法推定其使用了原告的技术商业秘密。

三、美国侵权判断规则之一：不可避免泄露、使用

该原则产生于 1994 年美国第七巡回上诉法院的“百事可乐公司诉快克公司、雷蒙德案”判例。

1. 原告与被告

本案原告为百事可乐公司（PepsiCo）

本案“单位”被告为快克公司（Quaker）

本案个人被告雷蒙德（Redmond），自 1984 年至 1994 年为百事可乐北美分

公司工作，最后升为加利福尼亚地区业务的总经理，百事可乐在该地区的年收入额为5亿美元，占在全美国收入的20%。

2. 引进人才引起纠纷

自1994年5月开始，快克公司就开始挖墙脚，秘密与雷蒙德接触，许给其Gatorade品牌销售部副总监的位置。雷蒙德对这种接触和报酬洽谈，未向原告公司汇报。

1994年11月10日，雷蒙德散布消息说，他已经接受邀请。百事可乐北美分公司人事部负责人立刻找到他，说如果他这样做，公司就会对他提起诉讼。

1994年11月16日，百事可乐北美分公司提起本诉，要求禁止雷蒙德披露、使用原告的商业秘密，禁止雷蒙德在快克公司从事有关价格、市场和销售的工作。实际上是要求禁止雷蒙德参与快克公司与Snapple公司产品销售系统的重新整合工作。

3. 原告的经营秘密

在诉讼中，原告列举了以下商业秘密，包括未来3年的战略规划，年度工作计划，原告公司对销售、配送系统的改进，包括与零售商谈判的细节。

4. 被告的辩解

雷蒙德认为，他的新工作不会侵犯原告的商业秘密，因为他按照被告公司已经制定的计划工作，与原告的规划、计划毫无关系。

快克公司还指出，自己公司有规章制度，其中规定，雇员有权对他人商业秘密履行保密义务；还规定雇员应当遵守公司行为指南，禁止雇员以不正当手段获取其他竞争者的商业秘密。

5. 一审判决

一审法院支持原告，根据原告要求发布了初步禁令。被告不服，向联邦巡回上诉法院提出上诉。

6. 二审判决

二审法院完全同意一审法院的认定：除非雷蒙德具有超人的能力，可把原告的信息分离出来，否则在为快克公司工作中，必然会运用到百事可乐公司的知识，开展工作。其必然使用的关键知识，已经不属于个人的一般技能和经验。

二审法院指出，本案不同于一般商业秘密侵权案，本案中原告没有主张一项技术或一份客户名单，构成商业秘密，而是主张其战略和战术知识，指原告为与被告竞争，对触及产品的生产、包装、利润、成本的安排，对进行市场销售、竞争的安排，构成商业秘密，要求禁止被告在直接竞争中取得不正当优势。这种优势不是指被告利用原告的知识建设自己的生产、销售体系，而是在竞争中知道原告将要做什么，怎样做。正如原告公司所做的比方：一场球赛开始了，自己队伍中的一名球员拿着战术手册，跑到对方球队效力。

1995 年 5 月 11 日上诉法院全面维持了一审法院判决，包括其初步禁令的范围。

四、行为法还是财产权法

运用“接触 + 相似”规则判案，国内没有人定性该规则的基础理论是什么。但相当多案件表现出，是要求商业秘密达到一种无形财产水平。运用“接触 + 相似”规则，首先对原告商业秘密进行专利式的公开技术检索，已证明确实不是公知的。最极端的例子，原告技术由 abcd 四个要点组成，公开技术检索 abcd 都有近似公开技术文件存在，于是法院就可能判决原告技术不构成商业秘密，用不着“接触 + 相似”判断是否有侵权。笔者认为这可能是以下逻辑造成的：知识产权是智慧财产，商业秘密是知识产权，所以商业秘密就必须有智慧财产要求的高度。

其实我国商业秘密保护明明是放在《反不正当竞争法》中的，日本也如此，美国《反不正当竞争法重述》也说明，美国商业秘密保护法律是行为法性质，而非财产法性质。

是行为法还是财产法的重要差别，在于日本法上的推定使用，比较的不是原、被告技术的“秘点”是否相同或近似，而是原、被告产品有无共通性，是否属于竞争产品，与美国法上的不可避免披露、使用规则异曲同工，后者强调的是原、被告有竞争关系，并不去机械比较原、被告的产品、服务的外部特征，是否相同或近似。

我国的“接触+相似”规则，比较的是原告、被告技术本身的秘密点，即使产品和服务之间，存在高度竞争关系，只要技术秘密点不相同则不构成侵权。由于企业技术、经营传统不同，被告侵权使用技术或经营秘密，可能改动或只是借鉴、对照使用。这样一来产品或服务存在高度竞争关系的被告，即使实际借鉴、对照使用，也不会承担侵权责任。用“接触+相似”规则僵化衡量所有侵权行为，这是我国商业秘密侵权判断规则的巨大漏洞。

从《反不正当竞争法》是禁止不正当行为法，而非财产法这样的逻辑出发，《反不正当竞争法》确定侵权行为的第一要素，就是看被告行为是否正当、合法；如果不正当、不合法，原告商业秘密只要有相对秘密性，举例来说原告技术abcd均公知，但abcd组合结果，公开文献未见记载，且反向工程不容易获得，商业秘密就成立。另外，若原告技术特征是abcd，则无论被告技术是abc，甚至是ab+uw，只要证明被告是借鉴使用、对照使用，被告亦构成侵权。

（二）其他不正当竞争

冲出不正当竞争，去寻求商标法保护

不正当竞争专业组 杨舒婷律师

《反不正当竞争法》第六条规定：“经营者不得实施下列混淆行为，引人误认为是他人商品或者与他人存在特定联系：……（二）擅自使用他人有一定影响的企业名称（包括简称、字号等）、社会组织名称（包括简称等）、姓名（包括笔名、艺名、译名等）……”

根据《最高人民法院关于审理不正当竞争民事案件应用法律若干问题的解释》第六条之规定，具有一定的市场知名度、为相关公众所知悉的企业名称中的字号，可以认定为《反不正当竞争法》第五条第（三）项[①]规定的“企业名称”。此处的“字号”包含“商号”“字号”等不同称谓的企业名称中显著识别的部分；“企业名称”，既包括企业登记主管机关依法登记注册的“企业名称”，在中国境内进行商业使用的外国（地区）企业名称，也包括具有一定市场知名度、为相关公众所知悉的企业名称中的字号。又根据《最高人民法院关于审理不正当竞争民事案件应用法律若干问题的解释》第六条第二款规定：“具有一定市场知名的度、为相关公众所知悉的自然人的笔名、艺名等，可以认定为《反不正当竞争法》第五条第（三）项[②]规定的‘姓名’。”

根据以上法条的规定和司法解释的解读，第（二）项既表明擅自使用他人

① 为2017年《反不正当竞争法》第六条第（二）项。
② 为2017年《反不正当竞争法》第六条第（二）项。

的企业名称或者姓名，引人误认为是他人的商品是不正当竞争的一种行为模式，同时也表明他人的企业名称或者姓名是受法律保护的一种民事权益，在《不正当竞争法》中可以得到保护。

2014 年新《商标法》第三十二条前半段规定："申请注册商标不得损害他人现有的在先权利。"在这里首先要解释一下"在先权利"的权利保护范围。实质上此条规定中的"在先权利"是兜底条款，为法律适用留下了很大的弹性空间，而且从现有的判例来看，一般都作广义理解，既包括法定权利，亦包括受法律保护的民事权益。这里的法定权利是指《商标法》已有特别规定的在先权利，其他民事权益则是指对于《商标法》无特别规定的，但根据《民法通则》、《侵权责任法》和其他法律的规定应予以保护的权利。笔者检索司法案例发现，"企业名称权"是最为广泛运用的"在先权利"，少许涉及"自然人名称权"。

通过对以上两法条的分析，二者之间存在一定的共通之处：即都对企业名称或自然人姓名进行保护。

其实，在其他法律中也有对企业名称或姓名权的规定和保护，企业名称或姓名享有民事权益是毋庸置疑的，但不同法律对其保护的机制是不同的。《反不正当竞争法》中第六条第（二）项之规定与 2014 年新《商标法》第三十二条前半段之规定"在先权利"有密切的联系，前者可以成为后者打击商标侵权者的有力武器。

在商标侵权案件中，我们会发现很多案子都会涉及争议商标侵犯企业名称或是字号的情形，被侵权方往往都会用《商标法》三十二条规定中的"在先权利"去打击对方，其中企业名称权问题常常会引入《不正当竞争法》的第六条第（二）项，为商标侵权案件加强论由。当然也会有少量的案件涉及自然人姓名权被争议商标所侵犯的情形。下文将引入案例做具体的说明。

侵犯企业名称权的案例①

基本案情：上海东方公司成立于1984年9月20日；广州东方公司成立于1988年6月17日。第4213953号“东方”商标（以下简称被异议商标）由广州东方公司于2004年8月10日向国家工商行政管理总局商标局（以下简称商标局）申请注册，指定使用在第44类眼镜行服务上。被异议商标经商标局初步审定公告后，上海东方公司在法定异议期内对被异议商标提出异议。2012年3月27日，商标局作出（2012）商标异字第15857号裁定，裁定对被异议商标不予核准注册。广州东方公司不服，于2010年9月20日向商标评审委员会提出异议复审申请。2013年5月20日，商标评审委员会作出商评字［2013］第14272号关于第4213953号“东方”商标异议复审裁定（以下简称第14272号裁定），裁定被异议商标予以核准注册。上海东方公司不服，提出行政诉讼。

法院认为，本案的争议焦点之一为：广州东方公司申请注册“东方”商标是否损害了上海东方公司的在先商号（字号）权。

在这个权利认定中，法院把《反不正当竞争法》第五条第（三）项②规定中的“企业名称权”同《商标法》第三十二条前半段的“在先权利”的连接做了详尽论述。其中法院认为：具有一定的市场知名度、为相关公众所知悉的企业名称中的商号，可以认定为《反不正当竞争法》第五条第（三）项规定的“企业名称”。据此，具有一定的市场知名度、为相关公众所知悉的在先商号（字号）应当属于旧《商标法》第三十一条所规定的在先权利。实质上这里是把《反不正当竞争法》的此条规定作为支持或加强《商标法》“在先权利”的有利依据。

结合笔者检索的相关案例，对于能否以《反不正当竞争法》第五条第（三）项“企业名称权”主张加强《商标法》第三十二条前半段的“在先权利”保护，

---

① 上海东方眼镜有限公司与国家工商行政管理总局商标评审委员会、广州市东方眼镜连锁企业有限公司（2016）最高法行再字42号再审行政判决书。

② 为2017年《反不正当竞争法》第六条第（二）项。

可以归纳出以下要点：

第一，他人在先使用的商号于在后商标申请日之前须具有一定的市场知名度、为相关公众及在后商标注册人所知悉。

第二，他人在先商号所使用并据以产生知名度的商品或服务与在后商标所指定或核定使用的商品或服务系同一种或类似的商品或服务。

第三，他人在先使用的商号与在后注册的商标相同或相近似。

侵犯自然人姓名权的案例①

基本案情：2012年10月31日，再审申请人向商标评审委员会提出撤销申请，请求撤销乔丹公司的第6020569号“乔丹”商标（以下简称争议商标）。争议商标核定使用在国际分类第28类的“体育活动器械、游泳池（娱乐用）、旱冰鞋、圣诞树装饰品（灯饰和糖果除外）”商品上，于2007年4月26日申请注册，专用权期限自2012年3月28日至2022年3月27日。

本案的争议焦点之一：再审申请人能否就“乔丹”享有的姓名权申请“在先权利”保护？

法院认为：自然人依据旧《商标法》第三十一条的规定，就特定名称主张姓名权保护时，应当满足必要的条件。

其一，该特定名称应具有一定知名度、为相关公众所知悉，并用于指代该自然人。针对《反不正当竞争法》第五条第（三）项②中规定的“姓名”，《最高人民法院关于审理不正当竞争民事案件应用法律若干问题的解释》（以下简称不正当竞争民事案件解释）第六条第二款规定：“具有一定的市场知名度、为相关公众所知悉的自然人的笔名、艺名等，可以认定为反不正当竞争法第五条第（三）项③规定的‘姓名’。”

---

① 迈克尔·杰弗里·乔丹因与国家工商行政管理总局商标评审委员会、乔丹体育股份有限公司（2016）最高法行再27号商标争议行政纠纷一案

② 为2017年《反不正当竞争法》第六条第（二）项。

③ 为2017年《反不正当竞争法》第六条第（二）项。

虽然上述规定是针对“擅自使用他人的姓名，引人误认为是他人的商品”的不正当竞争行为的认定而作出的司法解释，但该不正当竞争行为本质上也是损害他人姓名权的侵权行为。认定该行为时所涉及的“引人误认为是他人的商品”，与本案中认定争议商标的注册是否容易导致相关公众误认为存在代言、许可等特定联系，是密切相关的。因此，在本案中可参照适用上述司法解释的规定，确定自然人姓名权保护的条件。

其二，该特定名称应与该自然人之间已建立稳定的对应关系。

从法院认定的“其一”可以窥之《反不正当竞争法》中第六条第（二）项“姓名”的保护规则对《商标法》第三十二条前半段规定中的“在先权利”的适用具有参照作用。

再结合笔者检索的其他相关案例，对于能否以《反不正当竞争法》第六条第（二）项“姓名”主张加强《商标法》第三十二条前半段的“在先权利”保护可以归纳为：其一，该特定名称在我国具有一定的知名度、为相关公众所知悉。其二，相关公众使用该特定名称指代该自然人。其三，该特定名称已经与该自然人之间建立了稳定的对应关系。

通过以上对法条和案例的分析，可得出，如果你的企业名称或姓名有一定的知名度、为相关公众所熟知；如果你认为有商标侵犯你的“姓名”，你可以冲出《反不正当竞争法》，去寻求《商标法》的保护。但是，这是一个看“名”的世界，你确定你拥有“姓名”权，并确定你的“姓名”很有名吗？

五

其他知识产权领域

麦当劳为何选择特许经营模式

特许经营专业组　张荣梅律师

2017 年，中国中信集团有限公司旗下中信股份、中信资本、美国凯雷投资集团和麦当劳（McDonalds Corp.）联合宣布达成战略合作并成立新公司，新公司将以 20.8 亿美元（约合 144 亿人民币）的价格，收购麦当劳中国内地和香港的业务，将取得未来 20 年在中国内地和香港的 1750 多家麦当劳餐厅特许经营权。

中信股份和中信资本在新公司中持股 52%（两者分别持股 61.54% 和 38.46%），占据主导地位，凯雷和麦当劳旗下 Golden Arches Investments Ltd 分别持股 28% 和 20%。届时，麦当劳中国区的 1750 多家直营餐厅将转为特许经营，交由新公司打理。收购完成后，麦当劳将在长达 20 年的时间内成为“国有企业”。

积极推广特许经营“轻资产”结构模式发展的企业不只麦当劳一家，包括汉堡王在内的众多连锁餐饮品牌都在广泛地发展特许经营模式，即仅仅拥有品牌但不参与实体店的实际经营。凭借提取授权经营加盟店的销售额的固定比例，获得风险较低且稳定的收入。

到底何为“直营”，何为“特许经营”？作为餐饮行业领导者的麦当劳，为何要选择特许经营的模式在中国大陆和香港发展未来 20 年的业务呢？

一、何为直营

直营即由公司总部直接经营、投资、管理各个零售点的经营形态。总部采取纵深式的管理方式，直接下令掌管所有的零售点，零售点也必须完全接受总部指挥。直营模式通过经营渠道的拓展从消费者手中获取利润。从上述的定义中可以看出，直营模式需要直接投入管理者大量人力、物力等经营成本。

二、何为特许经营

特许经营，是指特许经营权拥有者以合同约定的形式，允许被特许经营者有偿使用其名称、商标、专有技术、产品及运作管理经验等从事经营活动的商业经营模式。而被特许人获准使用由特许权人所有的或者控制的共同的商标、商号、企业形象、工作程序等。从上述的定义中可以看出，特许经营的模式可以不需要权利人资金或者经营上的投入。

三、麦当劳为何要选择特许经营的模式而不是直营的模式在中国大陆和香港地区发展未来 20 年的业务

首先，麦当劳在中国大陆乃至全世界都拥有超高人气，在全球六大洲 100 多个国家和地区，拥有约 30000 间分店。麦当劳品牌所拥有的高知名度作为一种无形资产，通过特许经营的方式将其转变成有形资产，汇集大量的资金，可以获得一次性的特许经营权支付款项 20. 8 亿美元和持续性的权利金，即中国区特许经营店铺销售额中的 5% –7%，从而实现以小的资本投入获得公司迅速扩张的目的。

虽然直营模式可以通过大批量采购，降低经营成本和价格；通过统一调配连锁店的资金、设备、店面及人员，充分进行内部资源的优化配置。但是近 2000 家店铺均由总店进行管理和把控，难免在经营管理上显得力不从心，加上本土化策略的失利和福喜事件的曝光，麦当劳在规模扩张上一直进展缓慢。

相比之下，肯德基凭借较早引入特许经营模式、德克士凭借低成本的特许加盟方式在店铺数量上都远超全球跨国连锁企业麦当劳。鉴于餐饮行业的发展形势，麦当劳急需引入本土的投资者开展特许经营，并借助对方在本土市场的洞察力和经营实力，来提升竞争优势和增加资源。

中国中信集团有限公司作为财力雄厚的特许加盟方，对中国的本土餐饮发展

模式有着明晰的发展策略和方向，凭借麦当劳的高知名度来发展三、四线城市的快餐行业，加快特许经营门店在这些城市的普及程度。当然企业的发展不能仅侧重数量上的增长，长久维护品牌形象、提高服务能力也尤为重要，否则将导致整个特许连锁系统的坍塌。相信作为拥有国有独资公司属性的中信集团，能够给麦当劳这样一个保障。

1955 年，雷·克洛克（RayKroc）凭借从麦当劳兄弟手中买下特许经营权，将麦当劳变成了世界最大的餐饮企业。此次，作为国有独资公司的中国中信集团有限公司领导的全新麦当劳将重新起步，凭借对中国市场的全面了解，将充分利用自身的资源和优势，进一步发展麦当劳的业务，增加餐厅数量、提高现有餐厅的销售额，提供更具本土化的菜单，拓展提升便捷服务、数字化零售等方面，期待在未来的 20 年里能带给我们全新、快速发展的麦当劳。

从“曾小贤”的独家经营权纠纷看特许经营合同中的商圈保护

特许经营专业组　张荣梅律师

提起“曾小贤”，很多人都会想到凌晨12点一档叫作《你的月亮我的心》的心理咨询类广播节目的电台主持人；但今天要说的“曾小贤”不是他，而是绵绵冰“曾小贤”。“曾小贤”甜品想必很多人都听过，创立该品牌的广西壮阿牛投资管理有限公司南宁市曾小贤甜品园湖店，最近却因特许经营合同纠纷被其加盟商诉至法庭。

2014年，韦女士与广西壮阿牛投资管理有限公司南宁市曾小贤甜品园湖店签订特许经营合同，经授权取得了“曾小贤”甜品品牌在广西河池地区的总代理及独家经营权。2015年，韦女士在河池的巴马、环江两县发现两家主打产品与“曾小贤”甜品店主打的产品相同，只是个别产品有所区别的甜品店。韦女士遂将其起诉至青秀区人民法院，要求该公司支付违约金3万元并赔偿经济损失16万元。本案涉及的关键问题就为特许经营的商圈保护。

一、什么是特许经营中的商圈保护？

特许经营中的商圈保护，是指同一特许连锁体系中，被特许人经营地一定地域范围内，特许人不能同时开设另一家使用相同品牌、经营同类产品并与被特许人相竞争的另一家加盟店或直营店。

商圈保护的目的在于通过制约特许人为获取经济利益而无节制、无规律地授权发展加盟店，损害加盟商利益，从而避免同一区域内同一连锁体系成员的恶意竞争，平衡特许经营合同双方的利益，有利于特许经营体系的健康发展。

二、特许人违反特许经营合同中约定的商圈保护，法院如何判决？

（一）解除合同，返还代理费，赔偿损失①

在康某娟与广州港隆餐饮管理有限公司特许经营合同纠纷中，康某娟与广州港隆餐饮管理有限公司签订《“茗记甜品”代理合同书》，约定康某娟在福建省福州市范围内开设“茗记甜品”品牌分店，被告保证在原告代理区域内不增开加盟店。后港隆餐饮与林某签订代理合同授权其在相同地区开设“茗记甜品”品牌分店。康某娟起诉至法院，要求：一、解除原、被告签订的《“茗记甜品”代理合同书》；二、被告退还原告支付的代理费用人民币40万元；三、被告赔偿原告损失人民币103115.4元。

法院判定：

（1）港隆公司违反合同“保证在康某娟代理区域内不增开加盟店”的商圈保护约定，构成违约，合同目的已不能实现，支持解除涉案合同。（2）结合涉案合同约定的经营期限与康某娟店铺实际经营时间的比例、林某“茗记甜品”店的核准成立时间，以及涉案合同有关双方权利义务的相关约定等因素进行考量，本院酌情认定港隆公司应返还康某娟代理费280000元。（3）对于商铺装修的费用及经营产生的消防验收款等，因双方在签订合同时已有约定，康某娟确会依约按照港隆公司的统一形象进行装修，对此费用予以支持；关于购买设备的费用，是康某娟为经营其店铺所付的成本，视合理程度酌情予以支持。综上，赔偿损失的合理部分，酌情予以支持，支持的具体数额为50000元。

---

① 康某娟与广州港隆餐饮管理有限公司特许经营合同纠纷一审民事判决书——（2015）穗天法知民初字第960号。

(二) 赔偿损失[①]

在张某山与上海赛维洗衣经营管理有限公司特许经营合同纠纷中，张某山诉称，被告违反双方签订的特许经营合同关于商圈的约定，即“未经被特许人书面许可在商圈范围内不再另行授权”，在距离原告店铺 180 米处新开一家赛维洗衣三星店，造成原告严重经济损失，经原告多次交涉和投诉无果，起诉至法院，请求判令被告赔偿其损失共计 15200 元。

法院判定：

涉案合同明确商圈系被特许人进行业务活动的具体辐射范围点，最低的商圈直径亦为 1000 米，被告在合同中郑重承诺未经被特许人书面许可在商圈范围内不再另行授权，显然已违反合同约定构成违约。法院综合考虑新开店铺与原告门店的距离，新店开业至原告主张损害赔偿计算的时间以及洗衣行业受季节影响等因素，判定赔偿张某山损失人民币 10000 元。

(三) 驳回诉讼请求[②]

在王某旭与杭州都可生物科技有限公司签订的特许经营合同中约定，杭州都可公司向王某旭授予张阿姨奶茶特许经营权并提供相关经营管理体系，为了防止发生近距离经营竞争情形，又在补充协议中强调，如王某旭所处的商圈有其他加盟商想开店，杭州都可公司应第一时间告知，王某旭享有优先开店权。2016 年 5 月初，王某旭发现在未尽任何通知的情况下，杭州都可公司违反特许经营约定，在离王某旭奶茶店所在地 400 米左右的地方又许可了一家张阿姨奶茶店开业。

为此，王某旭诉至法院请求判令：一、解除签订的《特许经营合同》及其补充协议。二、退还保证金 1 万元。三、赔偿因违约给其造成的经济损失 21 万元。

法院认定：

原、被告双方约定原告在同一商圈具有优先开店权，但该优先开店权并非禁

---

① 张某山与上海赛维洗衣经营管理有限公司特许经营合同纠纷一审民事判决书——（2014）闵民三（知）初字第 234 号。

② 王某旭与杭州都可生物科技有限公司合同纠纷一审民事判决书——（2016）浙 0110 民初 8126 号。

止开设其他奶茶店，且原告提供的证据亦不足以证明因被告的违约行为致使不能实现合同目的，故被告侵害原告的优先开店权的违约行为尚不足以达到法定解除合同的条件。因此，判定驳回原告王某旭的诉讼请求。

三、亡羊补牢不及未雨绸缪，在签订特许经营合同时注意商圈保护内容

“曾小贤”甜品案件中，法院审理认为：原、被告在双方签订的特许经营合同中约定了区域垄断经营权，该区域垄断经营权本质上属于特许经营合同中的商圈保护，其限制被告在原告垄断区域内发展的品牌不仅应包含“曾小贤”品牌，还应包含“曾小贤”品牌经营内容相同或相似的品牌。被告公司授权韦女士在河池地区垄断经营“曾小贤”甜品店后，擅自在该垄断区域内开设与“曾小贤”甜品店主打产品、经营货品类别相同或相近，消费群体重合的“玲爷”甜品店，并在曾小贤甜品网站中对“玲爷”甜品店进行宣传，其行为易在垄断区域内形成同类业务竞争，有违双方对区域垄断经营权的约定。

法院判决广西壮阿牛投资管理有限公司南宁市曾小贤甜品园湖店向韦女士支付违约金 3 万元，但是驳回韦女士要求经济损失赔偿金的诉求。

虽然，法律没有对是否进行一定的商圈保护进行强制规定，但如果特许人在合同中约定了给被特许人一定的商圈保护，那么保护被特许人的商圈就成了特许人的一项合同义务。

从上述案例的不同判决可以看出，被许可人若想在特许经营合同纠纷发生时维护自己最大的合法权益，就要在合同中明确约定特许人不能同时开设另一家使用相同品牌、经营同类产品并与加盟商相竞争的加盟店或直营店，确认商圈保护内容，而不能仅仅约定“有优先开店权”等具有迷惑性的权利。否则将在违约责任的认定时处于被动地位，受不到应有的保护。

“同案”不同判，未注册商标是否可以进行商业特许经营

特许经营专业组　张荣梅律师

随着大家知识产权保护意识的增强，越来越多人注意到商标注册的重要性，同时注册商标也是商业特许经营中重要的经营资源。在商业特许经营合同纠纷中，经常出现被特许人以特许人的商标未注册为由，向法院请求无效、撤销所签订的特许经营合同。被特许人的这个请求主张，能否得到支持呢？

一、法律依据

2007 年施行的《商业特许经营管理条例》第三条第一款规定：“本条例所称商业特许经营（以下简称特许经营），是指拥有注册商标、企业标志、专利、专有技术等经营资源的企业（以下称特许人），以合同形式将其拥有的经营资源许可其他经营者（以下称被特许人）使用，被特许人按照合同约定在统一的经营模式下开展经营，并向特许人支付特许经营费用的经营活动。”

上述规定中仅明确了注册商标可以作为特许经营的经营资源，没有涉及未注册商标，在句尾以等字作不完全列举。司法实践中，各地法院对该法条的理解不同，导致了类似案例在不同的法院有截然相反的判决结果。

二、司法判例

（一）未注册商标亦可以作为经营资源

刘某才与南京台佳餐饮管理有限公司特许经营合同纠纷二审民事判决书①中，南京市中级人民法院认定：经营资源既包括注册商标、企业标志、专利，也包括字号、商业秘密、具有独特风格的整体营业形象，以及在先使用并具有一定影响的未注册商标等能够形成某种市场竞争优势的经营资源。

岳某甫与北京鸿图天宇科技有限公司特许经营合同纠纷一审民事裁定书②中，北京市西城区人民法院认定：特许经营合同的基本特征在于：特许人拥有经营资源，既包括注册商标、企业标志、专利，也包括字号、商业秘密、具有独特风格的整体营业形象，以及在先使用并具有一定影响的未注册商标等能够形成某种市场竞争优势的经营资源。

赵某上诉颜某等特许经营合同纠纷一案③中，北京知识产权法院认定：关于经营资源的信息披露，虽然涉案合同中未明确授权使用的“卡诺”商标是注册商标还是未注册商标，以未注册商标作为特许经营资源亦在法律允许的范围内。

陈某朔与佛山市好洁日用品有限公司特许经营合同纠纷二审民事判决书④中，佛山市中级人民法院认定：经营资源既包括注册商标、企业标志、专利，也包括字号、商业秘密、具有独特风格的整体营业形象，以及在先使用并具有一定影响的未注册商标等能够形成某种市场竞争优势的经营资源。并强调该未注册商标必须具有一定影响，带来与注册商标相同的竞争优势。

李某兰与被告成都大龙燚餐饮管理有限公司特许经营合同纠纷一案一审民事判决书⑤中，成都市武侯区人民法院认为，根据《商业特许经营管理条例》第三

① （2017）苏01民终404号。
② （2016）京0102民初19884号。
③ （2015）京知民终字第2258号。
④ （2016）粤06民终766号。
⑤ （2015）武侯民知初字第194号。

条的规定，特许经营的关键在于经营资源的输出，经营资源包括注册商标、企业标志等，在法律无明确规定未注册的商标不能作为经营资源的情况下，未注册商标应当可以作为经营资源由特许人提供给被特许人。

（二）未注册商标作为经营资源有较高的风险

余某诉上海瑞酷路投资管理有限公司、朱某婵、韩某哲特许经营合同纠纷上诉案二审民事判决书①中，江西省高级人民法院认定：与注册商标相比，法律对未注册商标的保护力度较弱，且未注册商标存在最终无法获得注册的可能，故以未注册商标作为经营资源开展特许经营存在较大的商业风险。

刘某峰与上海瑞酷路投资管理有限公司特许经营合同纠纷一审民事判决书②中，上海市浦东新区人民法院认定：与注册商标相比，法律对未注册商标的保护力度较弱，且未注册商标存在最终无法获得注册的可能，故以未注册商标作为经营资源开展特许经营存在较大的商业风险。商标作为涉案特许经营的核心经营资源，被告有义务在签订合同前向原告如实披露涉案商标尚未核准注册的情况。在签订合同时，被告未将涉案商标的注册情况如实告知原告。被告未如实披露上述信息，诱使原告作出错误意思表示，应当认定为欺诈行为，涉案合同属于可撤销的合同，原告要求撤销合同的诉讼请求，本院予以支持。

义乌市顿度服饰有限公司与张某特许经营合同纠纷一审民事判决书③中，东海县人民法院认定：特许经营是指拥有注册商标、企业标志、专利、专有技术等经营资源的企业，以合同形式将其拥有的经营资源许可其他经营者使用，被特许人按照合同约定在统一的经营模式下开展经营，并向特许人支付特许经营费用的经营活动。原告持有的“罗杰亚”商标尚未经过注册，便与被告签订特许加盟合同，其行为违反了国务院《商业特许经营管理条例》之规定，构成欺诈，属可撤销合同，应予撤销。

---

① （2016）赣民终104号。
② （2015）浦民三（知）初字第575号。
③ （2016）苏0722民初135号。

针对未注册商标在特许经营中的高风险，特许人在与被特许人签订合同时，需要向被特许经营人明确说明授权使用商标的注册状态，避免日后因未披露商标实际状态，导致所签订合同被撤销。

三、北京地区明确未注册商标可以作为经营资源

2011 年 2 月 24 日，北京市高院公布《关于审理商业特许经营合同纠纷案件适用法律若干问题的指导意见》（京高法发〔2011〕49 号）第二条："经营资源既包括注册商标、企业标志、专利，也包括字号、商业秘密、具有独特风格的整体企业形象，以及在先使用并具有一定影响的未注册商标等能够形成某种市场竞争优势的经营资源。"

也就是说，在北京地区已经明确未注册商标可以作为商业特许经营资源。

在除北京之外的地区未注册商标是否可以进行商业特许经营，目前还是存在争议的问题。《商业特许经营管理条例》第三条规定的模糊以及各地法院对其的不同理解，导致了对该问题不同判决的司法现状。

本文作者认为，未注册商标可以作为特许经营资源。《商标法》第四十三条第一款规定："商标注册人可以通过签订商标使用许可合同，许可他人使用其注册商标。"由于商标法中并对未注册商标进行许可的禁止，在当事人意思表示真实，内容不违反法律、行政法规的前提下，以未注册的商标作为使用客体的商标使用许可合同有效。除了烟草类商品外，我国法律目前并未禁止在其他商品和服务上使用未注册商标，最高人民法院在（2012）民申字第 1501 号民事裁定书中认定"未注册商标能否许可他人使用，法律法规对此没有禁止性规定"、（2015）民申字第 3600 号民事裁定书中认定"虽然涉案孟山都商标属于未注册商标，但并没有法律法规规定未注册商标不能许可"，确认了未注册商标许可使用合同合法有效。

实践中也大量存在未注册商标被授权使用的情况，肯定了未注册商标所具有的商业价值。未注册商标具有无形财产价值，将在先使用并具有一定影响的未注册商标作为特许经营资源，也更能实现商业特许经营的价值。

马云打假初战告捷，满满的都是诚意

信息网络与电子商务专业组　张荣梅律师

2017 年 1 月 21 日，马云在达沃斯论坛中接受主持人采访说“我们用大数据来打假”。所谓大数据来打假，即淘宝通过大数据平台时时扫描收集发退货情况、图片、消费者评价、维权、权利人投诉等信息进行分析，结合机器学习算法研究，抽检侵权嫌疑大的产品，并进行产品首次购买、再次公证购买，品牌方进行技术鉴定的方式确定产品的真伪，历经一个半月左右出具产品真伪的鉴定结果，并对侵权产品采取相应措施。事实上，在西溪园区设有占地 300 平方米的打假证物仓，约有 100 人进行相关的抽检工作，每年买假验假的花费约 1 亿元[①]。

一、淘宝凭借大数据打假，启动违约损害赔偿之诉

利用大数据打假，淘宝提起网络平台打假公开庭审第一案：姚某销售掺假的“Royalcanin 猫粮”案。2016 年 5 月，淘宝工作人员在姚某店铺匿名购买了“Royalcanin 猫粮”，经品牌方的鉴定，确认该销售产品为掺假的品牌猫粮。根据双方签订《淘宝服务协定》中的约定“用户不得在淘宝平台上销售侵犯他人知识产权或其他合法权益的商品”“用户的行为使淘宝或其关联公司、支付宝公司遭受损失（包括自身的直接经济损失、商誉损失及对外支付的赔偿金、和解款、律师费、诉讼费等间接经济损失），用户应赔偿淘宝及其关联公司上述全部损失”[②]，淘宝

---

① 《〈新华视点〉（聚焦新经济）淘宝小二变身打假人网络维权开新篇》，载新华社，网址：http://xinhua-rss.zhongguowangshi.com/13698/3853305355600415823/2261640.html。

② （2017）沪 0120 民初 6274 号民事判决书。

向上海市奉贤区人民法院提起服务合同纠纷诉讼，请求电商姚某赔偿265万元的损失费用。

虽然淘宝网向法庭提出了4种计算其所遭受高额的损失的方式，但上海市奉贤区人民法院法院均未采纳，鉴于被告售假的行为对原告商誉造成了损害，最终综合考虑被告侵权时间、销售产品价格、可获利润等因素，于2017年7月20日上午公开宣判：判定被告赔偿原告10万元，合理支出2万元，驳回了其他诉讼请求。

除上述案件外，淘宝通过大数据排查还发现，淘宝平台许某有销售假高档白酒的嫌疑，通过权利人四川省宜宾五粮液集团对产品的真伪鉴定，最终确认所售产品为侵权产品。遂向上海市松江区人民法院起诉了被告许某，2017年5月9日，法院受理了淘宝诉许某索赔10万元并要求许某公开致歉网络服务合同纠纷一案①。淘宝依据两方签署的《淘宝服务协议》中约定条款“不得在淘宝平台上销售侵犯他人知识产权或其他合法权益的商品，由此给平台造成的所有损失应当赔偿”，该案于6月22日进行开庭审理。

实际上，淘宝最早于2017年1月9日，在深圳市龙岗区法院以违背《淘宝服务协议》、侵犯平台商誉为由，起诉销售假冒“施华洛世奇”手表的网店店主，索赔140万元人民币，该案为国内首个立案的网络平台打假案。该案也是通过大数据排查，发现刘某销售的“施华洛世奇”手表存在假货嫌疑，并启动上述抽检，经由“施华洛世奇 swarovski”品牌方鉴定，确认为假货。

二、淘宝平台启用违约诉讼，较传统知产侵权诉讼更为高效

大数据打假系统每天24小时不停歇地在全网扫描商品信息，对商品进行全面监控。淘宝平台利用大数据排查，通过产品抽检、购买、鉴定的方式最终锁定侵权产品及电商，在确定侵权行为上更加准确、高效、全面。

传统的知识产权侵权诉讼，没有像大数据打假系统一样的实时监测系统，发现

① （2017）沪0117民初7706号。

侵权的行为的周期较长。在启动侵权诉讼时，需要提交相应的侵权证据，而该部分证据采集也需要一定的时间并达到一定的标准，举证责任较重。目前侵权诉讼所获得的赔偿金额也普遍较低，很难覆盖为进行侵权诉讼所支出的成本。而淘宝平台通过违约诉讼的方式，依据合同中明确规定的条款，直接向电商索赔，能够有效地缩短诉讼周期、减轻举证责任，高效地解决电商的侵权问题。阿里巴巴首席平台治理官郑俊芳曾明确表示，平台已初步筛选了起诉清单，以后还将继续发起民事诉讼。

另外，品牌权利人可以主动向淘宝大数据平台提供启用违约诉讼的线索。品牌权利人若在线下发现生产、出口假货线索，可以将该线索提供给淘宝专案团队，借助大数据排查，确定具体的侵权人，再进行后续违约诉讼或刑事诉讼。公安部与阿里已启用经济案件协作平台，目前双方信息可以高速互通。

三、淘宝平台打假胜诉带来的福音

工商局在2015年1月公布的2014年下半年网络交易商品定向监测结果中显示淘宝网正品率为37.25%，当然淘宝并不认可这一公布结果。电商平台淘宝深受网络售假的侵害，企业商誉受到了极大的损害。

根据《消费者权益保护法》第四十四条的规定，电商平台仅在不能提供卖家真实名称地址和有效联系方式时承担替代责任或者未尽到合理注意义务承担消极对待消费者权益的责任。也就是说，电商平台不承担事先主动进行信息审查义务，对于假货的监管较弱。而淘宝平台打假胜诉判决，认可了电商平台的权利，可以有效解决“平台无权打假”的尴尬。而且，电商平台有详细且准确的售假人信息，侵权人不能够随意另起炉灶继续侵权，更有效遏制“野火烧不尽，春风吹又生”的售假人。

从已有的判决来看，电商平台作为重要的打假主体积极主动加入到打假队伍，得到了法院的支持，电商平台不是法外之地。该案作为在先判例，必将对今后类似案件起到一定的指导作用，同时对售假电商起到威慑作用，对改善网上消费环境起到积极作用。

浅论网络域名与注册商标的冲突

专利侵权专业组　杨清宇律师

随着互联网络的发展，越来越多的商品和经营从实体经济变更为互联网上的虚拟经济。而这时域名作为企业在互联网上的标识，也被经营者所重视，起到越来越重要的作用。而在传统经济中起到标识作用的商标在今天的互联网环境下，与在网络中同样起标识作用的域名之间的冲突也愈演愈烈。下面我们可以从域名的特征及与注册商标的区别来分析网络域名与注册商标产生冲突的原因及解决途径。

一、域名与商标产生冲突的原因

1. 网络域名具有强烈的识别性

域名是企业在互联网上的地址，是企业在虚拟世界的门牌号码。用户可以通过该地址找到企业在网上的门户网站。同时，域名作为企业的标志，具有很强的标识性，代表着企业的商誉。我们知道，商标的显著特征之一也是具有标识作用，具有区别商品或服务来源的作用，反映了商家的信誉。因此，商家往往会将自己最具有显著性的商标注册成为自己的域名同时进行广泛的广告宣传，使其与自己的商标融为一体，成为在互联网上具有区分商品或服务来源的标志，是反映商家商誉的重要手段。因此，域名具有强烈的识别性，这也是域名与商标容易发生冲突的根源所在。

2. 网络域名具有唯一性和无地域性

每一个域名在互联网上和全球范围内都是唯一的。一个域名只对应一个 IP 地址，当一个域名被注册后，那么其他任何人都不能再对相同的域名进行注册。

然而，商标保护具有区分商品和服务分类的特点，因此，同一个商标可以注册在不同种类的商品或服务上。因此，域名的唯一性与商标区分商品和服务的差别性成为域名与商标发生冲突的重要因素。

任何一个经过注册的域名，在互联网上均畅通无阻，没有任何国界的限制。因而域名具有无地域性特征。然而，商标保护具有地域性。因此，域名的无地域性与商标保护的地域性的差别是域名与商标发生冲突的另一重要因素。

3. **网络域名的先注册性**

“先申请先注册”制度是域名注册的特殊注册制度。在注册过程中，域名注册登记机构事先不负责检索、审查义务等。这些特殊规则主要从技术及网络便捷使用角度考虑，并未事先与有关立法机关沟通，故两者难免在某些地方会有不协调。因此，域名的先注册性成为域名与商标产生冲突的技术原因。

二、域名与商标产生冲突的解决途径

面对日益激烈的域名和商标的冲突，势必要寻找相应的解决途径，以避免二者的冲突。目前理论界提出较多的观点是建立域名注册检索制度。也就是在域名注册的时候，由域名注册机构对准备进行注册的域名进行检索。

然而笔者认为，这在实际操作中并不现实。首先，由于检索对象为在先申请的注册商标，那么需要域名注册人员具有相关的商标知识，这个是不现实的。其次，检索工作需要一定的时间，延长了域名注册的周期。因此注册检索制度很难应用于实践中。

对此，笔者提出以下解决途径：

1. **完善域名注册合同**

在进行域名注册时，域名注册机构与域名注册人之间签署域名注册合同，对域名注册人的相关权利、义务进行约定以及约定当发生争议时将争议提交哪一个争议解决机构。这样，对域名注册人出现恶意抢注等侵犯商标权的行为进行限制及制约，可在一定程度上起到预防的作用。

2. 仿效商标制度采用域名有效期的续展制度

根据目前域名注册制度的规则，域名注册人不需要进行任何的维护，一经注册将长期有效。这样使本就有限的域名资源变得越来越少。因此，可以仿效商标注册制度，采取域名有效期的续展制度。例如商标法规定，注册商标每 10 年进行续展，经过续展后的商标将继续有效。这样，将使某些被长期遗忘的域名重新进入公众领域所使用。

3. 仿效商标制度设置撤销三年不使用的制度

有些域名被注册后，并没有被有效地利用，这样不能将有限的域名资源加以利用造成资源的浪费。因此，可以仿效商标法规定的三年不使用制度，对于长期不使用而丧失其价值的域名，可以通过撤销三年不使用的制度予以撤销。防止有些域名持有人的恶意强占行为，也可以将有限的域名资源充分地利用起来，发挥其价值。

4. 仿效商标制度设置初审公告后的异议期

为了防止域名被恶意抢注，可以仿效商标制度，在域名注册机构审核后，进行公告，并设置一定期限的异议期。在该异议期内，如果有人针对该域名提出异议，域名注册机构对该异议进行判断。如果异议成立，则域名不予注册。如果异议不成立，再进行域名的注册。减少争议域名被恶意注册。

5. 完善域名保护的司法制度

完善有关域名制度及域名保护的法律法规，加强域名纠纷解决的司法建设，从法律上、制度上保证域名的发展，实现域名在经济生活中所起到的有益作用。

图书在版编目（CIP）数据

知识产权实务精要与疑难解析/北京恒都律师事务所编.—北京：中国法制出版社，2018.11

（实务精要与疑难解析系列）

ISBN 978-7-5093-9822-7

Ⅰ.①知… Ⅱ.①北… Ⅲ.①知识产权-研究-中国 Ⅳ.①D923.404

中国版本图书馆CIP数据核字（2018）第234149号

策划/责任编辑：韩璐玮（hanluwei666@163.com）　　封面设计：周黎明

知识产权实务精要与疑难解析

ZHISHI CHANQUAN SHIWU JINGYAO YU YINAN JIEXI

编者/北京恒都律师事务所

经销/新华书店

印刷/三河市国英印务有限公司

开本/710毫米×1000毫米　16开　　印张/25　字数/253千

版次/2018年11月第1版　　2018年11月第1次印刷

中国法制出版社出版

书号 ISBN 978-7-5093-9822-7　　定价：89.00元

北京西单横二条2号

邮政编码 100031　　传真：010-66031119

网址：http：//www.zgfzs.com　　**编辑部电话：010-66070084**

市场营销部电话：010-66033393　　**邮购部电话：010-66033288**

（如有印装质量问题，请与本社印务部联系调换。电话：010-66032926）